国際退職移住と
ロングステイツーリズム

マレーシアで暮らす日本人高齢者の民族誌

小野真由美
ONO Mayumi

明石書店

はじめに

「私たちはね、夢を見たのよ。そして今、その夢の世界にいるの」

　2018年9月、マレーシアのクアラルンプールを4年ぶりに訪れた私は、長年にわたり研究対象として話を聞かせてもらっている方々に再会した。冒頭の言葉は、そのなかの1人で、クアラルンプールに移住して10年が経過した2年前にマレーシア・マイ・セカンド・ホーム・プログラム（MM2H）のビザを更新し、移住生活を継続しているご夫婦の奥さんが発したものである。このご夫婦のように、「第二の人生は海外で」という憧れをもつ人々が、その場所としてマレーシアを選び、長期間暮らしている。本書は、老後に海外で暮らしてみたいと思う日本人高齢者のマレーシア移住と長期滞在（ロングステイ）に関する民族誌である。

　マレーシアに移住した日本人高齢者のなかには、老後にマレーシアに長期滞在する人々の生活をテレビの番組で見たことをきっかけに、雑誌や本、インターネットでマレーシアのことを調べ、ロングステイセミナーなどの説明会に参加し、下見旅行をしたうえで、マレーシア移住生活を開始したという人は少なくない。この夫婦も同様に、テレビや雑誌で老後の海外移住に関心をもつようになった。どの国に移住するのがいいのか情報収集をするなか、老後のマレーシア移住に関するガイドブックに出会った。そのガイドブックが、この夫婦に夢を見させてくれた、というのだ。ロングステイセミナーの参加、マレーシアの下見旅行、クアラルンプールで暮らすガイドブックの著者やその他の移住者との交流、ビザ申請手続きのための短期滞在という段階を経て、夫婦はクアラルンプールに移住した。私がこの夫婦に初めて出会ったとき、「私たち夫婦はね、ずっとこっち（マレーシア）にいるつもりで来たのよ」といった奥さんは、すでにマレーシア国内やクアラルンプールのグルメやスパについてかなり「予習

済み」であり、現地調査を開始してクアラルンプールに暮らし始めて約1年が経過した私の知らないマレーシアをとてもよく知っていた。

　海外ロングステイの希望滞在国ランキングで、マレーシアは2006年以降、第1位を13年間維持している。この人気の高さに、老後の海外移住や海外ロングステイに興味のある人々のみならず、多くの人々がその魅力は何なのか、マレーシアに関心を寄せることだろう。日本人の国際観光の新しいトレンドとして「ロングステイ」（海外長期滞在型余暇）や「老後の海外暮らし」が注目を集めるようになった。とくに、団塊の世代と呼ばれる人々が2007年に定年退職を迎えるにあたり、2004年ごろの日本では、シニア向けの海外旅行や「暮らすように旅する」ライフスタイルとして、老後の海外暮らしに関心が向けられていた。日本人の海外ロングステイに関する文化人類学的研究を行うために、私が大学院の博士課程に進学したのは、まさにそのころのことであった。本書の具体的な内容に入る前に、このテーマに関し、どのように問題意識をもつようになったのか、その経緯について述べておきたい。

　マレーシアを調査地にするまでの道のり
　「外国に暮らしてみたい」という気持ちは、私にとって「わからない」ことではなく、わりとなじみのある感覚である。ただし、10代のころの私が抱いていたのは、外国に暮らしてみたいというより、「海外に留学したい」という気持ちであり、それはイギリスやアメリカのような英語を母国語とする国々への留学だった。その希望が叶ったのは大学2年生のころのことである。大学に入学し交換留学を目標に準備を進めていると、在学していた大学の交換留学の協定校のなかに、高校時代に毎週欠かさず見ていたアメリカのドラマの撮影地となった大学があったのだ。念願のアメリカ留学で、テレビで見たロサンゼルスの大学生の暮らしを体験するなかで、「海外留学は楽しい」という価値観はゆるぎないものとなった。留学中に履修した人類学の科目が興味深く、大学院の修士課程に進学することにした私は、2度目の留学機会を得た。行き先は、ハワイを選んだ。観光と文化について学べる場所だったからだ。

　のちに「ライフスタイル移住」と呼ばれる現象に遭遇したのは、ハワイに留学していたころである。ワイキキのビーチまで車で15分程度の小高い丘にあるハワイ大学マノア校の構内には、語学研修プログラムの建物があった。そこ

には、学部や大学院に所属するのではなく、語学留学に来ている多くの日本人がいた。2002年ごろの語学研修プログラムの参加者は約7割が日本人だと聞いた。彼らの多くは社会人を経験し、日本での生活をリセットしハワイにやってきた人々だった。彼らと交流するなかで、ワイキキのビーチ周辺には授業回数が週2回程度の語学学校もあり、学生ビザを取得していないノービザで滞在する日本人学生が通っているという話も聞いた。ハワイの日本人留学生は、語学の習得というよりも、サーフィンやマリンスポーツ、世界有数の観光地である「楽園」ハワイでの生活を楽しむことに比重を置く「遊学生」が多数派であるようだった。勉強というよりは現地で楽しく暮らすことを目的とした留学は、私にはない斬新な発想だった。

　ハワイから帰国した私は、東京での大学院生の生活に戻り、大学卒業後数年間タイに住んだ後、大学院に来たという学生と出会った。その人は、タイに語学留学をした後、現地採用で働いた経験があり、タイに語学留学する日本人はけっこう多いと話していた。「タイに語学留学した経験は、その後どう活かせるのだろうか？」という素朴な疑問をもち、東京にあるタイ語留学の斡旋会社を訪ねた。その会社では、バンコクの留学斡旋会社と提携し、タイ語学校とアパートの紹介を行っていた。日本人に人気の高いタイ語学校と日本人留学生が多く住んでいるエリアのサービスアパートを紹介してもらい、現地調査に出発した。

　2003年にバンコクとチェンマイで行った約90日間の現地調査（フィールドワーク）では、私自身もタイ語学校に生徒として通いながら、現地に住んでいる20〜30代の日本人49人にインタビューを行った。留学生には「なぜタイに留学したのか？」、現地で働く人には「なぜタイに来たのか？」を訊ねた。すると、決まって「タイが好きだから」という答えがまず返ってきた。「タイが好きで、タイに住みたいから、タイに留学した」という理由づけが興味深かった。タイ語を習得したあとは、タイに住み続けるために、現地採用で就労するというパターンだった。バックパッカーのような自由な旅行者としてタイに比較的長期間、何度も渡航し、タイに住むようになった若者が、タイ語を習得し、現地採用で就労するという「日本人の若者のタイ移住」について修士論文を執筆した。ハワイの「遊学生」と同様、「住みたいから留学する」のであり、「とりあえず」から始まる海外移住であった。興味深いのは、タイ語学校のクラスメートのな

かに、日本人の若者と同じ理由でタイに住み、タイ語を勉強している、20〜40代くらいのアメリカ人、イギリス人、アイスランド人、ベルギー人、韓国人がいることだった。タイ語学校の教室は、ライフスタイル移住が日本人に特有の現象ではなく、欧米や東アジアから東南アジアへの人の移動として生じている現象でもあるということがかいま見られた場所だった。

このタイでのフィールドワークがきっかけとなり、「ロングステイ」という言葉を知った。このころ、バンコクやチェンマイにはすでに多くの日本人高齢者がロングステイしていたのだ。バンコク市内のホテルで開催されたロングステイの集まりに出かけていくと、定年退職した60代の高齢者だけではなく、70代、80代の参加者もいた。長期滞在している高齢者のなかには、タイ料理を好まず、タイ語も話さない、さらにタイの「ここがだめ」という話が多く、必ずしもタイが好きというわけではない人が多かった。これまで出会った若者の移住者とは大きく異なり、なぜ高齢者が食生活や言葉の面で不自由のある海外に長期間暮らしているのか、不思議に思えた。

博士課程に進学し、日本人高齢者の海外ロングステイについて調べていくうちに、マレーシアも滞在国として人気があることを知った。しかし、マレーシアが人気滞在国であるということは、私にとって「わからないこと」であった。なぜなら、私はマレーシアに行ったことがなく、マレーシアのことを知らなかったうえに、タイが大好きな若者たちから、タイに比べてマレーシアは「楽しくない」という話をよく聞いていたからだ。若者にとって楽しくない国は、高齢者にとって楽しいのだろうかと、逆に興味をもった。そこで、高齢者のマレーシア移住について調べてみようと思い立ち、2004年に初めてマレーシアに渡航し、コタキナバルとクアラルンプールで予備調査を行った。

コタキナバルでは、50代で早期退職した夫婦と20歳の娘の3人で移住したという家族や、パーキンソン病を患った母の療養のために移住したという40代の女性、ボルネオの植物に関心のあるアウトドア好きの60代の夫婦、画家としての創作活動を目的に移住した60代の姉妹など、短期間の調査でさまざまな目的をもってマレーシアに移住した人々と会うことができた。続いて、クアラルンプールでは、マレーシアに来るならばクアラルンプールが一番だという強い思いをもった60代の男性2人に会った。2人とも50〜60代の妻とともにクアラルンプールで暮らしており、現役時代にマレーシアに駐在した経験

があった。なぜほかの国や地域ではなく、マレーシアのクアラルンプールがよいのかを語る言葉には、説得力があった。コタキナバルの移住者と同様、クアラルンプールの移住者は、長期的な移住を視野に入れているようにみえ、マレーシアを選ぶ積極的な理由があるのだということが強く感じられた。当時、コタキナバルもクアラルンプールも、マレーシアのロングステイ滞在地としてはあまり注目されていない地域であった。ロングステイ滞在地として人気のあるペナンやキャメロンハイランドにも行ってみなければ、マレーシアに長期滞在する日本人高齢者の全体像は捉えることはできないと思った。以降、現在まで約15年の間、マレーシアにおける日本人高齢者の国際退職移住およびロングステイツーリズムというテーマに取り組み、マレーシアでの長期フィールドワークを経て、今日に至る。

現在進行形のフィールドを記述する

　最後に、本書のもとになった現地調査の時期と現在のフィールドの状況について言及しておきたい。本書のもとになった現地調査は、日本と移住・長期滞在国となるマレーシアにおいて、2004年から2012年にかけて断続的に行った。2004年から日本国内の調査を開始し、海外ロングステイが民間主導で新たなツーリズムのトレンドとして発展し、老後を海外で過ごすことが日本人にとってライフスタイルの選択肢として普及する過程を把握しつつ、マレーシアでの予備調査を行った。2006〜2009年には、マレーシアにおいて長期フィールドワークを実施し、移住者159名に対する聞き取り調査を行い、移住の経緯やマレーシアでの日常生活の実態を把握した。長期フィールドワーク後も、日本国内での調査を続けながら、断続的に現地を訪れ、追加調査を行ってきた。その成果をまとめ、博士論文を執筆し、2012年12月に提出した。したがって、本書のとり上げるフィールドの状況や事例の分析は、2004〜2012年に収集したデータにもとづいている。また、本書はとくに、「定住」志向の長期居住者が集まる首都クアラルンプールと、数日間から3か月程度の滞在をくり返す「渡り鳥」型の長期滞在者の集まる高原リゾートのキャメロンハイランドに焦点を当てた。

　2013年から2018年9月のマレーシア再訪までの期間も含め、すでに述べたとおり、フィールドワークは現在進行中である。しかし、2011年3月11日の

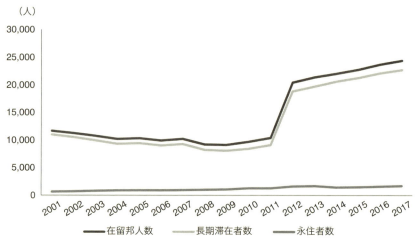

マレーシアの在留邦人数、長期滞在者数、および永住者数
(出典：海外在留邦人数調査統計をもとに筆者作成)

　東日本大震災以降、フィールドには大きな変化が生じており、本書は、博士論文でとり上げた（現地で追加調査を行った）2012 年までを分析の対象としている。2011 年の震災以降は、フィールドは新たなフェーズに移行したといえよう。災害リスクから逃れることを目的とする移住、親子留学や教育移住と呼ばれる子供の国際教育を目的とする移住、不動産投資などに適した国として、マレーシアがより幅広い年齢層の人々にも注目されるようになったのだ。さらに、変化しているのは日本の状況だけではない。マレーシアの状況も変わりつつあり、とりわけ長期滞在が可能な MM2H の申請条件や手続きにもさまざまな変更があった。マレーシア側の状況の変化は、言い換えると、MM2H ビザ取得の「ハードルが上がる」ことにより、これまでとは異なる層の人々がこの制度を利用し、移住や長期滞在すること、さらにはビザを取得することの意味づけも含め、移住のパターンの変容を生じさせる要因ともなる。上のグラフが示すとおり、在留邦人数と長期滞在者数は、ともに 2011 年から 2012 年にかけて急増しており、増加のスピードも加速している。

　長期フィールドワークの期間には、「最初は 1 〜 2 年のつもりでマレーシアに来たけれど、ずっといたいと思うようになった」という声をよく聞いた。マレーシアに定住し、数年が経過した人々のなかには、マレーシアでの生活が快

適でこのまま住み続けたいと感じる人は少なくない。ライフスタイル移住は自発的移住であるからこそ、移住の期間を自ら決定することができる。ただし、「いつまでいるのか？」を決めたとしても、その計画どおりにいくとはかぎらないのは、高齢者の国際退職移住にも、若者のライフスタイル移住にも共通している。また、高齢者の国際退職移住を考えるさい、東南アジアのマレーシアのもつ地理的意味は重要であると考えられる。マレーシアは東南アジアの中央に位置し、近隣諸国から流入する移住労働者が多いことでも知られている。とりわけ、インドネシアやフィリピンからの移住家事労働者の存在には、マレーシアにずっといたいと思う移住者にとって、ケアの担い手として期待される側面もある。その意味で、国際退職移住は医療や介護の面で「潜在的にケアを必要とする人々の移動」とも捉えられるのである。海外在留邦人の高齢化現象は、世界各地の海外日本人コミュニティに共通の問題であり、邦人保護を担う大使館や日本人会、さらに高齢者の互助組織が現地の行政のみならず、さまざまな産業に関わる人々と協働しつつ包括的な取り組みを行っているマレーシアは、先進事例として示唆に富んでいる。このような取り組みを参与観察することができたことによって、結果的にマレーシアをフィールドに選んだ意義を後づけで説明できることになろうとは、予備調査に出かけていったときにはまったく想定していなかった。

　本書は、アジアにおける国際退職移住の先進事例として日本人高齢者のマレーシアへの国際退職移住をとり上げ、高齢者の生き方の創造性を明らかにすることを目的としている。そのうえで、存在的移動のエスノグラフィーの記述を通して、移動と定住を対立概念ではなく連続する生のあり方として捉える視座を提案したい。そして、移住者の語る物語から、私たちにもいつかは訪れる「高齢者」というライフステージの生き方のヒントを見いだすことができれば幸いである。

目 次

はじめに 3

第1章　序論──高齢者の国際移動を捉える視点 15

1-1　問いの設定　15
1-2　グローバルな人の移動の人類学　19
　　1-2-1　移住研究　19
　　1-2-2　観光研究　24
1-3　国際退職移住　27
1-4　ライフスタイル移住　30
　　1-4-1　包括的概念としてのライフスタイル　30
　　1-4-2　個から国際移動を捉える視点　32
1-5　人の国際移動に関するマーケットの役割　35
1-6　調査概要　40
1-7　本書の構成　42

第2章　国際退職移住の商品化──ロングステイツーリズムの成立 47

2-1　少子高齢化と日本社会の変容　48
　　2-1-1　少子高齢化の進展　48
　　2-1-2　家族、世帯構成の変化　49
　　2-1-3　新たな消費者層としての高齢者　50
2-2　越境する日本人高齢者　52
　　2-2-1　グローバル化と日本人のライフスタイル移住　52
　　2-2-2　日本人高齢者・退職者の国際移動　57

2-2-3　観光における「アジア」消費　59
2-3　ロングステイの商品化　61
　　　2-3-1　イメージの消費としての観光　61
　　　2-3-2　ロングステイツーリズムの誕生小史——政府主導から民間主導へ　63
　　　2-3-3　希望滞在国のアジア圏へのシフト——欧米志向からアジア志向へ　71
　　　2-3-4　ライフスタイルのイメージ形成——「歩き方」から「暮らし方」へ　74
2-4　日本人高齢者の国際退職移住の3つの類型　81

第3章　ホスト国マレーシア——ゲストをめぐる選別化の論理 85

3-1　マレーシアの外国人退職者受け入れ制度　87
　　　3-1-1　マレーシアに流入する外国人
　　　　　　——移民、移住労働者、一時的滞在者、自発的移住者　87
　　　3-1-2　マレーシアの日本人——在留邦人社会　89
　　　3-1-3　マレーシアの観光振興　92
　　　3-1-4　シルバーヘア・プログラムと
　　　　　　マレーシア・マイ・セカンド・ホーム・プログラム　94
3-2　滞在国マレーシアへの関心の高まり　96
　　　3-2-1　日本市場に向けたロングステイ商品化戦略　96
　　　3-2-2　夫婦で行くマレーシア　100
　　　3-2-3　マレーシアロングステイセミナー　103
3-3　ゲストの選別化　105
　　　3-3-1　主要マーケットとしての日本　105
　　　3-3-2　MM2H申請条件の改定　110
　　　3-3-3　2009年の規制緩和　115
3-4　日本人のMM2H参加状況　117

第4章　「渡り鳥」型のロングステイヤー
　　　——キャメロンハイランドの事例から 123

4-1　キャメロンハイランドの「発見」　123

4-1-1　高原リゾート、キャメロンハイランド　123
　　4-1-2　キャメロンハイランドに特化したロングステイ団体　126
　　4-1-3　「ゲスト」によって組織化されるロングステイツーリズム　128
4-2　「渡り鳥」型ロングステイヤーの実態　134
　　4-2-1　ヘリテージホテルの滞在者たち　134
　　4-2-2　地元社会への「国際貢献」活動　140
　　4-2-3　「しがらみ」を逃れる　144
4-3　MM2Hビザ申請者の増加　147
　　4-3-1　キャメロンハイランドに定住する人々　147
　　4-3-2　ビザの利用と家計戦略　149
　　4-3-3　キャメロンハイランドからの転居　152
4-4　日本人「コミュニティ」の成立しないキャメロンハイランド　154

第5章　「定住」志向のセカンドホーマー
　　——クアラルンプールの事例から　………………………………… 161

5-1　セカンドホーマーとクアラルンプール　161
5-2　セカンドホーマーの「コミュニティ」　163
　　5-2-1　退職移住者の拠点となるクアラルンプール日本人会　163
　　5-2-2　マレーシア・マイ・セカンド・ホーム（MM2H）促進活動　166
　　5-2-3　移住サポートビジネスの事業展開　172
　　5-2-4　ネットワーク化するセカンドホーマーの「コミュニティ」　176
5-3　高齢者夫婦のクアラルンプール移住　185
　　5-3-1　グローバルな生活戦略　185
　　5-3-2　家事労働の軽減　187
5-4　セカンドホーマーのライフスタイルの創造力　197

第6章　ケアの越境化 ……………………………………………… 203

6-1　ケアの消費者の国際移動　204
　　6-1-1　労働力を必要とする人の移動——患者、要介護者　204

  6-1-2 ロングステイからケア・マイグレーションへ 206
  6-1-3 東南アジア諸国への日本人高齢者のケアを求めた国際移動 208
  6-1-4 患者・要介護者の誘致政策 213
 6-2 日本人専用高齢者介護施設をつくる 217
  6-2-1 「老人介護天国」構想 217
  6-2-2 ケア労働の担い手——日本人結婚移住者と移住家事労働者 220
  6-2-3 ナースロッジ日本 222
 6-3 要介護高齢者の海外移住 228
  6-3-1 介護移住の意思決定 228
  6-3-2 寝たきり患者の介護移住 231
  6-3-3 在宅介護と関係的自己実現 235
  6-3-4 リタイヤメントヴィレッジ計画 240
 6-4 自律的な生き方の企図 246

第7章　結論　…………………………………………………………251

7-1 観光と移住の重複領域を捉える 251
7-2 移動する主体と市場、および国家の相互作用 254
7-3 存在論的移動のエスノグラフィーに向けて 259

おわりに 263
参照文献 269

第 1 章

序 論
高齢者の国際移動を捉える視点

1-1　問いの設定

　本書は、「国際退職移住」(international retirement migration)［King *et al.* 2000］[1]、つまり、退職後の日本人高齢者の自発的なマレーシア移住・長期滞在の事例から、高齢者の国境を越えた日常生活の営みを文化人類学の手法を用いて民族誌的に記述するものである。退職後の高齢者の国際移動を研究対象としてとり上げることは、国境を越えた人の移動研究において二重の側面をもつ。すなわち、一方においては、労働力とはならない、あるいは労働を目的としない人の国際移動という側面をもち、他方においては、海外に長期間居住・滞在する消費者の国際移動という側面をもつ。この二重の側面をもつ国際退職移住者たちは、移民でもなく旅行者でもない流動的な人々である[2]。本書は、彼らの暮らし方に観光研究と移住研究からアプローチし、

1) 観光と移住の中間領域にある、高齢者の自発的な海外移住・長期滞在についての研究の枠組みを示すこと
2) 国際移動による国境やマクロ構造の利用が高齢者の日常生活にもたらす質的変化を、民族誌的に明らかにすること
3) 海外移住の商品化の過程における、移動する主体と市場および国家の相互作用を検討することによって、トランスナショナリズム論において消費者の国際移住の市場の役割を解明すること

の 3 つを主たる目的として設定する。

　後に詳述するように、日本においては少子高齢化の進展を背景に、1980 年

代末ころより、退職後の海外移住・長期滞在に中高年の関心が寄せられてきた。1990年代以降、とくに退職者受け入れ制度を実施しているアジア・オセアニア地域の一部の国々には、日本人高齢者の国際移動が発生するようになった。法務省出入国管理局の出入国管理統計によると、2011年度の日本人出国者数(海外渡航者数)は1699万人である。1996年度に1600万人を突破して以来、2006年度にピーク(1753万人)に達した後は増減をくり返している[3]。また、外務省の海外在留邦人数調査統計によると、2017年10月1日現在、在留邦人の総数は135万1970人であり、この統計が開始された1968年(昭和43年)以降最多となった[4]。このうち、長期滞在者は86万7820人で、在留邦人全体の約64%を占める。長期滞在者数が1968年以降最多となった前年と比べると約0.3%の増加とはいえ、海外在留者は一貫して増え続けており、日本人の海外移住・長期滞在の増加は顕著であるといえる。とくに本書でとり上げる国際退職移住は、老後の暮らし方、あるいは「自己実現」として経験されるという、それまでの移住とは異なる新たな様相を示すものである。

　スティーブン・カースルズ(Stephen Castles)とマーク・ミラー(Mark J. Miller)は『国際移民の時代』(*The Age of Migration*) 初版において「移住の多様化」を指摘しているが [Castles and Miller 1993]、その多様化の意味するものは、以下のようなものである。すなわち、1945年以降の国際社会の再編成の文脈において、科学技術の発達、経済活動の国際化と世界経済の拡張により、人・モノ・資本の国境を越えた移動は活発化した。1980年代までには、国際移住はアジアにも広がり、日本を含め、韓国、台湾、香港、シンガポール、マレーシア、タイなどの新興工業国にも広がったのである [Massey *et al.* 1998: 3]。

　しかし、移住の多様化は2000年代に入り、異なる様相を呈するようになった。カースルズとミラーは、先述の初版出版から16年を経て改訂した『国際移民の時代』第4版 [Castles and Miller 2009] において、初版にはみられなかった国際移動の新しい潮流を指摘している。そのうちの以下の2点が、本書の関心と一致している。1点目は、退職移住やライフスタイル追求のための移動、くり返される移動、あるいは循環する移動といった新たな移動の形態が生じていることである[5]。2点目は、移住先を視察するために観光客が下見旅行をするように、移住と観光の境界が薄れつつあることである [ibid.: 4(邦訳 p. 5)]。つまり、移住とは、本国での苦境によってのみ発生するものではなく、ほかの場所でよ

りよい機会とライフスタイルを獲得しようとする意思によっても動機づけられるのである。さらに、従来は途上国から先進国へ移動する貧しい人々が移動の主体と考えられてきたが、先進国の豊かな人々が先進国へ移住することも増加している［ibid.: 5（邦訳p. 6）］。

こうした新しいタイプの移動を特徴づける表現として、「自発的移住」や「一時的移住」という言葉が用いられてきたが、「よりよい機会や物質的環境を求めた個人的な意思決定に基づく行動の結果」［サッセン1999: 157］として国際移動を行う労働移住者もまた、移住先で経済活動に従事しない退職者と同じく、個人の意思決定に基づく自発的な行為者であるといえる。また、ラッセル・キング（Russell King）［2002］が指摘するように、自発的移住の自発性、一時的移住の一時性を説明するのは困難である。今日における移住の多様化により移住の定義は曖昧化しており、これまで自明視されてきた「永住」や「強制移住」の対概念として、形式的に自発的移住や一時的移住で新たな移動を定義することには限界がある。キングが「移住とは、そもそも例外（exception）なのか、それとも規範（norm）であるのか」［ibid.: 94］と問うように、重要なのは、人の移動を日常生活と連続的に捉える視座である。伊豫谷登士翁は、現代の移住研究の課題として、「移動する人のいるべき場あるいは戻るべき場」を前提としてきた従来の研究方法の問い直しを要請している［伊豫谷2007: 4］。このような移動への問いかけは、定住社会が本来の社会のあるべき姿とみなすことへの人類学からの批判と視点を等しくする［Clifford 1997］。

移住研究は、労働力として国外に定住する移住労働者を主たる対象とし、移住労働者の分析と理論化をその主たる関心としてきた［サッセン1992］。移住研究はまた、移住の形態や決定要因の分析だけでなく、受け入れ国における移民（immigrant）の同化理論の解明を担ってきた［Massey et al. 1998: 3］。しかし、本書が対象とする高齢者の老後の海外移住のような、旅行者にも移住者にも当てはまるが両者が完全には一致しているわけではない、「中間領域」にある「労働を目的としない人の移動」に対し、移住研究の分野ではほとんど学術的関心が向けられてこなかった[6]。

旅行者、移住労働者、移民の中間領域に位置する人の移動に対して学術的関心が向けられてこなかった理由には、統計上の実態把握が困難であるという問題も一要因といえよう。統計上の実態把握なくしては、国境を越えた人の移動

現象を社会科学的に実証することは困難だからである。その点、文化人類学における民族誌的手法を用いた質的研究は、統計上の実態把握が困難な既存のカテゴリーの中間領域にある人の移動に対し、有効なアプローチを提供する。統計の問題はさらに、国境を越えた人の移動をどのように捉えるかをめぐる、既存の分類方法の問題につながる。ジョン・トーピー（John Torpey）は、近代パスポート制度の創設によって近代国家が「合法的な移動手段の独占化」に成功したことにより、個人や私的な団体は、特定の空間を移動する自由を奪われ、国家とその制度が与える移動の許可に依存するようになったと指摘している［トーピー 2008］。つまり、旅行者（tourist）も移住労働者も移民（immigrant）も、出入国管理における成文化された身分証明（査証やパスポート）の分類に従って演繹的に識別され、統計的に把握されており、国境を越えた人の移動研究は国家が定めた分類方法を前提にその分類を決定づけられてきたことは看過されてきたのである。

　トーピーはさらに、近代国家による合法的な移動手段の独占化の過程はまた、人々がアイデンティティの所有においても国家に依存するようになったことを意味すると述べている［ibid.: 7-17］。これに対し陳天璽らは、「個人の識別、身分の証明、同一性の確認」と定義される「アイデンティフィケーション」という概念に着目し、それが国民国家によるアイデンティフィケーションの側面と、自らのアイデンティフィケーションの選択と操作、すなわち個人が国家ないし何らかの集団に同一化する実践の側面という、2つの側面をもつことを指摘している［陳ほか 2012: 2］。越境をめぐる自らのアイデンティフィケーションの実践の側面は、国境を越えて移動する人々が自己の存在をどう位置づけるかを考えるうえで、重要な視点となる。

　以上の問題意識をふまえると、国境を越えた人の移動を、国家、産業、および移動する主体がどのように捉えるのかを問い直し、人の移動の複合的に理解することが今まさに必要となっているといえる。本章では、人のグローバルな移動を対象とする移住研究と観光研究の先行研究の検討から、その重複領域である高齢者の国際退職移住を捉える理論的視座を示す。

1-2　グローバルな人の移動の人類学

1-2-1　移住研究

　人類学が人の移動に対して学問的関心を向けるようになったのは、1950年代以降のことである。アメリカ人類学は、都市や移民に関する研究に取り組んでいたシカゴ学派の影響を受け、1950年代にラテンアメリカやアメリカ合衆国国内の都市部に関する研究を開始した[7]。イギリス人類学も同様に、1950年代以降、旧植民地であるアフリカにおける賃金労働者の農村と都市の循環移住を扱うようになり、その後アフリカからイギリスなどの西欧諸国への国際的な移住労働に関する研究へと展開していった［Eades 1987: 2］。1950年代以降、アフリカ研究者によって行われてきた農村から都市への労働移動や都市化の問題に関する人類学的研究は、1960～70年代にかけて都市人類学という新たな分野として登場することになった。都市人類学のテーマとされたのは、部族出身者が都市で新たにつくる社会関係や行動様式、価値観などであった［中村 1984: 7-12］。このように、人の移動に関する研究は、人類学内部において、農村から都市へ移動する労働力に関する研究として開始され、都市という場所から捉えられるものとして、都市人類学の主要な研究テーマの1つとなってきた。

　1970年代になると、先進工業諸国の急速な経済成長にともない、安価な労働力の供給地である第三世界出身の移民・移住労働者は、経済発展を支える労働力として先進国内部の労働市場に取り込まれていった。従来の農村から都市への移民に加え、国際移民にも研究の幅が広げられるようになったのである［Brettell 2000: 98］。これらの1970～80年代の人類学における移住研究は、移住する人々の集合的なエスニックアイデンティティの維持や再生産に関する研究が特徴であった［Vertovec 2010: 3］。

　1990年代には、グローバリゼーションに関する学術的関心の高まりのなかで、人類学には国境を越えた人の移動をグローバリゼーションの文脈から捉える視点が生まれた。グローバリゼーションを「世界の均質化」、すなわち地球規模で文化が同質化していく過程とみなしたアンソニー・ギデンズ（Anthony Giddens）［1991］に対し、ローランド・ロバートソン（Roland Robertson）［1992］はグローバリゼーションと同時進行するグローカリゼーションを指摘している。このように、グローバリゼーションの進展のなかで、人類学は文化の流動化

と脱領域化に焦点を当て、文化概念の問い直しを試みた［Appaduali 1996, Hannarz 1996, Gupta and Ferguson 1997］。このような人類学の流れのなかで、ウルフ・ハナーツ（Ulf Hannerz）は、「グローバル・エクメネ（地球規模の連関）」［Hannerz 1996］という概念を提出し、アルジュン・アパデュライ（Arjun Appadurai）は、国境を越えた文化の移動を人、メディア、技術、資本、観念の 5 つの次元から考察した。アパデュライは、国境を越えた人の移動を「グローバルな文化のフロー」（global cultural flow）の 1 つに位置づけ、「グローバルエスノスケープ」（global ethnoscape）という言葉で捉えている［Appadurai 1996］。グローバルな人の移動が活発化・多様化する現代的状況に対し、人類学はローカルな場における微視的観察と民族誌の記述により、越境する人々の織りなす民族景観から文化の動態を捉える視点を提示した。

　グローバリゼーションの文脈において人の移動を捉える立場に並行し、同じく 1990 年代以降、国内経済のみならずグローバルな資本主義経済の一部としての移住者のミクロな経済や親族関係を扱う研究、すなわち移住ネットワーク研究がなされた［Kearney 1986: 344］。親族や地縁的ネットワークといったローカルな社会関係の越境的つながりを考察対象とする、人類学におけるこれらの移民研究の蓄積のなかから、「トランスナショナリズム」という概念が提出された［Basch et al. 1994, Kearney 1995, Schiller et al. 1995, Smith and Guarizo1998, Vertovec 1999, 2009, Levitt 2001, Brettell 2003］。トランスナショナリズム論は、従来の移民研究の国民国家を前提とした国際移動の理解とその分析手法に内在する「方法論的ナショナリズム」［Wimmer and Schiller 2002］の問い直しから、移動する人々の生活世界が国民国家の領域を越えて、複数の場所との関係性によって構成されることを明らかにすることを提唱する。マイケル・カーニー（Michael Kearney）［1995］が述べるように、トランスナショナリズムはグローバリゼーションと重なるが、より狭義に定義される。グローバリゼーションが、本来国家の領域にある文化的特性が脱中心化し地球規模に発生する過程であるのに対し、トランスナショナリズムは、1 つのホーム（場）に固定された人、モノ、資本、組織が複数の国民国家を越えて活動する過程を意味する［Kearney 1995: 548］。

　トランスナショナリズムの分析枠組みを発展させたリンダ・バーシュ（Linda Basch）、ニーナ・グリック・シラー（Nina Glick Schillar）、クリスティナ・スザントン・ブランク（Cristina Szanton Blanc）は、従来の移民（immigrant）の分類では捉える

ことのできない、出身国と移住国を行き来し複数の地につながりをもつ移民や移住者の生活を分析するにあたり、すでに社会科学の分野で使われるようになっていた「トランスナショナル」という言葉に注目した［Basch *et at*. 1994］。バーシュらの定義では、トランスナショナリズムとは、移民が出身社会と定住先を結ぶ複数の社会関係を新たに構築し維持する過程であるとされ、地理的、文化的、政治的境界を越えたところに社会的な場が生成される点が強調される［ibid.: 7］。さらに、シラーを中心に同著者たちは、従来の移民とは異なる概念として「トランスマイグラント（越境民）」(transmigrant) を提示し、国境を越えて移動する移住労働者が移住先の国や地域に根差した生活を送りながらも、移住後も出身地との複数のつながりを維持し、複数の国民国家との関係性のなかに構成されるアイデンティティのありようを民族誌的手法によって明らかにした［Schiller *et al*. 1995, Basch *et al*. 1994］。

　トランスマイグラントという新しい概念に関心が寄せられた一因として、小井土彰宏は、ダグラス・マッセイ（Douglas Massey）らが「移住の文化」(culture of migration)［Massey *et al*. 1987: 47-48］と呼ぶような、移住の意思決定における社会文化的要因を指摘している［小井土 2005a:16］。移住者は、送り出し社会では触れることのなかった社会的移動の観念や消費財の嗜好、ライフスタイルを、受け入れ社会で身につけていく。移住は送り出し社会において行動能力とみなされ、価値を見いだされ、移住に関する価値観はコミュニティの価値観として共有されるようになる［Massey *et al*. 1987: 47］。つまり、移住とは、たんなる経済合理性にもとづく個人の自由な意思決定にもとづく行為ではなく、ある種の文化的規範の内面化および社会化の帰結と捉えられる、社会的に構成された行為なのである。

　以上のように、トランスナショナリズム論の展開を主導してきた人類学における移住研究は、国境を越える移住労働者の生活世界が国民国家の境界によって断絶されるのではなく、移住先と出身地が連続的なものであることを、民族誌的手法によって明らかにしてきた。そして、その手法として用いられるのが、ジョージ・マーカス（George Marcus）［1998］が「複数地民族誌」(multi-sited ethnography) と呼ぶ、複数の調査地を扱う研究方法である。トランスナショナリズム研究は、複数の場所における民族誌的調査によって、移住者のもつ多元的な帰属意識やネットワークを明らかにすることで、人類学のさらなる貢献の

可能性が見込まれる［上杉 2004］。

　しかしその一方で、移住者は必ずしも移住地に定住するとはかぎらず、移住地からさらに別の地域や国へと移住する可能性もある。そのため、出身地と移住先との関係を二分法的に固定することなく、複数の場が関わる連続的な移住経験のなかで捉える必要がある［市川 2009］。さらに、数年間外国に滞在しただけの一時的な移住労働者や、母国との関係性が希薄になってしまった永住移民の場合、トランスナショナリティ（越境性）を質的に実証することは困難であると指摘されている［Castles and Miller 2009: 32-33（邦訳 pp. 41-42）］。また、国際移動に関する個人の選択可能性が増大し、日常生活を営む場を複数もつことを可能にしても、移動する主体が国民国家のメンバーシップにもとづいてもろもろの制度的権利を保障されるかぎり、国民国家の枠組みを超越した主体であるとはいえない。

　ガッサン・ハージ（Ghassan Hage）［2005, 2007］は、人類学における移住研究が採用してきた複数地民族誌という手法に対し批判的検討を加え、「地理的に不連続な1つの場所」（single geographically discontinuous site）［Hage 2005: 463］の民族誌という新たなフィールドの捉え方を提示している。ハージは、自らが行った世界の8つの場所に点在するレバノン系移住者の拡大家族に関する研究が明らかにしたのは、「複数地の現実」（multi-sited reality）ではなく、越境家族によって占められた「1つの場所」（one site）であったと述べる［ibid.: 465］。ハージは、ブロニスワフ・マリノフスキ（Bronisław Kasper Malinowski）［2010］がトロブリアント諸島においてクラ交換の調査を行ったさいに、複数の調査地を対象としたエスノグラファーであったことにも言及し、古典的な民族誌においても複数の場所を対象にした調査はすでに行われてきたと述べる［ハージ 2007: 34］。そのうえで、地理的に不連続な複数の調査地が対象でありながらも「1つ」の場所として成立する民族誌的調査地のあり方を指摘し、グローバルな複数地民族誌が見落としている点として問題提起している［ibid.: 29-34］[8]。さらにハージは、移住研究において「移動」（mobility）という概念が重要であることが当然視され、人々の国境を越えた移動が、必然的に彼や彼女たちの人生に痕跡を残す「重要な移動」であるとみなされることに対し疑問を呈している［ibid.: 37-38］。短期間の観光や、コスモポリタンなエリートにとっての移住を例に挙げると、国際移動を文化的断絶としても移住としても経験しない多くの人々の存在

が指摘でき、移動する人々が必ずしも「想像の共同体」[Anderson 1983] として実証可能なトランスナショナルなコミュニティを構成しているといえないのである［ハージ 2007:36］[9]。これらの指摘から導き出されるのは、移住が、移動の主観的定義なのか、あるいは客観的定義なのかという問題であり、けっきょくのところ、国境を越えることの重要性は主観的に経験されるのである。したがって、国境を越えるのが誰なのかとは無関係に、客観的な経験として国際移住を定義することはできないのである［ibid.: 39-40］。では、人が国境を越えた移動を重要だと感じるとき、その主観的な経験はどのように捉えられるだろうか。

　移住を主観的な経験として捉える視点として、ハージはさらに、「存在論的移動」（existential movement）という考え方を提示し、存在的移動と物理的移動を分け、その両者の関係性において移住を理解する必要性があると述べている［ハージ 2007: 40-48, Hage 2005: 470-474］。物理的移動は必ずしも存在的移動をともなうわけではなく、存在的移動は感覚的であり帰納的な考え方だというのである［ハージ 2007: 40-41］。ハージに従うならば、人は、存在論的自己にとって、ほかの地理的空間のほうがよりよい場所であると感じられるがゆえに、あるいは、今いる地理的空間において危機を経験したがゆえに、物理的移動を行うのであり、国境を越える人々がいかに移住を経験するのかについての理解は、人々の生きられる日常に対する微視的な視線と、日常のおかれた社会、およびマクロな構造を捉える二重の視線から民族誌的手法によって人の移動を捉え、存在論的移動のエスノグラフィーを記述することによってこそ可能となるのである。

　移動と定住を対立概念ではなく連続する生のあり方として捉える視点は、グローバル化を背景に国家間を移動する移民を対象とした研究にかぎらず、グローバル化する世界のいわば「辺境」に生きる人々を対象とした民族誌的研究からも提示されている。床呂郁哉は、複数の国境が接する海域に生きる移動漁民の生活世界においては、「移動する」ことと「定住する」ことは完全な二項対立や断絶ではなく、むしろその2つが連続するような生活のあり方を示唆していると指摘している［床呂 1999: 140］。近代国民国家によって国境が導入される以前から、海域世界において越境交易を行ってきた移動漁民にとって、国境を隔てた市場価格の変動は利益を生むチャンスであり、国境の存在によって生じるこうした「差異」が彼らの活動の根拠となっているともいえる［ibid.: 165］。ここではむしろ、人々が国民国家や国境の存在を前提としつつも、それを逆手

にとって利用し、乗り越えていくための実践として移動を捉える視点が必要である［床呂 1996:184-185, 1999: 164］。

　先述のような人々の日常生活における国境の利用という側面から考察を加えると、移動する主体のナショナルな帰属の維持とその機能に関する視点をトランスナショナリズム論が見落としてきたことが、さらなる批判点として指摘できる[10]。トランスナショナルな場における個人の活動は、国家の制約から自由なわけではなく、むしろ関係する複数の国家の法や制度の影響を受ける［Levitt and Schiller 2004: 1010］。トランスナショナリズム論は、エスニシティ研究が同化論と同様に移住者を出身社会から「根絶やしにされた」存在として描く点を批判し、移住者と出身社会のつながりに目を向けたとされる［長坂 2009: 36-39］。しかし、国境を越えていく主体の側面を強調するあまり、移動する主体のナショナルな属性が国境を越えてどのように機能するかが看過されてきた。移動する主体が受け入れ社会で国境を活用し、自らのナショナルな属性を活用するという側面には、十分な関心が向けられているとはいえない。あるいは、国民国家の枠組みや国境の前提自体が移動の動機となり、越境活動の根拠となるような場合は想定されてこなかったのである。

1-2-2　観光研究

　「労働を目的としない人の移動」に対し移住研究がほとんど学術的関心を向けてこなかった一方で、観光と移住の境界の曖昧化を指摘し、その重複領域に対して学術的関心を向けたのは観光研究の分野であった。そこで本節では、観光人類学の先行研究を概観し、観光と移住の中間領域へ学術的関心が向けられるようになった流れを追う。

　文化人類学者の山下晋司［2007］によると、1974年のアメリカ人類学会のメキシコ年次大会以前、観光（tourism）という研究領域は人類学の学問的対象としてみなされなかった。観光への人類学的アプローチが1980年代に入り観光人類学として体系化されるなかで、観光人類学はおもに

　　1）観光の政治経済的側面（政策、開発、産業）
　　2）観光の社会・文化的側面（文化の真正性）
　　3）旅行、観光経験の解釈

の3つの分野において研究が進められてきた［山下 2007: 4］。

観光人類学という一分野を切り拓いた人類学者の1人であるバレーン・スミス（Valen Smith）は、旅行者（tourist）を「変化を経験するために家から離れた場所を自発的に訪れた、一時的余暇人」と定義する［Smith 1989: 1］。スミスの定義によれば、旅行者とは、帰るべき日常生活から離れた、非日常の空間と時間を楽しめる場所へ旅行する人である。つまり、旅行者は、帰るべき場所を所与としてもつ定住者であることが前提とされている。また、ネルソン・グレーバーン（Nelson Graburn）も同様に、観光活動を労働する日常から人々を一新する再生産（re-creation）と捉えている［Graburn 1989: 24-27（邦訳 pp. 32-37）］。グレーバーンはエドマンド・リーチ（Edmund Leach）［1961］に依拠し、旅を儀礼の構造になぞらえて、生活における時間の経過のマーカーとみなしている。そこでは、定住と労働を前提とした日常生活を「俗」、非日常としての旅の時間を「聖」として対比させ、旅行者の日常と非日常の時間の経験を「聖なる旅」と捉えた［ibid: 32-37］。

　このように、観光人類学の初期の論者たちは、近代社会における定住にもとづく労働の時間を日常と捉えることにより、日常から離れた場所を一時的に訪れる再生産活動を観光と定義した［Smith 1989, Graburn 1989］。すなわち、旅や観光はつねに日常の外部に設定された、非日常の営みとして捉えられてきた。そのうえで、いくつかの研究は近代人の社会からの疎外を埋める行為として観光を捉え、旅や観光経験が旅行者に与える意味や影響の質的側面を読みとろうとした［MacCannell 1999］。たとえばエリック・コーエン（Eric Cohen）［1979］は、生活空間の境界を越えた「楽しみのための旅行」（travel for pleasure）は、生活空間内では得られない経験を得ることが想定されており、そのことが旅に価値を与えているという前提のもと、旅行者の観光経験が存在論に関わるような意味をもちうることを指摘した。コーエンは、ツーリストの経験を「レクリエーション」（recreational）、「気晴らし」（diversionary）、「経験」（experiential）、「実験」（experimental）、「実存」（existential）の5つの段階（モード）に分け、観光経験のもっとも深遠なレベルとして「実存モード」（the existential mode）を設定している［Cohen 1979: 182-193］。

　このような旅や観光経験が人間に与える影響の質的側面の考察は、その後の観光人類学において、観光を日常生活そのものとする解釈へと展開した。観光を日常生活の一部とみなす視座はまた、グローバル化の進展するマクロな構造

要因に対する視座と共通する部分がある。グローバリゼーションに関する研究が明らかにしたように、情報通信や交通手段の発達した現代において日常生活は、資本主義世界における「時間と空間の圧縮」［ハーヴェイ 1999］、および「脱領域化」［ハーヴェイ 1999］とそれにともなって国境を越えて動く人、モノ、カネによって構成されており、国民国家の枠内での移動のみならず国境を越えた移動も日常生活の一部とされるのである。

　ジョン・アーリ（John Urry）［2000］は、観光と移住をより包括的な概念である「移動」（mobility）として捉える視点を提供した。さらに、アーリは現代世界における移動を、12 の形式に分類している［Urry 2007］。そのなかには、学生の冒険旅行（discovery travel of students）や通過儀礼的な若者の海外経験、医療・ヘルスツーリズム、退職後の越境的ライフスタイル形成、が挙げられている［ibid.: 10-11］。アーリの移動の分類には、カースルズとミラー［Castles and Miller 2009］が指摘した移住研究における新たな潮流として挙げられた特徴と同様に、労働を目的としない消費者の移動が多数含まれており、「退職後の越境的ライフスタイル形成」、すなわち国際退職移住は、その 1 つの形式なのである。アーリは、従来の社会を自己-再生産的実体と捉える理解から、人、モノ、イメージ、情報の脱領土的な移動を、社会を越えた人の移動からみる視座を提示しているのである。1970 年代以降のグローバル化の進展による海外渡航の自由化とマスツーリズムの発展にともない、観光活動の長期化と海外移住の商品化が加速しており、観光と移住の境界線がますます曖昧となっている現在、アーリのように観光と海外移住を連続的に捉える視点が必要となっている［Bell and Ward 2000, Williams and Hall 2000, Williams et al. 2000］。すなわち、日常／非日常の二項対立的に捉えるのではなく、移動の日常性および日常の動態性に着目し、移動態として日常生活を捉える視座が必要なのである。

　さらに、現代における旅行者は、必ずしも日常生活に帰るわけではなく、場合によっては旅を続け、そのまま滞在地に留まるという意味で、既存の定義に当てはまらなくなっている。山下晋司が報告するバリの日本人妻の事例は、観光をくり返すうちに現地人と国際結婚し、移住者となる事例であり、ここにおいて観光客と移民の関係は固定的ではなくなっている［山下 1999: 33］。また、ツーリストが観光地に留まり、観光関連の小規模ビジネスを開始する事例では、ライフスタイルの消費者であったツーリストは、ライフスタイルの生産者となる

起業家へ転身している［Shaw and Williams 2004］。このように、旅行者、移住者（移民）、起業家はいまや、個人と場と関係性によって変化するステータス（状態）なのである。

同様に、これまで自明とされてきた観光と移民（移住）の境界線の曖昧さと両者の相関関係を指摘したのは、地理学における観光・余暇研究である［Williams and Hall 2000, Gössling and Schulz 2005］。なかでも、地理学者アラン・ウィリアムズ（Allan Williams）ら国際退職移住の先駆的研究者たちは、ライフコースにおける観光経験や駐在経験の蓄積が、退職者が海外移住するさいの意思決定の過程で影響を与えることを指摘した［Williams and Hall 2000］。

次節では、国際退職移住の先行研究の論点を整理し、EUにおける先進事例との比較において、日本人高齢者の国際退職移住の特徴を指摘する。

1-3　国際退職移住

高齢者および退職者の国境を越える移動は、先述のとおり国際退職移住と呼ばれ、とくにヨーロッパにおける研究蓄積が豊富である。国際退職移住はきわめて学際性の高い研究テーマであり、おもに観光研究、移民研究、高齢者の人口移動研究、および都市計画（urban planning）などの分野において、地理学者や人類学者、社会学者、老年学者によって研究が進められてきた［King *et al.* 2000, O'Reilly 2000, Rodriguez *et al.* 2004, Oliver 2008, Benson 2011］。なかでも、イギリス人退職者の移動は顕著で、第二次世界大戦後にイギリス国内の海岸リゾートへの退職移住が増加した[11]。イギリス人退職者の国内移住を論じたヴァレリー・カーン（Valerie A. Karn）によると、退職者の移住先として関心を集めたのは観光地であった［Karn 1977］。1960年代以降、衰退していく伝統的な休暇用宿泊施設に代わり、「退職リゾート」（retirement resort）や「退職産業」（retirement industry）が退職者の集まる場所として新たに発展したことが一因となり、イギリス国内における退職移住が増加した［Karn 1977: 1-3］。

退職者の移住はイギリス国内に限った現象ではなく、イギリスからほかのヨーロッパ諸国、とりわけヨーロッパ南部への移住も、1960年代に顕著にみられるようになった［Williams *et al.* 2000:31］。1970年代にはイギリスやドイツなど、北部ヨーロッパの退職者が地中海沿岸部のリゾートに移住を開始し、EU設立

後は EU 域内での退職者の国際移動はさらに拡大している［King *et al.* 2000］。とくに、スペインへの国際退職移住は、「陽の当たる場所への逃避」(the flight to 'a place in the sun')［Williams *et al.* 1997］として顕著にみられ、先行研究の豊富な蓄積がある［e.g. Williams *et al.* 1997, King *et al.* 2000, O'Reilly 2000, Rodriguez *et al.* 2004,］。しかし、ヨーロッパにおける国際退職移住の主要な送り出し国であるイギリスにおいて、イギリス人の国外への退職移住に学術的関心が向けられるようになったのは 1990 年代以降のことであった［O'Reilly 2000: 6］。

　ヨーロッパにおける地域統合と EU の成立は、EU 市民権という新たな制度的権利を生んだ。EU 域内における市民の国際移動は、EU 憲章（TEU）において権利と規定されており、移動の自由は長年、EU 市民権の中心的な考え方であった［Ackers and Dwyer 2002, 2004］。このようなマクロな政治経済的背景は、ヨーロッパにおける国際退職移住を活性化させる制度的要因であった。

　アメリカ大陸においても高齢者の退職移住はみられるが、多くの場合が北米、アメリカ合衆国内の国内移動であった［e.g. Longino 1982, 1995］。アメリカで退職移住が発展したのは南部カリフォルニアやフロリダなどの沿岸部であり、1950 年代に高級リゾートとして繁栄したフロリダは、富裕層や退職者の永住や避寒のための住居を提供するようになった［King *et al.* 2000: 20-21］。先行研究の豊富な退職者の国内移動に比べると、国境を越えた退職者の移動についての先行研究はきわめて乏しい。しかし近年、南北アメリカにおける国際退職移住に関する学術的関心が高まっており、カナダからアメリカ合衆国のフロリダ州へ、またアメリカ合衆国やカナダ（北米）からメキシコなど中米およびラテンアメリカ諸国への国境を越えた退職移動が活発であることが明らかにされた［Otero 1997, Truly 2002, Sunil *et al.* 2007, Janoschka 2009, Jackiewicz and Crine 2010］。

　アジアにおける国際退職移住は歴史が浅く、これまで学術研究の対象としてとり上げられてこなかった。先行研究は限られ、その多くは日本人高齢者のアジア・オセアニア地域への国際移動を扱った研究である［Sato 2001, 久保、石川 2004, Toyota 2006, Miyazaki 2008, Ono 2008, 2010, Toyota and Ono 2012, Nagatomo 2009b, 長友 2013, 篠崎 2009, 山下 2009］。アジアでは送り出し国と受け入れ国の双方が年金受給者の移動を推進しているものの、ヨーロッパ域内での退職移住と比較すると、国境の浸透性は低い［Toyota *et al.* 2006］。したがって、アジアのなかでもとくに東南アジアの国々が退職者や年金受給者の国際移動の受け入れ制度の整備を開

始した 1980 年代末〜90 年代までは、大規模な退職者の国際移動はみられなかった。少子高齢化の進展する日本社会では、ベビーブーマーである団塊の世代が定年退職を開始した 2000 年代中ごろから、退職者の国外での長期滞在に関心が向けられるようになり、海外における長期滞在型の余暇活動である「ロングステイツーリズム」が発展してきた［小野 2007］[12]。とりわけ、外国人退職者の受け入れを国家主導で実施している東南アジアの国々への、日本人高齢者の国境を越えた退職移住が増加している。

　以上、本節では、国際退職移住が発生している 3 つの地域、ヨーロッパ、アメリカ、アジアにおける退職移住について概観した。国際退職移住の送り出し国となるのは、いずれの地域においても、地理的にも構造的にも「北」に位置する先進工業国のポスト産業社会であることがわかる。また、行き先となるのは、温暖な「南」に位置する国々であり、現状では地域内における移動が主流であるといえよう。また、経済的インセンティブは、移動の主要な動機である。ヨーロッパでは移動の自由は EU 市民権として付与された権利であるが、アメリカやアジアでは、受け入れ国側はおのおのが受け入れ基準を設定し、その条件を満たす外国人を選別し、一時的滞在者として受け入れている点にその制度的差異がある。そして、第二次世界大戦後のヨーロッパにおける退職移住を扱ったもっとも初期の研究であるカーンの著作においてすでに示唆されているとおり、ヨーロッパ、アメリカ、アジアの 3 地域における国際退職移住に共通しているのは、移住と観光との関連である。

　キングらは国際退職移住の特徴として、「アメニティ志向の移動」（amenity-led moves）の側面を論じている［King *et al.* 2000］[13]。ローレンス・モス（Laurence Moss）は、アメニティ移住を、「質の高い環境と異文化のある場所への移動」と定義している［Moss 2006］。地理学からの国際退職移住へのアプローチは、北部ヨーロッパの高齢者が老後に温暖な気候の地中海沿岸で暮らすことをアメニティ移住と定位し、移動における地理的、環境的要因を考察した。北部ヨーロッパや北欧出身の人々にとって地中海地方の暖かな冬は、強力なプル要因となるという。しかしながら、地理学は移動する人々の主観的経験の側面や社会文化的側面を扱わない。また、質問票を用いた調査にもとづく量的アプローチを研究手法としており、移動する個人の生活を移住前と後とで切り離し非連続なものとして描き、移住生活が連続的なライフコースにおいてどのような経験を与えるかに

ついても十分には考察してこなかった。そこで本書では、国際退職移住をライフコースの連続性のなかでの、移住者の生き方やライフスタイルの変化、選択として捉え、移住にともなう彼らの主観的経験を民族誌的手法によって記述することを試みる。

次節では、国際退職移住に関する研究から生まれた観光と移住の中間領域をライフスタイル移住と捉える視点について、詳しくみていく。

1-4 ライフスタイル移住

1-4-1 包括的概念としてのライフスタイル

2000年代に入り、国際退職移住に関する先行研究のなかから、「ライフスタイル」(lifestyle) を移動の分析概念に据える視座が登場し、その理論化が進められている［Benson and O'Reilly 2009a, 2009b, McIntyre 2009, Janoschka 2009, Benson 2010, 2011, Casado-Diaz 2012, Janoschka and Haas 2014］[14]。その代表的論者である人類学者のミケーラ・ベンソン（Michaela Benson）とカレン・オライリー（Karen O'Reilly）は、おのおのが取り組んできたヨーロッパにおける退職移住研究をもとに、「ライフスタイル移住」（lifestyle migration）を概念化し［Benson and O'Reilly 2009a, 2009b］、2009年に共編著 Lifestyle Migration: Expectations, Aspirations and Experiences を出版した。ベンソンとオライリーと同様、ノーマン・マッキンタイア（Norman McIntyre）［2009］は、退職移住に関する研究をもとに「ライフスタイル移動」（lifestyle mobility）を考察した。マッキンタイアは、ライフスタイル移動と観光の関連を指摘し、アメニティ移住の再考によりライフスタイル移動を「生活の向上や異文化を提供するとみられる場所への自発的転地にともなう、人、資本、情報、モノの移動」と定義した［McIntyre 2009］。

オライリーとベンソンは、ライフスタイル移住をウィリアムズとホール［2000］のいう「観光情報にもとづく移動」(tourism-informed mobility) の一事例と位置づけ、「すべての年齢の比較的裕福な個人が、生活の質を向上させる場所へ一時的あるいは恒常的に空間的に移動すること」と定義している［ibid.: 2］。ライフスタイル移住は、移動のなかでも移動する主体のもつ経験の質的側面や主観的側面に焦点化し、移動を彼らの「自己実現のプロジェクト」と捉えることにより、人の移動研究に新たな視点を加えた。さらにベンソンは、ライフス

タイル移住の概念を用いることによって、退職移住を高齢者という世代に限定的なモビリティの様式としてではなく、家族移住者や子のいない中年夫婦の早期退職移住者を含む、より広い世代の人々が生活の質的変化を求めて国際移動する多様な現象として捉えている［Benson 2010］。

「ライフスタイル移住」という言葉が捉える移動の概念に類する用語として、これまでの研究では、先述の国際退職移住に加え、居住観光（residential tourism）［McWatters 2009］、余暇移住（leisure migration）［Borocz 1996］、反都市化（counter-urbanization）［Buller and Hoggart 1994］、別荘所有（second home ownership）、アメニティ志向（amenity-seeking/led）またはアメニティ移住（amenity migration）［Moss 2006］、特権的な旅や移動（privileged travel and movement）［Amit 2007］、季節移住（seasonal migration）などが使用されてきた。ライフスタイル移住はこれらの用語を含む包括的な概念であり、この種の移動の異質性を説明するうえでより実用的である［Jackiwicz 2010: 1-2］。また、これらの用語は、それぞれが指し示す移動の特性をより広い現象（労働、高齢化、余暇、都市化、不動産、環境、気候など）との関連で捉えている。ベンソンとオライリーも述べるように、このような移住の多様な様式すべてに通底するのは「より質的に豊かな生活の探求」であり、ライフスタイル移住という1つの現象とみなすことができる［Benson and O'Reilly 2009a: 609］。ベンソンとオライリーを中心としたライフスタイル移住の概念化と理論的貢献により、既往移動研究をライフスタイル移住概念の援用によって読み替える（捉えなおす）作業が進められている。たとえばマリ・コーペラ（Mari Korpela）は、旅の始まりの場面においては一時的滞在の旅行者であったはずのインドを旅する西欧人バックパッカーが、旅をくり返すうちに、結果としてインドで長期間過ごすことがライフスタイルとなる過程を捉えた［Korpela 2010］。コーペラが示した旅行者からライフスタイル移住者への変容の過程は、これまで人の移動を捉えるさいに自明とされた「旅行者」と「定住者」、あるいは「旅」と「暮らし」の二分法で人の移動を捉えることの限界を示しており、これまで自明視されていた分類に沿った人の移動の分析手法に再検討を要することが明らかである。さらにペア・グスタフソン（Per Gustafson）は、移動と複数の場所への愛着という観点から移動する人にとって複数の場所に対して抱く愛着（帰属意識）の観点から、移動する人が複数の場所を獲得していく側面を移動の質的側面から捉えている［Gustafson 2006: 27］。

ところで、この欧米における国際退職移住に関する豊富な先行研究のなかから生まれた、ライフスタイル移住という分析概念は、じつは日本人の国際移動に関する近年の研究において、ベンソンとオライリー［2009a, 2009b］以前から、すでに分析概念として用いられてきた［Sato 2001, Ono 2005, 2009, 山下 2007, 加藤 2009, Nagatomo 2009a, 2009b］。ライフスタイル移住という用語は[15]、佐藤真知子の著作において提案された日本人の国際移動の新たな様式を捉える概念である[16]。佐藤は、オーストラリアの日本人移住者に関する著作『新海外定住時代』において、現代における自発的移住者を「精神移民」と論じた［佐藤 1993］。この『新海外定住時代』を改稿し英語で出版した著作 *Farewell to Nippon: Japanese Lifestyle Migrants in Australia* ［Sato 2001］では、精神移民という用語からライフスタイル移住（lifestyle migration）に分析用語を置き換えた。注目すべきは、佐藤が『新海外定住時代』を執筆した 1993 年当時、日本人の国際移動の新たな潮流としてのオーストラリアへの移民の事例に、主観的および内面的側面へのアプローチから国際移動を論じる視点を見いだしていたという事実である。つまり、日本人の国際移動の様式は、欧米において、国際退職移住、アメニティ移住、居住観光などの類似するモビリティ研究の蓄積のうえにライフスタイル移住の概念化に至ったという過程とは別に、独自に発展したといえ、かなり前の段階からライフスタイル移住の概念によって説明されてきたのである。

　本書では、このような日本における国際移住の研究動向に沿い、国際退職移住をライフスタイル移住の一部として定位し、日本人の高齢者の国際移動におけるライフスタイルの多様性を明らかにすることを試みる。

1-4-2　個から国際移動を捉える視点

　「ライフスタイル」という言葉はマックス・ウェーバーの「生活態度」(Lebensführung) に由来し、"style of life" と英訳されて以降、一般的に普及したとされる［元田 1995: 246］。しかし、ベンソンとオライリーが「ライフスタイル移住」の概念を提示したときに依拠したのは、ギデンズ［1991, 2005］のライフスタイル論である。

　ギデンズ［1991］によれば、近代において人間の主観性への内向きの方向転換が生じ、意味や心の安定は自己の内面のなかに求められていくようになり、自己アイデンティティの物語に物質的な形を与えるものとしてライフスタイル

が登場したという［ギデンズ 1991: 146］。彼によれば、現代の消費社会におけるライフスタイルとは、自己アイデンティティの物語を紡ぎ出す「自己の再帰的プロジェクト」の一部としての個人の生活設計とみなされる［ibid.］。すなわち、個人の内面へ向けて過去から形成される自己の語りが、再帰的に、ライフスタイルとして身体を介して外へ向けて形づくられていくのである［中西 2007: 39］。

　ベンソンとオライリーは、ライフスタイル移住の先行研究によってすでに指摘されてきた移住と消費との関連性［King *et al.* 2000, Sunil *et al.* 2007, Williams and Hall 2002］について、消費とライフスタイルの関連を指摘する社会学理論［Beck 1992, Bauman 2000, Giddens 1991］をもとに、考察を深めている。これらの論者は、現代社会を後期近代、ポストモダニティ、あるいはリキッドモダニティと定位し、伝統的な社会構造や労働分業の消滅と消費選択の増大をその特徴と論じている。ベンソンとオライリーは、ギデンズ［1991, 2005］に依拠し、ライフスタイル移住を個人のライフスタイルの軌跡に内在する「自己の再帰的プロジェクト」として捉える［Benson and O'Reilly 2009a: 615］。

　そして、現代社会において個人がおのおのの自己アイデンティティを反映させ、首尾一貫したライフスタイルを維持することは消費によって可能となったというギデンズの知見をふまえ、移住が現代の人生における選択可能性の範疇に含まれるとする一方で、移動が完全に自由なものとしてあるのではなく、個人と社会構造の関係にも目を向けなければならないとしている［Benson and O'Reilly 2009a: 616］。ピエール・ブルデュー（Pierre Bourdieu）［1979］は、消費とライフスタイルと社会的地位の関連を構造の視点から説明し、ライフスタイルの選択はすべて、階級文化であるハビトゥスに媒介されると論ずる。このブルデューの立場は、決定論的であるという批判や再帰性の視点が欠落しているという批判はあろうが、構造と行為体（エージェンシー）の二項対立を乗り越える妥協点を提供するものである［Benson and O'Reilly 2009a: 617］。すなわち、後期近代の特徴である再帰性を含めてハビトゥスを捉えるという妥協点が考えられ、この視点において、個人はハビトゥスと実社会の不一致や社会的地位の分裂状態とともに生きなければならない［Sweetman 2003］。つまり、選択肢が豊富にあることにより、個人が意思決定するためには再帰性を取り入れるしかないというポール・スウィートマン（Paul Sweetman）のいうところの「再帰的ハビトゥス」（reflexibe habitus）［ibid.］という視点である［Benson and O'Reilly 2009a: 617］。しかしながら、

ライフスタイルの選択が階級文化に由来するものであるという、ブルデューのハビトゥス論を前提とした再帰的ハビトゥスという視点が、非西欧社会におけるライフスタイル移住を考察するうえで有効であるか否かは検討する必要があろう。むしろ、次節において詳述するように、グローバル化の進展というマクロな構造を背景に、個人化がいかに作用し、ライフスタイル移住を発生させているのかを明らかにすることが重要なのである。

　武川正吾［2012］はウルリッヒ・ベック（Ulrich Beck）の「個人化」（individualization）に関する議論［ベックほか 2011］をとり上げ、「グローバル化と個人化の交互作用」を指摘している。現在の高度に分化した社会においては、個人は部分的にしか社会に統合されず、階級やエスニシティに準拠した生き方もできないと述べる［ibid.: 22-23］。このため個人は「自分自身の人生」（a life of one's life）を選択し、自分自身の生き方を探し出さなければならなくなる［ibid.: 23］。このような「自分自身の人生」が普及する過程をベックは「個人化」と呼び、その進行が不可避であるとする［ベックほか 2011］。さらにベックによれば、「自分自身の人生」とは「脱伝統化された人生」であり、グローバル化した世界では、個人が人生を送る場所が複数の伝統や文化の間を行き来せざるをえなくなるため、したがって、「自分自身の人生」は「実験的な人生」（experimental life）とならざるをえないのだという［ibid. 24］。人類学はこれまで、社会におけるもろもろの制度に着目し、全体論の観点からそれを扱ってきたが、グローバル化と個人化が交互作用しつつ進展する現代社会において、人類学のもつ制度論的・全体論的志向性から人類学的アプローチを解き放つためには、マルク・オジェ（Marc Augé）がいうところの、「個人の生活誌」が必然的に大きな注目を集めるようになるのである［オジェ 2002: 205］。

　ベンソンとオライリーは、よりよい生活や生き方を求めた人の移動を「ライフスタイル」を用いて表現することにより、単数の出来事としての動き（movement）ではなく、移住の意思決定に内在する生き方の選択として捉えようとする。ライフスタイル移住は、前後の人生の文脈のなかで移住を捉える概念であり、個人が移住へと向かう状況や移住がその後の人生に与える影響に洞察を加えることが、概念化の核となっている［Benson and O'Reilly 2009a: 615-616］。

　ライフスタイル移住の概念化により、これまでの移住研究が国境を越えた人の移動の分析枠組みとして採用してきた集合的アプローチに代わり、個人的ア

プローチが新たに提供された。犬飼裕一は、こうした「社会をめぐる考察を個人から出発する方法」を「方法論的個人主義」[17]と呼ぶ［犬飼 2011: 8］。犬飼は、方法論的個人主義の考え方をマックス・ウェーバーに関連づけているが、同様の指摘が厚東洋輔によってなされている［厚東 1977］。厚東は、ウェーバーが提唱した「理解社会学」における理解とは、「動機」理解を一時的に指示するものであり、唯一の意味源泉である行為者によって思念された「主観的な意味」以外に論理的出発点はないと論じている。すなわち、厚東によれば、理解が行為者の「動機」に一義的に定位しているかぎり、理解社会学では、「国家」「封建制」といった集合的カテゴリーは、唯一の「理解しうる」ものである行為、すなわち関与している個々の人間の行為へ、例外なく還元されるべきものとなり、これにより方法論的個人主義が成立するといえるのである［ibid.: 249］。これをふまえると、ライフスタイル移住は、移動および移住研究における方法論的個人主義の展開と位置づけられる。

ヨーロッパにおけるライフスタイル移住の先行研究は、移動を個人的動機や「移住への憧れ」（aspiration of migration）［Benson and O'Reilly 2009a, 2009b］といった主観領域から分析する視点を提供した。しかし、移動が主観領域における選択となること、および商品化との関連で消費されるプロセスについては十分に目が向けられてきたとはいえない。すなわち、個人の生活、人生において移住を含む選択可能性が増大したことの背景にある、経済構造と個人の相互作用への考察の不足である。その理由の1つに、ヨーロッパではEU統合によって域内の移動が権利として実行されている点が挙げられる。一方、アジアの場合、ライフスタイル移住は、EUのような権利としての移動ではなく、産業が介在することによって成立する移動であり、こうしたグローバルに拡大する消費市場に包摂される消費者の国際移動という側面を解明するには、海外長期滞在者や移住者の越境の軌跡を民族誌的アプローチによって捉える必要がある。

1-5 人の国際移動に関するマーケットの役割

これまでみてきたように、社会科学における移住研究は、1990年代以降、急速に発展した。地理学から始まった移住システム理論と社会学および人類学に由来する移住ネットワーク理論はいまや学際的理論に発展している［Castles and Miller 2009: 27（邦訳 p. 34）]。移住ネットワーク理論は、先述のように、移動する人々の越境的なつながりを民族誌的アプローチによって明らかにし、トランスナショナリズム論の提出という理論的貢献を行った。本書は、そのトランスナショナリズム論の流れに自らを位置づけつつ、移住システム論の知見を援用し、トランスナショナリズム論が見過ごしてきた、人の国際移動を発生させる（移住システム論でいうところの）中間構造（meso-structure）、すなわち産業と、移動する人々の相互作用に着目する。

　移住システム論は、グローバルな人の移動を発生させるマクロな構造とミクロな主体の生活世界の間にある中間構造の構成要素および役割を明らかにした[ibid.: 37-38]。すなわち中間構造は、人の移動を媒介する斡旋業者、代理店、ブローカーなどによって組織される「移住産業」（migration industry）[Harris 1995: 132-136]によって構成されており、移民と政治・経済を媒介する役割を担う。ニーゲル・ハリス（Nigel Harris）が移住産業と呼んだ中間構造を、ラッセル・キング（Russell King）は「移住株式会社」（migration plc）[King 2002]と呼び、移住斡旋組織や法律家、密入国組織や人身売買をその範囲に含める。移住株式会社の出現は、ポスト・フォーディズムの「移住の民営化」（privatization of migration）を示す現象であり、グローバル経済における自由化と規制緩和に向かう支配的な傾向と一致すると指摘している[ibid.: 94-95]。しかし、「移住の民営化」は、マクロな労働市場と移住労働者を媒介しただけでなく、マクロな消費市場と消費者の国際移動を媒介する側面を見過ごしている。従来の移民研究は労働力の移動をその主たる関心としてきたことにより、労働力とはならない、あるいは労働を目的としない人の移動の側面を見過ごしてきたが、それは依然として変わっていない。本書では、労働力とはならない、あるいは労働力を目的としない消費者の国際移動を媒介する中間領域、いわば「人の国際移動のマーケット」に焦点を当て、旅行者でもなく移民でもない流動的な人の暮らし方が、たえまない商品化と再生産の連続によって増大するしくみをつくり出していることを明らかにする。

　ハリスやキングのいう移住産業（あるいは移住株式会社）は、移住システムにおいては、労働市場に包摂される移住・移民労働者を媒介する役割を担ってきた。しかし、労働を目的としない人の国際移動であるライフスタイル移住の先行研究は、消費市場と消費者である旅行者や長期滞在者を媒介する役割を担う

第1章　序論——高齢者の国際移動を捉える視点

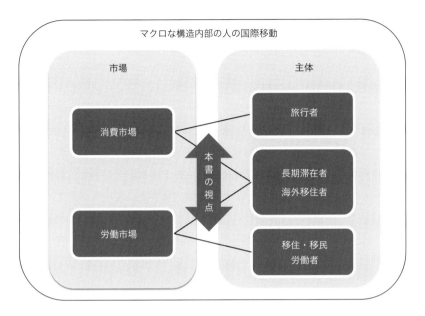

図 1-1　人の国際移動における市場と主体の関連
（筆者作成）

移住産業を見落としてきた（図1-1）。退職移住やライフスタイル移住の先行研究は、それが観光と移住との重複領域であること、およびライフスタイルと消費が関連していることを明らかにしたが、市場経済との関わりで移動を捉える視点を欠いてきた。また、移動の差異を捉えることによって移動の類型を細分化し、退職移住、アメニティ移住、余暇移住などのラベリングを増やすことで、逆に、労働力とはならない、あるいは労働を目的としない移動、すなわち消費者の移動であるという共通点を看過してきたのである。国際退職移住の主体となるのは、移動可能な「能力」としての経済力をもつ人、すなわち消費者であり、ここにおいて、ライフスタイル移住と新自由主義（ネオリベラリズム）との親和性を検討する必要がある。

　デヴィッド・ハーヴェイ（David Harvey）は、市場経済においては、あらゆるものが原則的に商品として扱われうると想定されると述べている［Harvey 1996］。ハーヴェイによると、新自由主義は商品化の境界線を押し広げ、実際には商品としてつくられたわけではないもの（たとえば、骨董品や美しい風景など）を含む、「あらゆるものの商品化」により、合法的な契約の範囲を拡大した［ibid.: 165-

166]。ハーヴェイはさらに、新自由主義は「うつろいやすさや短期的な契約を賞賛する」と述べている［ibid.: 166］。移住産業の出現とそれにともなう移住の民営化は、移住のたえまない商品化とその消費者の自発的な移動を増加させる。消費者は、個人的な目的や動機に沿って資本を投入することにより、国際移動を実行する。つまり、新自由主義は、一時的な契約関係としての退職移住や留学、医療・ヘルスツーリズムのような商品化されたライフスタイルを求めた移動の概念と連携するのである。ベックが指摘するとおり、個人化と新自由主義は親和性があり、自分自身の生き方の選択としての商品化された国際移動の消費は、武川がいうところのグローバル化と個人化の交互作用の帰結といえよう。

　ライフスタイル移住として実践される国際移動、すなわち国境を越えた移動は、「人の移動のマーケット」において商品化されることによって、個人にとって選択の対象となり、個人的かつ私的な事象の出来事や行為となる。「人の国際移動のマーケット」における取引の主体となる消費者、投資家、あるいは商品化された労働力として越境する人々は、受け入れ国において国籍や市民権の取得を行わないかぎり、参政権や国籍といった政治的権利の付与を前提としない、一時的な滞在や居住を認められた非主権者であり続ける。セイラ・ベンハビブ（Seyla Benhabib）は、出身国以外の国への国境を越えた移住を、以下の5段階に区別している。すなわち、1）出国、2）外国への最初の入国、3）短期もしくは長期の市民的、経済的、文化的な吸収（訪問、ビジネス、研究）、4）編入、すなわち永住的な居留、そして最後に5）帰化、すなわち政治的市民資格の入手、である［ベンハビブ 2006: 126］。つまり、「人の国際移動のマーケット」における商品化の対象となるのは、ベンハビブの分類でいうところの3）と4）の段階の移動であるといえる。「人の国際移動のマーケット」の成立によって移動が市場経済に包摂されていくことにより、ライフスタイル移住は、非政治化された主体と受け入れ国との間で結ばれる一時的な契約関係となる。また、移動する主体は、受け入れ国において政治的権利を獲得することではなく、居住やライフスタイルに関して柔軟な選択を行うことを移動の目的とする側面が浮かび上がる［Ono 2015c］。

　トマス・ハンフリー・マーシャル（Thomas Humphrey Marshall）は、シチズンシップの概念を、ナショナルに組織された市民社会への権利と義務の付与をともなうメンバーシップであるとした［マーシャル、ボットモア 1993］。このようなマー

シャルのシチズンシップ概念への批判として提唱された、アーリやバウマンが論じる「ポスト・ナショナルな、フローのシチズンシップ」［アーリ 2006: 294］の概念や、国籍や居住権を含むシチズンシップの概念は、移民でもなくツーリストでもない流動的な人々の生を捉える枠組みの手がかりとなる。アーリやバウマンによれば、グローバル市場で商品を買う能力を通じて市民になるという市民権のあり方はますます強まっていき、一方で制度化された権利と義務としてのあり方は弱まるという［ibid.: 323］。アイワ・オン（Aihwa Ong）が提唱した「柔軟な市民権」（flexible citizenship）［Ong 1999］という概念は、裕福な中国系移民がいくつも市民権をもって自由に移動可能であることを捉えている。オンが立脚していたのは、市民や国籍を送り出し国や受け入れ国という特定の国に結びついた固定的なものと考えるのではなく、市民権が個人の能力によって獲得されるものと捉える視点である。

　トランスナショナリズム研究は、民族誌的手法を用いることによって、移動する人々の生活世界を複数の地域との関係から線的に捉えることを可能にしたが、ミクロな対象としての移動する主体を個から捉える視点はないといわざるをえない[18]。また、トランスナショナリズム論は、出身地から移住地への移動の軌道を単線的に描くことによって、移住経験を１つの社会的過程として捉えてきたため、移住者とホスト社会の人々がどのような関係をもつのか、相互的な関係性の構築を想定しているのかを明確にしていないことがすでに指摘されており［永田 2011: 38］、さらに、ホスト社会と移住者を媒介する中間構造を構成する産業や移動の市場との関係性も明らかにされていない。

　ルイス・エドゥアルド・グアルニソ（Luis Eduardo Guarnizo）とマイケル・ピーター・スミス（Michael Peter Smith）は、トランスナショナリズムが潜在的にもつ、グローバルな市場経済に対する対抗覇権的（counter-hegemonic）な性質を指摘し、国境を越えた人の移動が生む社会関係の越境的なつながりを「下からのトランスナショナリズム」と呼んだ［Guarnizo and Smith 1998: 5-6］。しかし、下からのトランスナショナリズムがつくる越境的社会空間は、グローバルな市場経済やマクロ構造の影響のもとに構成されており、国家と越境する人々の間の協力・共犯関係や相互作用を視野に入れることが必要になる［小井土 2005b: 394］。したがって、本書では、脱領土的に拡大する人の移動のマーケットに焦点を当て、観光産業やビザ代理店といった人の国際移動を媒介するモビリティ産業と、消

費者であり移動する主体である日本人高齢者の間でどのような相互作用が生じているかを民族誌的に明らかにするとともに、労働を目的としない消費者の国際移動を発生させる国家、市場、個人のトランスナショナルな関連を解明する。

　以上の理論的枠組みから、本書ではまず、ミクロな生活世界における移動する主体と市場、産業の相互作用を考察し、労働力とはならない、あるいは労働を目的としない高齢者および退職者の国際移動が、トランスナショナルな「人の国際移動のマーケット」において商品化される過程を明らかにする。そして、移動の主体である高齢者が「人の移動のマーケット」とどのような関係をもち、相互作用が生じるのか、また、旅行者でもなく移民でもない流動的な暮らし方がつくられ、個人によって選択され、実践される過程を、民族誌的手法によって明らかにする。さらに、日本人高齢者が国民国家の枠組みを巧みに利用し、一定期間国外に居住することにより、生活の質を担保しようとする主体的、戦略的な移動を行っていることを、民族誌的手法を用いて明らかにする。最後に結論として、観光研究と移民研究の重複領域的な人の国際移動を捉える視点を示す。

　現代において日本人高齢者の退職後のライフスタイル移住とは、アジア域内における「北から南へ」の人の国際移動であり、消費者の移動という視点からそれを分析する点に本書の特色がある。海外移住がライフスタイル化される過程を解明することで、観光と移住の重複領域を消費者の国際移動として分析する枠組みを構築することをめざす。

1-6　調査概要

　本書は、以下の期間に、おもにマレーシアにおいて実施したフィールドワークで得られたデータにもとづいている（図1-2）。

　2004年4月～2006年8月は、日本国内において予備調査を行った。退職後の高齢者の自発的な海外移住・長期滞在の送り出しに関連する省庁、観光産業、移住斡旋業者、マスメディア、退職後の海外長期滞在や海外移住の啓発や普及を目的としたNPO法人、市民サークル、および個人を対象とした聞き取り調査や関連行事の参与観察を実施した。また、2009年2月～2011年12月までの間は、必要に応じて日本国内における補足調査を行った。

第 1 章　序論——高齢者の国際移動を捉える視点

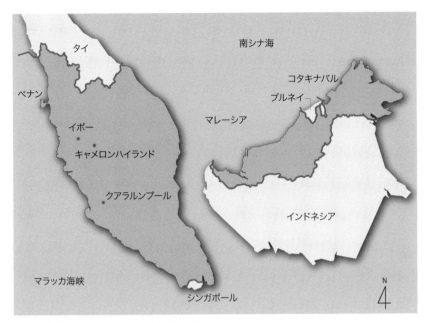

図 1-2　本書におけるマレーシア国内の調査地
（筆者作成）

　2006 年 8 月〜 2009 年 1 月までの現地調査の期間中には、マレーシア経済企画庁（Economic Planning Unit）から調査許可を取得し、マレーシアの 4 地域、クアラルンプールおよびセランゴール州、パハン州キャメロンハイランド（Cameron Highlands）、ペナン州ジョージタウンおよびその周辺、サバ州コタキナバル市において現地調査を行った。同期間中、筆者はマレーシア国民大学に訪問学生として所属した。現地調査では、マレーシア政府の施策や外国人退職者受け入れ制度の整備状況、関連産業の事業化の把握、および日本人コミュニティにおける参与観察、移住者 159 名の 93 事例（内訳は、夫婦 61 組、単身者 27 人、2 〜 3 世代の家族 5 件）に対する聞き取りを行い、移住の経緯や生活設計を把握し、研究成果の発表を随時行ってきた。さらに、2004 年 8 月、2005 年には予備調査、2009 年 9 月、2012 年 2 月〜 3 月、および 2012 年 4 月に数日間から 10 日間程度の補足調査を、クアラルンプール、ペナン、およびイポーで実施した[19]。

41

1-7　本書の構成

　本序論で提示した研究視点をふまえ、続く第2章では、日本人高齢者の国際移動を発生させる社会経済的および文化的要因を考察する。退職者ビザを発給する東南アジア諸国への退職移住が、日本人高齢者にとって合理的選択となる要因を明らかにし、高度経済成長期を経て少子高齢化が進展する日本社会から、退職後に海外へ移住する日本人高齢者の国際退職移住が発生した文脈を整理する。次に、日本におけるロングステイツーリズムの登場による国際退職移住の市場化、商品化の過程を時系列に沿って追いつつ、とくに2000年以降の関連産業による退職移住の商品化の動向と、ガイドブックを含むメディアの世論形成を分析する。さらに、送り出し国日本における政府機関や関連産業（観光、移住）の参与観察から、高齢者の国際退職移住を発生させる海外移住の商品化の過程を考察し、老後のマレーシア移住が高齢者の自己実現および家計戦略としてイメージされ、つくられていく過程を分析し、これらに通底する「送り出しの論理」を考察する。

　第3章では、受け入れ国マレーシアにおいて、アジア通貨危機以降の経済復興策として政府が開始した観光政策の文脈における、マレーシア・マイ・セカンドホーム・プログラム（MM2H）と称するミドルクラス外国人長期居住（滞在）の制度的な形成の過程を記述する。そして国家の経済成長のアクターとして外国人退職者や患者を受け入れる、政府主導のマレーシアの「売り方」と、それを支える「受け入れの論理」を考察する。

　第4章、第5章、第6章では、マレーシア国内に滞在する日本人高齢者たちの日常生活の参与観察から、高齢者が老後の自己実現としてマレーシアでの生活を営むなかで、年金制度や国民年金などの日本の社会保障制度と、現地の生活環境とを巧みに利用しつつ、アドホックに生活拠点を変えて流動的に生活する様子を民族誌的に記述する。

　第4章では、1～3か月間の長期滞在者「ロングステイヤー」の集まる高原リゾートであるキャメロンハイランドの事例から、既存の観光地が日本人高齢者のロングステイ滞在地として成立していく過程を記述する。また、避暑や避寒のために「渡り鳥」として短期間滞在する高齢者が増加する一方で、キャメロンハイランド定住後に別の生活拠点を求めて転居・流出していく人々の海外

移住の流動性を指摘する。

　第5章では、キャメロンハイランドと比較すると「定住」の側面が強い、ビザ取得型の居住型退職移住者が集まる首都クアラルンプールにおいて、高齢者が、駐在員を中心とする在留邦人社会を社会的基盤として利用しつつ、「セカンドホーマー」の越境的コミュニティを構築していく過程を記述する。また、日本人高齢移住者の互助組織とマレーシア政府、移住産業との協働関係を指摘し、退職者自らが政府や移住産業に働きかけ、居住環境の整備を行う過程で、移住と生き方が退職者自らの手で生産、再生産されることを論じる。

　第6章では、日本人の退職移住がケア・マイグレーション（介護移住）へと展開していく新たな局面におけるケアの越境化を取り上げ、日本人向け高齢者介護施設や民間病院における参与観察を中心に考察し、日本人退職者が「健康な」高齢者だけではなく、ケアを必要とする要介護の高齢者の国際移動が生成する過程を考察する。また、医療（ケア）産業と潜在的消費者である日本人退職移住の協働関係によって、ケア・マイグレーションが整備される過程を明らかにし、グローバル化する医療や家事労働者（ケア労働者）といった、マレーシアに流入する人やサービスを生むマクロな構造を利用し、自らの将来の介護に備えた環境を整備していく過程を追う。移動する主体である高齢者の生活が同じく移動する労働者を必要とし、重層的なマクロ構造の利用のうえに彼らの移動が成立していることを解明する。

　最終章となる第7章では、本書の議論をまとめ、日本人高齢者の国際退職移住について結論づける。

　本書では、インフォーマント（調査対象者）のプライバシーに配慮し、人名は仮名を用いた。また、一部事実関係を変更している部分がある。ただし、ご自身で著作などを発表されている方や、メディアで名前を公表している方に関する記述には、必要に応じて本名を用いている。

　註
1　本書では international retirement migration の訳語を「国際退職移住」とするが、久保智祥と石川義孝［2004］は、「国際引退移動」と訳しており、久保と石川を引用し国際引退移動を訳語として使用するその他の著作もみられる［e.g. 篠崎 2009］。著者が国際退職移住という訳語を使用する理由は、日本人の高齢者の国際移動の特徴を示すのは、

役職や地位から身を退(ひ)くことを意味する引退ではなく「(定年)退職」、移動ではなく「移住」＝暮らしであるという解釈にもとづく。

2 本書では、migration の訳語として移住、migrant の訳語として移住者、migration studies の訳語は文脈によって移住研究と移民研究を使い分けている。

3 観光庁は、法務省出入国管理局「日本人出国者数」を出典とし、2011 年度の日本人海外旅行者数を 1699 万人と発表している。観光庁ウェブサイト (http://www.mlit.go.jp/kankocho/siryou/toukei/in_out.html)、2012 年 11 月 23 日参照。なお渡航者数に関しては、1000 の位を四捨五入した数である。

4 外務省の定義によると、海外在留邦人とは「海外に在留する日本国民」で、「生活の本拠をわが国からその国へ移した人々（永住者）」と、「在留国での生活は一時的なもので、いずれわが国に戻るつもりのある人々（長期滞在者）」に分けて集計される。ただし、在留期間が 3 か月に満たない旅行者等短期滞在者は除外される。また、長期滞在者は、「3 か月以上の在留者で永住者ではない邦人」をさす［外務省領事局政策課 2012: 1-3］。なお、2017 年 10 月 1 日現在の在留邦人の総数および長期滞在者数は、外務省の「海外在留邦人数調査統計」平成 30 年要約版 (http://www.mofa.go.jp/mofaj/files/000368753.pdf)、2019 年 6 月 4 日参照。

5 カースルズは、2009 年 3 月 2 日に東京大学で開催された人間の安全保障プログラム国際シンポジウムにおける特別公開講義 "Key Issues in Global Migration, based upon the Concept of Human Security" において、一時的な労働移住（temporary labor migration）、定住移住（settlement migration）、家族再統合（family reunification）、強いられた移住（forced migration）の 4 つを移住／移動性（migration/mobility）の継続型とし、新たな型として教育（education）、ライフスタイル（lifestyle）、退職（retirement）、結婚（marriage）の 4 つを挙げた。

6 同様に、20～30 代の若い世代の海外留学やワーキングホリデーに代表される余暇を兼ねた海外就労も、余暇移動として位置づけられよう。したがって、労働を目的としない人の移動という分類に当てはまると考えられる。

7 シカゴ学派（都市社会学）のロバート・パーク（Robert E. Park）以降、移民は主流社会に定住し同化すべき存在として対象化され、複数の異なる社会集団と文化に属する移民のパーソナリティは主流社会に対する周縁的な存在を意味する「マージナル・マン」（marginal man）として捉えられた［Park 1928］。このような、移住地の主流社会に統合、同化されることを前提とする移民の分析枠組みへの批判として、フレデリック・バルト（Fredrik Barth）［1969］が「民族境界」（ethnic boundary）を概念化し、移民を対象とするエスニック集団の動態性を捉える視座を示した。

8 ハージが述べるように、トランスナショナリズム論の先行研究に位置づけられるロジャー・ローズ（Roger Rouse）［1991］の行ったアメリカ合衆国におけるメキシコ人移住者の研究も、ジョージ・マーカス（George Marcus）［1998］に先行する複数地民族誌の一例に数えられる。

9 ベネディクト・アンダーソン（Benedict Anderson）［1993］は、法律上では移住先の国で市民権をとり快適な生活を営んでいる国民がその国にほとんど愛着を感じない一方で、想像上の故郷である出身地の政治活動にアイデンティティをもとに参加する新しいタイプの民族主義者を「遠隔地ナショナリスト」(long distance nationalist) と呼ぶ。

移住者にとって、法律上の帰属とアイデンティティのよりどころが同一ではないという点において、遠隔地ナショナリストは、ハージの提起する存在論的移動を考えるうえで示唆に富む。
10　無国籍者に関する研究は、陳天璽［2005］に詳しい。
11　イギリス（ブリテン島）の海岸リゾートの発展は、海水浴などの海岸部の健康促進効果について医師が書き記し始めた、18世紀中ごろにさかのぼる［Karn 1977:11］。
12　久保と石川によると、日本において国内退職移住は存在しないとみなせるという見解が、人口移動に関する先行研究［cf. 河邉 1991: 166, 石川 2001: 280］では一般的になっているという［久保、石川 2004: 297］。
13　アメニティ（amenity）という言葉は、ラテン語のアモエニタス（amoenitas）から派生し、「愛する」を意味するアモーレ（amare）が語源で、日本語では「快適さ」、「快適環境」と訳されるが、安全性、健康性、利便性、経済性、快適性などを総合的に表現した言葉である［山上、堀野 2001: 91］。したがって、アメニティ移住とは、快適性志向の移動を意味するが、アメニティは、自然環境から都市機能まで、その意味範囲が広く、文脈によってその意味する内容が大きく異なる。したがって本書では、カタカナ表記の「アメニティ移住」を訳語として使用する。日本語の場合、アメニティはカタカナで表記され、ホテルの客室やスパなど商業施設の石鹸やシャンプーなどの備品をさす言葉として使用される。
14　2010年1月28日〜29日にスペイン国立研究所人文社会科学センターで、国際ワークショップ「ライフスタイル移住を理論化する」（Theorizing Lifestyle Migration）が開催された。同センターで国際退職移住を研究している地理学者のヴィセンテ・ロドリゲス、マイケル・ジャノスカ、ハイコ・デハースが主催し、ライフスタイル移住の先駆的かつ中心的な論者である文化人類学者のカレン・オライリーとミケーラ・ベンソンをはじめ、エド・ジャクウィズ、カサド・ディアスら国際退職移住の研究者、またバックパッカー旅行者を研究する人類学者のマリ・コーペラらが参加した。筆者も参加者として、アジアにおけるライフスタイル移住の事例として、日本人高齢者のマレーシア移住に関する報告を行い、ワークショップでの報告内容をもとに論文を執筆し、Ono［2015c］として発表している。また、2011年3月23日〜25日には、第2回目の国際ワークショップ「ライフスタイル移住と居住観光を理論化する」（Theorizing Lifestyle Migration and Residential Tourism）が同様に、スペイン国立研究所で開催され、オライリーのほか、アメニティ移住の研究者ローレンス・モスらが参加した。このように欧州の先駆的論者を中心に、2009年ごろよりライフスタイル移住研究が盛んとなり、研究者のネットワークが形成されている。
15　ライフスタイルという言葉は、戦後の高度経済成長を経た日本において、新中間層を中心とした消費者層の生活において購買や消費などの消費者行動を説明するうえで、1970年代にマーケティングの分野で盛んに用いられるようになった［辻、船津 2003: 3］。
16　佐藤真知子は、社会学者の杉本良夫ラトローブ大学教授の妻で、オーストラリアに移住した日本人に関する著作を日本語と英語で執筆している。
17　ジェフリー・ホジソン（Geoffrey Hodgson）［2007］は、方法論的個人主義（methodological individualism）という用語が最初に登場したのは、経済学者のジョセフ・シュンペーター（Joseph Schumpeter）の1908年の著作 "Der methodolgische individualism" であり、この

論文をもとに 1909 年に *Quarterly Journal of Economics* 誌に出版されたシュンペーター論文が、英語の学術論文上に初めて方法論的個人主義という用語が登場した論文であると述べている。
18　永田貴聖［2011］は、トランスナショナルなフィリピン人個人が構築するネットワークによる社会関係を明らかにするために、ダニエル・トゥロー・リンガー（Daniel Touro Linger）［2001］の提唱した「個人を中心とする民族誌」（person-centered ethnography）を方法論として用いている。
19　本書の内容はおもに上述の調査をもとにしているが、2013 〜 2018 年にもクアラルンプールを断続的に訪問している。

第 2 章

国際退職移住の商品化
ロングステイツーリズムの成立

　本章では、まず、日本から退職者の国際移動が発生する社会経済的背景を概観し、送り出し社会の文脈を整理する。続いて、1980年代末から1990年代の日本社会において、「ロングステイ」と呼ばれる新しい観光形態の登場による国際退職移住の商品化の過程の時系列を追う。とくに、2000年以降の関連産業による退職移住の商品化の動向とガイドブックを含むメディアの世論形成を分析し、「老後の海外暮らし」というライフスタイルのイメージが形成され、生き方として提案される過程を分析することにより、「送り出しの論理」を考察する。さらに、日本人高齢者が退職後に海外で生活することが海外滞在の型、あるいは生活スタイルの1つの選択肢として成り立つ過程を分析する。

　グローバルな人の移動を研究するうえで、移住者のミクロな日常生活を民族誌的に記述することは重要な課題である。しかし、どのような過程を経て海外移住や長期滞在が日本人退職者にとって老後の生活の理想となったのか、また、そのような志向が一般化したのかを明らかにするためには、どのように移動が着想され、移動が定式化し、実際に人の移動が発生するのか、制度、産業、個人の3つのレベルに注目する必要がある。

　日本人退職者の海外移住に関する研究は、先行研究の蓄積が稀少な分野であるが、おもにアジア、オセアニア地域の国々に滞在する日本人高齢者の事例が報告されている [e.g. 久保、石川 2004, 篠崎 2009]。これらの研究は、老後を海外で過ごすことや海外長期滞在が日本人高齢者の間で注目されている事実に言及しつつも、移住地におけるインタビュー調査や質問票を用いた実態調査をもとに、事例を紹介するにとどまっている。なぜ「老後に海外で暮らすこと」を日

本人高齢者が退職後のライフスタイルとして選択し、実践するようになったのか、あるいは老後の海外移住を可能にさせている送り出し側の制度面や産業に関する分析がなされていない。

　本章では、日本人退職者のマレーシア移住が商品化される過程でつくられる海外移住関連商品やその広告、マスメディアのイメージ形成とロングステイに関する言説を考察し、老後への態度と準備、生活実践としての海外移住、それらを傾向として成立させるしくみとして、商品化、つまり消費の対象とされるようになる過程を分析する。また、移住を実践する個人にとって、海外で暮らすことが退職後の高齢者にとって「自己実現」のあり方として普及していく過程を検討する。

2-1　少子高齢化と日本社会の変容[1]

2-1-1　少子高齢化の進展

　人口高齢化は、日本社会にどのような社会経済的影響を与えたのか。日本人高齢者の国際移動を発生させる社会経済的要因として、本節ではまず少子高齢化の人口構成について概観する。

　少子高齢化の進展する日本は、「超高齢社会」と呼ばれる段階に突入したといわれている[2]。2011年10月1日現在、日本の総人口1億2780万人のうち65歳以上の高齢者人口は2975万人であり、総人口に占める高齢者の割合（高齢化率）は23.3%となった［内閣府 2012a: 2］。日本の将来推計人口は、2060年には8674万人に減少する一方で、老年人口の割合は一貫して上昇し、2060年には65歳以上人口割合は39.9%となる見込みである［国立社会保障・人口問題研究所 2010: 2-3］。また、同推計期間に、年少人口割合は当初の13.1%から9.1%へと4.0ポイントの減少、生産年齢人口割合は63.8%から50.9%へと12.9ポイントの減少が見込まれる［ibid.: 2-3］。推計の前提となる合計特殊出生率は、2010年の1.39から途中2024年に最低値1.33を経て、長期的には1.35に収束すると予測されている。平均寿命は、2010年の男性79.64年、女性86.39年からさらに延び、2060年に男性84.19年、女性90.93年に到達すると見込まれる［ibid.:7-9］。合計特殊出生率は1973年以降年々低下を続け、2005年には過去最低の水準である1.26を記録した。その後はやや回復を示し、2010年には1.39に至って

いる［ibid.:10］。このように、日本社会は平均寿命の延びと出生率の低下により、人口高齢化と人口減少が同時進行しており、急速な人口構造の変化を経験している。

少子高齢化の進展により、国家と同様個人も経済的不安や社会保障に対する不安を抱えている。今後の社会保障制度や年金制度の存続の不透明性や、退職後の再雇用の有無、国家の財政難などにより、個人の老後の不安が増大し、社会経済的プッシュ要因となる。高齢者や退職を控える人々には、できるだけ安く生活し、豊かな生活を送ろうという意識が芽生える。財団法人シニアプラン開発機構［2005］の実施した「海外長期滞在者の生活と生きがいに関する調査」によると、インタビュー調査において「年金の範囲内で生活したい」といった意見が回答者から出されており、「経済的にゆとりのある生活がしたいと思った」ことが退職後の高齢者の海外移住の動機であるという意見が意外に多いように見受けられたと報告されている［ibid.: 107］。

2-1-2　家族、世帯構成の変化

少子高齢化は、現代日本社会の家族のあり方にどのような影響を与えているか。また、家族の変容は、高齢者の国際移動の発生にどのように関与しているだろうか。

高齢世帯は現在 850 万世帯とされるが、2015 年に 1160 万世帯、2025 年までに 1270 万世帯に増加すると推計されている。全体に対し、4 割が高齢者を含む世帯となっている［内閣府 2012a: 14］。核家族化や晩婚化により、現代日本社会における家族の変容［落合 1989］が指摘されているが、日本の家族は世代間関係のパターンや機能を多様化することにより、これまで存続してきた［Rebick and Takenaka 2009］。高齢者は、65 歳以上 75 歳以下を前期高齢者、75 歳以上を後期高齢者と区分される。核家族化により高齢の夫婦間での介護に加え、高齢者の平均余命の延長により親と子の両方が 2 世代にわたり高齢者となる「世代横断型エイジング」［Toyota and Ono 2012］が増加することで、60 代以上の「若い」高齢者となった子がさらに高齢の親の世話の世話をする「老老介護」が珍しくなくなった。

2010 年に 50 歳まで生涯未婚であった人の割合（生涯未婚率）は、05 年比で男性は約 4.2％増の 20.14％、女性は約 3.4％増の 10.61％と、いずれも過去最高と

なった。1980年との比較では、男性は約7倍、女性は約2倍に増加している［内閣府 2012b］。ジェンダー間において差がみられ、ベビーブーム世代の男性が結婚適齢期に入った1971年以降、男性人口の供給過剰となり、男性の「結婚難」が続いている［大橋 1993: 14］。

　高齢化の進展にともない、独身高齢者の数も増加の傾向にあり、高齢者人口の特徴の1つとなっている。独身高齢者の単身世帯における「孤独死」が社会問題化する一方で、現代日本社会において家族の世代間の紐帯はいまだに強く、親の扶養を子が担うという文化的規範は根強い。高齢の親と子の同居や近居は依然として一般的であるが、核家族化が進み、世代別に世帯形成している。高齢世帯、高齢者のみの世帯形成、あるいは高齢者単独世帯（独居老人）も増加している。子が親の扶養（介護）することが文化的規範として根強い日本社会において、生涯未婚の独身高齢者や子のいない（あるいは、子の世話になれない）単身高齢者の抱える老後の不安は増大し、おもな収入源が年金である高齢者の独立世帯、なかでも生涯未婚で子のいない高齢者のように家族からの経済的支援を見込めない高齢世帯は、限られた年金収入で生活しなければならない。

　少子高齢化の進展はまた、介護問題を深刻化させている。2008年現在、要介護認定を受けた人の数は500万人といわれている。公的介護施設が不足し、入居待ちの人数が社会問題化しており、入居できる可能性は低い。近代家族の成立と終焉を論じた上野千鶴子が2007年に出版した著書『おひとりさまの老後』は、（寡婦や離婚者も含め）独身女性高齢者がどのように老いを生き抜くかに関する、生き方の指南書である[3]。上野の描く老後の生き方戦略のなかに「海外移住」は含まれないが、独身高齢者に対し誰が介護を施すかという問題は、国家と同様個人にとって深刻な問題となっている。

2-1-3　新たな消費者層としての高齢者

　前節まで、日本人高齢者の国際退職移住をめぐる現代日本の社会経済的背景を述べてきたが、少子高齢化の進展によって増大する日本の社会保障制度の存続に対する不安や個人的な経済的不安のみが、日本人高齢者の国際退職移住を発生させる要因ではない。また、東南アジア地域への日本人高齢者の国際退職移住を「経済難民」と批判的に報じる新聞や雑誌もみられるが、国際退職移住は総体としての「高齢者の難民化」を意味しない。年金受給額や個人資産、お

よび不労所得の皆無により、高齢者には経済的格差がある。退職者受け入れ国のビザ申請に係る資産条件は、受け入れ国のプログラムによってさまざまであり、海外移住は富裕層だけではなく、中間層にとっても実現可能な選択肢となっている（退職者受け入れ制度の条件などは、次章で詳述する）。

高齢化社会の到来はまた、要介護や寝たきり状態の高齢者だけではなく、健康で活動的な高齢者を大量に生み出した。定年を65歳に設定する企業が出現するなか、退職後の人生が延長し、欧米では「ウーピーズ」(whoopies) と呼ばれる「裕福で健康な高齢者」(wealthy healthy older people)が大量に出現した[Mowforth and Munt 1998: 131]。現代日本社会においても同様に、人口長寿によりウーピーズのような健康な高齢者が大量に出現した。厚生労働省は、介護を受けたり寝たきりになったりせず健康な日常生活を送ることが可能な期間を示す「健康寿命」という指標を導入し、初年度である2012年度は、2010年度の平均寿命をもとに健康寿命は男性70.42歳、女性73.62歳と算出している[4]。

日本人の海外旅行の近年の傾向として、顕著な「若者の海外旅行離れ」が指摘されているが、これは1990年代後半から一貫して続いている傾向である［山口 2010: 3］。また、社団法人日本観光協会［2006］の「国民の観光に関する動向調査」によると、日本人の国内における宿泊観光旅行の減少も進行している。過去10年間の国内宿泊観光旅行への参加率はおおむね減少傾向をたどっており、平成21年度の参加率も50％を割り込み、1年間に1度も宿泊観光旅行に出かけていない日本人が半数以上となった［ibid.: 3］。同調査はさらに、国内における宿泊観光旅行に対する阻害要因として、将来的な経済不安による「貯蓄志向」や、教育熱の高まりによる子供の養育費や教育費の優先など「教育優先志向」を指摘している［ibid.: 5］。つまり、若年層や子育て世代にとって、国内旅行と海外旅行の両方が減少傾向にあり、経済的要因がその主たる阻害要因であるといえるだろう。

このような若い世代の間の観光・旅行離れの傾向とは対照的に、子育てを終え、退職金や安定した年金収入のある高齢者世代では、観光が活発化している。バブル経済の崩壊以降、1990年代から2000年代にかけて経済の長期低迷を経験してはいるものの、終身雇用で定年を迎えた退職者のなかには、退職金のほかに、国民年金、企業年金、厚生年金など、複数の年金を受給する者もいる。共働きで夫婦がそれぞれ年金を受給する世帯の場合は、退職後も高額の収

入がある。したがって、定年退職したばかりで比較的若く健康な高齢者は、あり余る自由時間を使い趣味や旅行といった余暇活動を積極的に行うため、団塊の世代のシニアのもつ潜在的な購買力とその市場規模は、産業界の注目を集めている。観光産業も同様に、ロングステイをはじめとするシニア向けの旅行商品の開発に取り組んできた。また、2006年の『レジャー白書』は、過去10年間における余暇（レジャー）および余暇活動の高齢化を指摘している［日本生産性本部 2006］。ゴルフ、社交ダンス、国内旅行、海外旅行などの余暇活動は、高齢化または潜在的高齢化している活動として挙げられている［ibid.］。

　また、中高年を対象とする生涯学習に関わるビジネスと観光の要素をあわせもつ退職後の留学は、ロングステイと関連づけられる。朝日新聞社が刊行する『朝日新聞ウィークリーアエラ（Weekly AERA）』2004年10月15日号は、「大人のための海外留学ガイド」という記事を掲載している［朝日新聞（編）2004］。定年退職後、時間的にも経済的にもゆとりのある高齢者のための留学プログラムとして「シニア世代」に向けた語学留学プログラム（1週間から1か月、費用は 135 000 円から 458 000 円）を紹介している。語学習得によるキャリアアップを目標とする若い世代の留学とは異なり、物価が高くても人気の行き先は観光地であること、語学の授業以外が充実し、趣向を凝らした文化体験や快適な滞在先がシニア留学の特徴であり、ニュージーランドやオーストラリア、カナダなど、英語圏で治安と気候のよい場所の人気が高い［ibid.: 76-78］。また、東南アジアへの留学は、海外での年金暮らしを考えている夫婦の参加が多いとされる［ibid.］。このように、2000年代には、高齢化を背景に新たな消費者としての高齢者を対象とした、海外留学やロングステイ、クルーズ旅行など、海外長期滞在の商品化が活発にみられた。

2-2　越境する日本人高齢者
2-2-1　グローバル化と日本人のライフスタイル移住[5]
　日本人の海外移住の歴史は、大きく以下の4つの段階に分類できる。すなわち、
1) 明治期に始まる「出稼ぎ」を目的とした官制移民や契約移民
2) 帝国主義下の日本から「殖民」としてアジア太平洋諸地域へ移住した人々
3) 戦後の日本経済の成長と日系企業のグローバルな海外進出にともない増加した日本人駐在員とその家族

4）1980年代以降に顕著となった留学やワーキングホリデー、あるいはロングステイといった自発的な長期滞在者

である。この4段階のなかで、現代における日本社会からの国際移動として現在進行しているのは3）と4）である。海外の「日本人コミュニティ」の現代的状況を論じるさい、対象とする地域において1）や2）のような戦前期の移住によって形成された日本人社会・日系人社会との連続性の有無、また、3）と4）の間にも、移動する人々の労働志向の有無には質的な差異がみられる。さらに、4）のような流動的かつ自発的な長期滞在は、個人の選択や意思決定の責任が重視される社会状況を反映しており、国民国家を前提とした集団的アイデンティティへの帰属意識は自明ではない。

佐藤真知子は、生活の質（quality of life）を改善する手段としてライフスタイルの変化を求めてオーストラリアに移住・定住する若者や高齢の日本人移住者を考察するさいに、「ライフスタイル移住」（lifestyle migration）という用語で説明した［Sato 2001］。佐藤は、このライフスタイル移住という言葉を、明治元年（1868年）以降に開始された日本人の労働移動、経済的要因を動機とする「経済移民」の対概念として用いている。近年、人類学や社会学における日本人のグローバルな移動に関する研究では、佐藤をはじめとし、このライフスタイル移住が分析概念として用いられるようになった。とくに、語学留学、ワーキングホリデー[6]、海外就労、バックパッカー旅行にみられる、長期滞在といったライフスタイルの変化を求めた若い日本人の国際移動の軌道に関する研究である［Ono 2005, 2009, 2016, 小野 2007a, 下茂 2010, 加藤 2009, 長友 2007, 2013］。これらの研究は、1980年代末のバブル経済の崩壊以降の経済停滞による正規雇用の不足やワークライフバランスの不均衡といった移住前の生活における負の側面が、おもに20～30代の就労年齢の若者がよりよい生活機会を求めて国外へ移動することを動機づけていると論じている。

就労年齢の若者の国際移動は、労働力の移動という視点から議論されてきた。しかしながら、ライフスタイル移住という枠組みは、個人が国内よりも国外で就学や就労の機会を獲得することを志向した移動や、海外での学位取得や専門技術の習得といった職能開発を通して収入増をはかるエリートのキャリア志向の国際移動を捉えているわけではない。むしろ、国外に移動することにより国内において実現できなかった「やりたいこと」や「自分探し」を行い、自己ア

イデンティティを獲得することで生活の質を追求するという、若者の移動における主観部分を再帰的に捉える視座である。

　明治以降の日本の出移民において、移動の主体はつねに若い労働力であった。明治から1960年代までは、おもに農業に従事する労働者の移動であり、1970年代以降は経済のグローバル化による多国籍企業の海外進出にともなう、企業派遣駐在員とその家族による国際移動であった。非労働力である高齢者は、日本政府が主導した1986年のシルバーコロンビア計画の提唱によってはじめて、国際移動の主体となり、ライフスタイルの選択肢として世論の一題目となったのであり、それまでは、ライフスタイル移住の主体はつねに「生産的」な若者であった。

　急速でグローバルな経済発展が社会的風景であり、支配的なテーマであったバブル経済崩壊前と、崩壊後の長期にわたる経済停滞期では、日本人の国際移動に質的な差異がある。1980年代後期の日本社会では、企業のスローガン、政府や省庁その他公的組織の標語、商業メディアの扱うテーマにおいて、「国際化」や「グローバル化（グローバリゼーション）」といった用語が広く使用されるようになった［Sedgwick 2007: 50］。その一方で、自由やジェンダー平等の感覚、総合的な生活の質が高い欧米やオーストラリア、ニュージーランドなどの国々はつねに、よりよい生活や仕事の環境を求めるライフスタイル移住者の目的地であるとされてきた。

　ハルミ・ベフ（Befu Harumi）［2001］は、日本のグローバル化の社会文化的帰結として「人の拡散」（human dispersal）という概念を提示している［Befu 2001: 4］。ベフによると、第二次世界大戦後の日本人の国外への拡散は、1950年代初期に始まった［Befu 2002: 9］。石戸谷滋が1991年に出版した著作『日本人を棄てた日本人――カリフォルニアの新一世』に言及している。ベフは、1970年代以降に日本を離れた「日本を捨てた人」（those who forsaken Japan）を、日本人の拡散のカテゴリーの１つに挙げており、日本の経済成長の潮流に乗じた新しい種類の日本人と分類している［ibid.: 15］。同様に、杉本良夫［1993］は、オーストラリアの日本人移民を「日本からの難民」と描写し、移民は「日本人をやめる方法」であるとする。杉本は、国家への帰属意識や国益意識から解放された人間を「越境人間」と呼び、自分自身もそうであると述べている［ibid.: 86-97］。戦前から1960年代にかけての日本人出移民に比べ、1970年代から1980年代

にかけての日本の経済成長期における日本人のグローバルな拡散に関する言説は、よりよい環境や機会を求めた国際移動として、そのイメージが再構築された。日本人自発的移住者にとって、自由でジェンダー平等な労働環境におけるキャリア発展と生活の質的向上の可能性がある場所とみなされた。西欧に向かう日本人自発的移住者のもつ西欧社会のイメージは、日本が均質でジェンダー差別のある社会としてのイメージを強化した。西欧に向かう日本人自発的移住者は、日本のグローバル化を担う主体とみなされた。

1970〜80年代以降、日本人の国境を越えた移動は、日本の多国籍企業の海外進出にともなう企業駐在員に加え、自発的移住者、あるいは長期滞在者が増加し、その目的も多様化した［Befu and Guichard-Anguis 2001, Befu 2002, Goodman et al. 2003, 町村 1999］。たとえば町村敬志は、1980年代に長期滞在者が著しく増加したアメリカ合衆国ロサンゼルスにおいて、企業駐在員が「脱サラ」し日本に帰国せず現地での定住を選択することにより、「越境者」から「新移民」へと変容していく様子を、「『日本』を飛び越える」というメタファーで捉えている［町村 1999: 252-253］。

自発的な移動の増加・多様化により、移動のラベリングも多岐にわたる。自発的移住者の国際移動は、移動先の国において国籍を取得し同化する移民に対し「非移民」と分類される［佃 2007: 72］。非移民のなかで細分化されていく非労働力の移動を捉える枠組みとして、「精神移民」［佐藤 1993］や「『自分探し』の移民」［加藤 2009］といった移動する主体の主観的意味づけやアイデンティティの問題として、移動を捉える視点が生まれた。さらに、藤田結子［2008］は、芸術や音楽、ダンスといった文化的活動の場を求めてイギリスのロンドンに移住する日本人の若者を取り上げ、「文化移民」という概念を提示した。文化移民とは、法的な滞在資格ではなく、行為者の動機や意思にもとづく移民のカテゴリーであり、「文化的な動機によりある国からほかの国へ移り住む者」と定義される［ibid.: 24］。また、移民の女性化の文脈に日本人女性の国際移動を位置づけ、日本の若い女性の欧米への国際移動に関する研究では、「ジェンダー問題切り抜けとしての移住」（migration as a negotiation of gender）［Kobayashi 2002］のように、ジェンダーといった国内の社会文化的問題の解決策として実践される国際移動の戦略的側面が論じられた。

1980年代以降の日本人の国際移動のもう1つの特徴は、アジアへの国際移

動の増加である。アジア諸国は、とりわけ1990年代後半から欧米に代わる国際移動の対象国として、若者だけでなく中高年のライフスタイル移住者の関心を引いた。日本人の若者のアジアへの国際移動のプッシュ要因としては、1990年代の就職氷河期における「アジア就職ブーム」がある。とくに、職場で広く英語が使用されているシンガポールや香港といったアジアの大都市における、おもに20～30代で独身の日本人女性の就労が、新たな日本人の国際移動現象としてみられるようになった［Ben-Ari and Yong 2000, Sakai 2003］。このような日本人のアジア就労は、一過性のブームに終わらなかった［酒井2007］。近年では新たな現象の1つとして、中国やタイ、マレーシアなど、おもにアジアの国々に移住し就労や起業をする、「和僑」［堀内2012］と称する人々のネットワーク化が拡大している。1990年代以降の日本人のアジア就労は、日本経済の長期停滞にともなう非正規雇用の増大により、一般事務や日本語通訳のような職種への女性の就労だけでなく、男性社員の現地採用も増加した。30代前後で退職し、長期滞在や語学留学を経て、現地採用で就労する「脱サラ型」海外移住によりアジア諸国で再就職や起業する日本人の越境が顕著にみられるようになった［小野2014］。

　一方、日本人の海外旅行の動向をみてみると、日本人の海外就労と同様に、近年アジア志向が顕著である。日本におけるマスツーリズムの発展により、日本人の海外旅行の形態が団体旅行から個人旅行へと、海外旅行の個人化がみられた。海外旅行の個人化は、旅と暮らしの境界線の溶解への伏線となった。第1章でも述べたように、ヨーロッパにおける国際退職移住では、旅行者（tourist）か移住者かの境界線があいまいになったと指摘されるとおり［Williams and Hall 2000］、「余暇移住者」（leisure migrants）［Borocz 1996］のような非労働的側面と移住を結びつける概念が生まれた。ロングステイは別名海外滞在型余暇であり、余暇移住と同様に、余暇と国際移動を結びつけた概念の1つに数えられる。

　さらに、アジアの観光地はバックパッカーに代表される、若く、非雇用の長期滞在者が集まる場所となった。観光地に長期滞在するのは世界を巡る旅行者だけでなく、出入国をくり返すことによって渡航者（旅行者）としての滞在期間を延長することによって、現地で非正規就労を行う長期滞在者も含まれた。あるいは、何もせずただ時間を過ごすような「旅をしない」「観光地に留まる」旅行者を下川裕治［2007］は「外こもり」と呼び、外こもりとなる日本人

の若者を「降りる」というメタファーによって「日本を降りる若者」と捉えた[7]。さらに、日本社会に閉塞感や生きづらさを感じる日本人が国外へと移動することは、行き場、すなわち生き場探しであると述べる［下川 2011］。アジア諸国は、日本人にとって生き場であり、日本国内における不満足や生活上の困難を抱えた人々が生き場を求めて国際移動する生存戦略が浮き彫りとなった。生存戦略としての国際移動はまた、「高齢化」「中高年のリストラ」「非正規雇用」といった、高齢化を迎えた日本社会が抱える問題とその解決策が越境していく軌道でもあった［Ono 2009, 2016］。

2-2-2　日本人高齢者・退職者の国際移動

　日本に比べて高齢化の早かった欧米諸国では、高齢者の移動に関する実証的研究は 1950 年代から開始されているが、日本における高齢者の居住地移動に関する研究が人文地理学において本格化したのは 1980 年代のことである［田原、岩垂 1999: 2］。日本人高齢者の国際退職移住が開始されたのが、(次節で詳述する) 1989 年に発表された「シルバーコロンビア計画」以降だということを考えると、退職後の高齢者の国内移動と国外移動はともに、人文社会科学の研究として研究蓄積が十分にあるとはいえない。生産・再生産活動の主体とみなされない、非労働力としての高齢者が、移動に関する研究の対象として看過されてきたことはくり返すまでもない。

　都市農村間の人口移動にともなう都市化とそれにともなう過疎化は、日本近代の人口移動の主要な社会現象として注目を集めてきた[8]。蘭信三［1994］は、日本における退職高齢者の国内移動を「人口Ｕターン」の一類型に挙げている。大都市に移動した地方出身者の出身地（地方）への人口還流は、第二次世界大戦までは出身母村への「帰村」として捉えられてきたが、第二次世界大戦後においては地方出身者の都市からの人口還流は「人口Ｕターン」という概念へとシフトした［蘭 1994: 166-167］。引退型は自主的選択の度合いが強く、家、土地、墓といった地方（地元）のプル要因と、定年退職によって都市に住む必要がなくなったという都市のプッシュ要因という双方の要因が重複していることが明らかにされた［ibid.: 190-194］。以上、人文地理学の分野における退職した高齢者の国内移動の研究からは、退職後の国内移動は地方出身者による都市から地方へのＵターン移動が主流であったことがわかる[9]。さらに、人口Ｕターンの

移動主体が定年退職した60代である一方で、1980年代には80代の高齢者の都市移動も同様にみられるようになった。1980年代に働き盛りであった人々は地方出身者が多く、大都市の住宅地には80代の親の転入が目立ち、「呼び寄せ老人」という言葉が生まれている［樋口2008: 8-9］。

戦後日本の経済成長を経て、退職により労働に従事しない「静態的な」高齢者が移動の主体となるのは、観光の分野においてであった。しかし、マスツーリズムにおける高齢者の国内外の移動は、定住に基づく世帯形成を基盤とした移動であり、暮らしをともなう高齢者の移動ではない。上述のような後期高齢者の「呼び寄せ」によるものや、介護施設への入居にともなう移動ではない高齢者の移動、すなわち退職移住は、久保と石川［2004］も述べるように、日本においては存在しないとみなす既往研究の一般的見解のとおりであるといえるだろう。したがって、日本人高齢者の国外への移住は、ロングステイツーリズムの成立によってはじめて発生した、1980年代末以降の新しい現象である。

豊田三佳［2006］は、タイにおける日本人退職者の長期滞在を事例に、日本人退職者のロングステイツーリズムを「グローバルな世帯形成」（global householding）という新たな現象として捉えている。グローバルな世帯形成は、1) 世帯の越境化、2) 世帯の移転、3) 世帯（から）の逃亡、4) 世帯の再形成の4つに分類している。動機やパターンが多様であるものの、グローバルな世帯形成という新たな現象は、経済的、社会的に「行き場のない」男性にとって、海外移住とは、日本社会において慣習的な世帯の解体、あるいは慣習的な世帯形成の失敗の結果であると捉えられよう［Toyota 2006］。

豊田が事例として取り上げたのは、社会経済的に「居場所のない」タイに長期滞在する日本人男性高齢者であるが、高齢者の国際移動は、必ずしも社会経済的に「居場所のない」高齢者に限った現象ではない。国際退職移住は、選択可能なライフスタイルであり、経済的側面だけではなく、社会的、文化的な側面をもつ。日本の高齢化と中高年の生き方について論じた小倉康嗣［2006］は、近代産業社会そのものを問いなおす「再帰的近代」という歴史的社会的文脈の一要素として高齢化社会を位置づけた。近代産業社会のライフコースパターンを規定していた「生産性」「生殖性」中心の文化から現代人のライフコースが遊離し、さらに「生産性」「生殖性」を越えたところの「生」の意味を自己再帰的に捉えなおすことであるとする［小倉2006: 5］。高齢化社会において、「エ

イジング」は、社会的に発見され［嵯峨座 1993］、人間形成のありようや生き方が根本から問いなおされ、変容していく社会的状況といえる。一方で、高齢者にとって生きがいの追求という主題は、定年退職によって職場を去ることにより、経済的源泉だけでなく社会的地位や居場所を失った高齢者たちのマージナルな社会状況を反映している。ゴードン・マシューズ（Gordon. Mathews）［1996］は日本人の「生きがい」を、「人生に生きる価値を与えるもの」と解釈している。高齢化社会の文脈のなかで、定年を迎えた日本人高齢者が老後の自己実現や生きがいが、退職後の生き方のなかで追求される。第二の人生をどう生きるか、という高齢者の生活の意味を問うこと、その１つの実践が、老後の海外移住として立ち現れたのである。

退職者および高齢者の国際移動は、先述のような経済的な側面や社会文化的な側面に加え、健康上の動機も重要な発生要因である。移住と健康の因果関係の初期の論者である行動科学者のダイアナ・ハル（Diana Hull）［1979］は、移住者個人の健康は移住の影響を受けるのと同様、健康は移動を促進すると述べている。ハルは、アメリカ国内における北部から南部・南西部への温暖な気候や地理的環境を求める高齢の自発的移住者が、地元のコミュニティに残り老後を過ごす人々よりも健康であったと論じるバルテナ（G. L. Bultena）の研究に言及し、移住者の健康状態と移住の意思決定や移住地への適応の相関関係を指摘している。比較的健康で経済的に自立した退職高齢者の自発的移住は、移動によって期待感や満足感を得られるといった心理的要因により、移住地への適応も早い。また、強いられた移住や経済的困窮者の移住に比べ、健康で社会経済的地位の高い人々の場合、移住先での適応も早い。つまり、高齢者の移住の場合、選択の自由、経済的自立、移住前の健康状態はすべて、移住後の罹患率と因果関係がある［Hull 1979］。日本人高齢者の東南アジア・オセアニア地域への退職移住や長期滞在の場合も同様に、厳しい冬の寒さや夏の猛暑のある「北」から年間を通じて温暖な常夏の「南」への地理的移動であり、移動による健康増進は退職移住の動機として、多くの人々に共通の関心であったといえる。

2-2-3　観光における「アジア」消費

アジアへの観光の軌跡をさかのぼると、日本人のもつアジアへのまなざしが、「遅れた」アジアから「おしゃれな」アジア、そして「体にいい」アジアへと

変容していった過程が指摘できる。ガイドブックの内容を分析した森［2009］は、2000年前後にリゾートが果たす役割が、たんなる休日の娯楽的活動の提供だけでなく、「癒し」や「なごみ」を物質化するスパやカフェや雑貨を通して、「おしゃれ」なもののサービスを提供するようになったと指摘する。そのなかで、アジアリゾートは、厳密な地理的実体ではなく「雰囲気」として消費の様式や志向となり、「アジアらしさ」を体現するものとして商品化された［ibid.: 179-184］。このように、雰囲気としてのアジアは、スパやリゾートに代表されるウェルネスツーリズムの滞在地となり、アジアがセラピー経験などサービスの消費の場として構築されていった。その流れは、アジア金融危機後の東南アジア諸国の国家主導のヘルス・メディカルツーリズム振興により、消費される側の国家が主導する最先端技術を用いた医療サービスへと発展した。

1980年代以降、アジア新興国の都市部では新中間層が台頭し、新たなライフスタイルがアジアという広がりのなかで展開、発展、流通している。マッサージやエステなどの労働集約的産業が安価であることは、旅行者にかぎらず国内消費者にとっても魅力となる。東南アジアの新興国は近隣諸国から安価な労働力が豊富に供給されていて、新中間層の消費を背景に、ウェルネス産業が拡大している。

高齢者の退職移住にともなう国際結婚の場合、たとえば滞日フィリピン人女性労働者と日本国内で出会い結婚し、中高年退職者である日本人夫をともないフィリピンに帰還移住する場合と、退職移住している日本人男性が現地で出会った女性と結婚する、あるいは内縁関係となる場合の2種類がある[10]。国際結婚にともなう人の国際移動は、移民の女性化の文脈において、女性の国際移動との関連性が指摘されてきた。日本人高齢者の退職移住の増加により、日本人中高年の国際結婚移動現象が生じており、東アジアへの人の移動をみると、介護労働者を国外から受け入れている台湾では、1970～80年代から、老親の世話や跡取りを得るための手段として、中国大陸、ベトナム、インドネシアから妻を迎える国際結婚が増加している［落合 2006: 152-154］。障害者や高齢者の結婚においては、介護を目的とした国際結婚も多く、60代以上の高齢者の国際結婚の場合、約6割が介護者の確保を意図した「介護結婚」である［安里 2009: 98-99］。つまり、同じ東アジアの高齢化社会である台湾と日本を比較すると、再生産労働を担う労働者の受け入れ政策を実施している台湾とは対照的に、

労働力の受け入れを制限している日本は、日本から東南アジアへの高齢者の国際移動が台湾からのそれよりも活発であると指摘できる。したがって、日本からの高齢者の国際退職移動が発生する構造的要因に、再生産労働（ケア）の担い手を求めた国際移動、換言するとケアの消費というアジア全体でのケアの国際分業のなかで、退職移住を捉える視点が必要となるのである［小野 2012］。

2-3　ロングステイの商品化

2-3-1　イメージの消費としての観光

　これまでの観光研究において、旅行商品やその魅力について有力な理論的枠組みを提供してきたのは、観光現象を「イメージの消費」として捉える視座である［鈴木 2010: 8］。観光における商品化について論じた鈴木涼太郎［2010］は、旅行商品の両義性を指摘し、「契約」としての旅行商品と「イメージ」としての旅行商品という2つの側面が、旅行商品の生産過程において相互に関係しながらコンテクスト依存的に布置される、複合的で重層的な過程であることを明らかにした。

　観光とイメージに関する研究の一連の議論の発端となったのは、ダニエル・ブーアスティン（Daniel Boorstin）によって示された、観光経験を「擬似イベント」と捉える視点である。ブーアスティン［1964］によれば、複製技術革命以来の「イメージの大量生産は、人々の想像力にも、人々のもっている真実らしさの概念にも、さらには日常的経験のなかで真実として通用しているものにも、革命的な影響をおよぼした」として、こうした複製技術、とりわけマスメディアによって製造される「事実」のことを「擬似イベント」と呼び、19世紀の欧米の観光旅行を「擬似イベント」と論じた。吉見［1996］が指摘するように、旅行代理店や観光地の発展に象徴される旅行システムの変容を、ブーアスティンがいうところの「旅行者の没落、観光客の台頭」［ブーアスティン 1964: 96］、つまり、「本当の」経験から「偽物の」経験への堕落と考えるのではなく、旅行者の身体や現実感の変化の問題として深く洞察していくことが必要となる［吉見 1996: 30］。さまざまな批判を受けながらも、ブーアスティンの擬似イベント論がいまだに多くの示唆に富んでいるのは、擬似イベント論が「途方もない期待」に支配され、途方もない期待がイメージをつくり出しているのだと指摘していることである

［ブーアスティン 1964: 11-12］。さらに、観光や旅行経験に対して抱く期待、言い換えれば、イメージの生産をめぐる想像力に着眼し、議論を展開している点である。

　観光を擬似イベントとして捉えたブーアスティンの議論を批判したディーン・マッカネル（Dean MacCannell）は、観光において「本物」（authenticity）を追求する観光客と「舞台化された本物」（staged authenticity）をつくり出す観光業者の関係性から近代観光を捉える視点を提供した［MacCannell 1976］。マッカネルはまた、モノがたんなる物理的対象ではなく記号として現れるという観点から消費概念を論じたジャン・ボードリヤール（Jean Baudrillard）［1979］を援用し、本物を追求する観光客を惹きつける「魅力の記号論」として観光を論じた［MacCanell 1976］。

　人類学の領域におけるモノの消費を対象とした論考をレビューした箕曲在弘［2007］は、商品の消費による自己の再定義が、新たな他者との差異化の可能性を切り開くとするダニエル・ミラーの消費論をとり上げている。そして、過去30年にわたる消費論の論者たちが、時代ごとに人類学者たちが抱える論点に柔軟に対応しつつも、なおかつ一貫した社会性と自己構築の場として消費を捉えていることを指摘した［箕曲 2007: 114］。広告は、社会性と自己構築のための行為として消費を媒介する。20世紀のアメリカ社会における広告を論じたフォックスとリアーズによると、広告のつくり手は受け手の側に広告が文字どおりにとられることを要求しないが、広告は消費者に強烈な「リアル・ライフ」を約束するものであると同時に、個々人の毎日の経験の外にあるものとして定義した［フォックス、リアーズ 1985: 54］。観光行為が産業化された観光として再生産される現代において、旅行経験や観光商品の消費は、非日常、あるいは日常の経験の外にある「リアル・ライフ」や社会性や自己構築につながる行為として捉えることができるのではないだろうか。

　若い女性たちが旅行することがそれほどひんぱんではなかった1970年代の日本社会では、限定的な年齢層を対象とする女性ファッション誌が、若い女性の旅行を促進させる一翼を担った。女性ファッション誌『アンアン』や『ノンノ』は、観光地の写真にコピーを添えて、それぞれの場所のイメージを、ちょうど洋服のファッションを見せるのと同じやり方で読者に提供した。それらの旅行記事を頼りに、群をなして観光地をうろつく若い女性集団は「アンノン族」

と呼ばれ、1970年代の社会風俗現象を表す言葉として用いられた。ファッション誌に描かれる「アンノン族」の旅行と消費は、顕示的消費として捉えられる一方で、自己構築としての消費でもある。「アンノン族」の登場は、若い女性がマスツーリズムの主体となる契機となった［原田 1984］。

　本物を志向する観光の欲望はまた、人間関係や、まなざす対象から「自己実現」や「癒し」などの心的および身体的経験へと広がってゆくことも指摘されている［須藤 2008: 34］。アパデュライは、文化のグローバルな流動、グローバル化を「トランスナショナルな文化の流動化」という視点から、「風景」ないし「景観」を意味する「スケープ」という言葉を用いて捉えている［Appadulai 1996］。メディアの発達により、ライフスタイルやファッションはグローバルな大衆消費文化空間に拡大、普及している。このような文化の流動性は、「ほんとう」の自分がいるべき場所は、現在の自分のおかれる状況、すわなち日常にはなく、どこか別の場所にあるという感覚を助長するのである。

2-3-2　ロングステイツーリズムの誕生小史──政府主導から民間主導へ

　老後を海外で過ごすことが日本人の追求するライフスタイルとして確立する契機となったのは、「ロングステイ」、あるいは「海外滞在型余暇」という言葉が日本社会に登場した1980年代末のことである。ロングステイツーリズムは、1963年以降の日本国内における観光行政の動きと、高度成長期を経た日本社会がゆとりある国民生活の実現をめざした、1970年代以降の余暇開発政策の流れのなかで生まれてきた。国際観光の促進が国際政治・経済の重要課題として国連主催の国際旅行・観光会議でとり上げられたのは1963年のことであるが、同じく1963年の日本では観光基本法が制定された。その後、1970年には国鉄による「ディスカバー・ジャパン」キャンペーンの展開を経て、日本にレジャー・ブームが到来した［石森 1996：20］。また、1987年に制定された総合保養地整備法（リゾート法）では、民間事業者を活用して余暇活動の場を総合的に整備することが目的とされ、ゴルフ場、スキー場、マリーンリゾート、テーマパークなどが国内に建設された。このような国内における観光や余暇に関する施策により、国民生活のなかで観光や旅行が主要な余暇消費の対象となった［小野 2013］。以下では、ロングステイという言葉が生まれ、商品化される過程を時系列に沿って説明する。

表 2-1　ロングステイに関する年表
(出典：ロングステイ財団ウェブサイト掲載情報をもとに筆者作成)

西暦	月	内容
1963 年	6 月	観光基本法
1964 年	4 月	海外渡航の自由化
1972 年	5 月	財団法人余暇開発センター設立
1986 年	7 月	シルバーコロンビア計画発表（通商産業省）
1987 年	5 月	海外滞在型余暇研究会設置（通商産業省）
	6 月	海外滞在型余暇研究フォーラム発足（民間有志企業）
1988 年	5 月	海外滞在型余暇＜研究会報告書＞発表（通商産業省編）
	7 月	海外滞在型余暇協議会発足（事務―（財）余暇開発センター）
1989 年	9 月	「LONG STAY PLAN 90」発表（海外滞在型余暇研究会）
1991 年	6 月	協議会活動の見直しの時期（協議会設置要綱）
1992 年	2 月	財団法人ロングステイ財団設立
1996 年	4 月	情報誌『Long Stay』（季刊誌）創刊　年間購読者数 5000 名
2000 年	3 月	ロングステイ白書
2012 年	2 月	ロングステイ財団創立 20 周年

　「ロングステイ」という言葉は、1992 年に旧通商産業省の認可を受けて設立された公益法人ロングステイ財団の造語であり、商標登録されている。したがって、「ロングステイ」という商標を使用して事業を行う場合は、ロングステイ財団の会員となる必要がある。ロングステイ財団は、「ロングステイ」は「生活の源泉を日本におきながら海外の 1 か所に比較的長く滞在し、その国の文化や生活に触れ、現地社会に貢献を通じて国際親善に寄与する海外滞在スタイル」[ロングステイ財団 2002]と定義している。ロングステイは、従来の観光を中心とした短期周遊型の海外旅行とは異なり、「観光」ではなく「滞在」、現地での「生活」を目的とする。ロングステイ財団の調査によると、ロングステイの希望滞在期間は 1～3 か月以内がもっとも多い。ロングステイ財団ウェブサイトには長期にわたり、「行ってみたい国から、住んでみたい国」というキャッチコピーが掲載されていた。このキャッチコピーが示すとおり、従来の海外旅行が「行ってみたい国」への観光であったことに対し、ロングステイは「住んでみたい国へ」の長期滞在を提案している。さらに、2012 年に財団設立 20 周年を迎え、キャッチコピーは「住んでこそ心がつながるロングステイ」に刷新された。「住んでみたい国」という訪問者側の一方通行な意識ではなく、「住んでこそ心がつながる」という言葉が示すとおり、現地社会の人々との双方向の交流に価値があるというメッセージが込められている[11]。

　ロングステイ財団の歴史は、1986 年に旧通商産業省によって提唱された「シ

第 2 章　国際退職移住の商品化──ロングステイツーリズムの成立

写真 2-1　コスタ・デルソルの海岸リゾート
イギリスやドイツ、北欧からの旅行者が多い。(2010 年 2 月 2 日、筆者撮影)

ルバーコロンビア計画 "92"──豊かな第二の人生を海外ですごす為の『海外居住支援事業』──」にさかのぼる (表 2-1)。この計画は、円高を利用し、住宅事情、物価、気候などの面で多くの利点の得られる諸外国に、「海外いきがいタウン」と称する日本人移住者村を建設し、老後の海外生活を支援するための民間ベースの体制を官民一体で整備することを目的とした [通商産業省 1986]。シルバーコロンビア計画は、スペイン南部のリゾートである「太陽の海岸」を意味するコスタ・デルソル (Costa del Sol) の外国人 (ドイツ人) 村を見本に、日本人村をつくろうと発案されたものであった (写真 2-1)。しかし、この計画は国内外から「老人輸出」などの批判を受け、翌年 1987 年 5 月、産業政策局長の私的諮問機関として「海外滞在型余暇研究会」が設置された。研究会は、木村尚三郎東京大学教授 (当時) を座長とし、各界の有識者を集め、検討が行われた。内容の再検討の後、移住ではなく「海外滞在型余暇 (ロングステイ)」という新たな余暇スタイル、ライフスタイルとして再提案された。対象も高齢者に限定せず、避暑避寒を兼ねて特定の季節だけ海外で滞在し余暇を過ごす者や創作活動を行う者、退職後一定期間を海外で過ごす年金生活者、ボランティア活動をする者などを含めた [通商産業省産業政策局編: 1988]。2002 年 12 月に発

行されたロングステイ白書には、「以前のロングステイヤーは、海外に駐在経験のある人、芸術家、大学教授など特定の経歴の人々に限られる傾向にあった。また、その目的においても限定されていた」［ロングステイ財団 2002: 14］という記述があり、海外で長期滞在型余暇を過ごすのは、文化資本をもつ限られた層の人々だったことを示している。

　海外滞在型余暇研究会での討議を経て、1992年にロングステイ財団が設立された。そして、財団の設立と同時に、ロングステイは商標として登録され、ロングステイ財団の管理下に置かれた。日本人高齢者のために海外に移住者村を建設することを目的として旧通商産業省が提唱した政府主導のシルバーコロンビア計画が、新たな余暇スタイルであるロングステイとして民間主導で産業化される転機となったのは、1992年ロングステイ財団の設立とロングステイの商標登録であり、以降、国際退職移住が具体的な商品化をともなって、消費の対象とされることになる。一方、シルバーコロンビア計画を廃案にした後でも、ロングステイには新たなビジネス開発を通じた国際協力（経済開発）の面でも潜在的な可能性があるという考えは、関連省庁のなかで維持された。余暇開発センターによる調査研究は続けられ、『平成2年度大型（複合型）ニュービジネス開発等調査研究（経済協力型ロングステイ）』などの報告書が1990年にまとめられた。高度経済成長を経た日本社会において、物質的に豊かな社会から「心の豊かさ」を実現する社会を標榜した余暇政策の流れから、高齢者のレジャーに関する意識が社会的に形成された［財団法人余暇開発センター 1990b］。前通商産業省は省内に余暇開発室をつくり、後に財団法人余暇開発センターが設立された。財団法人余暇開発センター［1999］は、関連する組織の1つとしてロングステイ財団の名称を挙げている。

　ロングステイ財団は、ロングステイの基本的な特徴を以下の5点を挙げている。1点目は、滞在期間について、「移住」や「永住」ではなく日本への帰国を前提とする比較的長期（2週間以上）の「海外滞在」であること。2点目は、宿泊施設について、海外に「居住施設」を保有または賃借すること。3点目は、「余暇」を目的とし、現地の人々の交流などの余暇活動を行うこと。4点目も、目的に関しての特徴であり、「旅」よりも「生活」をめざし、海外旅行を海外における「異日常空間」での体験だとすると、ロングステイは海外における「日常的空間」または「異日常空間」に近いところでの体験と捉える。5点目は、

第 2 章　国際退職移住の商品化——ロングステイツーリズムの成立

資金面について、生活資金の源泉を日本におき、現地での労働や収入を必要としないものであること、である［ロングステイ財団 2008: 2］。

　ロングステイの主要な滞在国は、ヨーロッパ、北米、オセアニア、東南アジア諸国である。ロングステイツーリズムの発展は、滞在国側の受け入れ制度の整備と連動している。日本人長期滞在者の招致に積極的な国々では、外国人長期滞在者招致のための査証を発給するプログラムなどの制度化が行われてきた。そのなかでフィリピン共和国は、外国人退職者に永住を許可する永住ビザを発給している。ロングステイ財団の定義上、ロングステイは帰国を前提とし、あくまで移民や永住とは一線を画している。ロングステイ財団は、現在までにイギリス、フランス、スペイン、スイス、オーストリア、カナダ、アメリカ、ニュージーランド、オーストラリア、マレーシア、タイ、フィリピン、インドネシア、ベトナム、韓国の計 15 か国に公認海外サロンを設置している[12]。海外サロンはおもに、ビザ申請業者、不動産業者（賃貸物件も含む）、ロングステイを取り扱う旅行業者、語学学校などの会社事務所であり、情報提供や観光、生活、ビザ申請に関する支援サービスを、ロングステイ財団の会員と一般客の両方に有償で提供している。

　2000 年代に入ると、関連産業によりロングステイが商品化され、マスメディアによるロングステイの啓発や報道が行われることによって、ロングステイという言葉は日本社会に普及し、「ロングステイの大衆化、一般化」が指摘されるようになった［ロングステイ財団 2007: 28］。ロングステイがマスメディアによって盛んにとり上げられるようになったのは、2007 年に退職を開始する団塊世代のリタイヤに向けて、新規にシルバー市場を開拓しようという産業側の動きが活発となった時期にあたる。とくに、旅行業界にとって、この市場は一大マーケットであり、ロングステイは新規旅行商品として注目を集め、「海外ロングステイブーム」はピークを迎えた［千葉 2011: 148］。大手旅行業各社もロングステイ財団の賛助会員となり、商標ロングステイを取り扱う新規旅行商品の企画販売に着手した。JTB はロングステイの専門店、ロングステイサロン銀座を 2005 年 11 月に開店して、ロングステイに特化した事業展開を開始した[13]。ロングステイに関する有料や無料の説明会が、ロングステイ財団や旅行会社、各国政府観光局、ビザ申請代理店といった関連業者によって日本各地で企画開催された。ロングステイを専門とするセミナー講師による講演と商品説明、個別

相談会などが実施された。

　ロングステイツーリズムは本来、退職者や高齢者のみを対象とする観光形態ではないが、定年退職した高齢者が海外で年金を活用して生活するライフスタイルをさす言葉として定着した。また、スローライフやロハス（LOHAS: Lifestyle of Health And Sustainability、健康と持続可能な社会に配慮したライフスタイル）、田舎暮らしや定年帰農といった、自然や健康、生活の質を追求するライフスタイルに関心が集まる昨今、「ロングステイ」もその1つとしてシルバー市場における消費の対象となっている。旅行業者はロングステイ滞在国のビザ申請代理店や語学学校などの関連事業者と協力し、ロングステイ下見ツアーの旅行商品化やセミナーを実施している。関連事業者たちは、ロングステイに類似した海外移住や長期滞在を示すとさまざまな用語をつくり、独自の商品開発を行ってきた。たとえば、ロングステイ専門店であるアップル社は「見るから過ごす」、JTBロングステイプラザは「旅から暮らす」をロングステイ広告のキャッチコピーとしている。旅から暮らしへという新たな旅行概念の商品化は、バルト海都市ネットワークのように、ロングステイという商標を使用せず、「暮らすように旅すること」として長期旅行を促進する動きもみられた[14]。

　日本国内で「ロングステイ」という用語が次第に普及し、海外ロングステイを実践している人々の滞在国での様子が、各種メディアに紹介される機会も増加した。旅行会社がロングステイを銘打った商品開発を行い、無料のロングステイ説明会やセミナーとあわせて、関連旅行商品を販売するという営業戦略がひんぱんに観察された。写真2-2は、2005年10月7日にJTB本社ビルで開催された台湾ロングステイセミナーの様子である。NPOロングステイアカデミーが主催し、千葉テレビ放送、JTB、台湾政府観光局交通部の協賛で開催されたセミナーには、観光業界やメディア関係者のほか一般参加者を含め約200名が集まった。セミナーに先立ち、台湾ロングステイを紹介するテレビ番組の制作、台湾政府による長期滞在ビザの発給、ガイドブック『台湾ロングステイ』の出版が行われた。さらに、ロングステイ講師がガイドとして同行するパッケージ旅行の商品化が企画され、その様子もテレビ番組で放送された。台湾の事例は、観光産業、NPO、受け入れ国の観光行政、メディアの協働によって、滞在地が成立する一事例となった。

　民間企業のロングステイ商品化の動きの一方で、1990年代後半からロング

第 2 章　国際退職移住の商品化——ロングステイツーリズムの成立

写真 2-2　JTB 台湾ロングステイセミナー
(2005 年 10 月 7 日、筆者撮影)

ステイに関する情報交換や仲間づくりの場として、NPO や市民サークルなども数多くつくられた。たとえば、1995 年に設立され 2005 年に NPO 法人化した「NPO ワールドステイクラブ」、1998 年に設立された「南国暮らし夢の会」が 1999 年 9 月に NPO 法人化した「NPO 南国暮らしの会」、2002 年 6 月に設立された「NPO ロングステイ推進連絡協議会」、2004 年に設立された「NPO ロングステイアカデミー」などがある。このようなロングステイや海外暮らしを標榜する団体は、多くの場合、海外駐在経験や留学経験のある「海外慣れした」エリート高齢者が中心となって組織され、海外生活や長期滞在の助言を与える立場をとっていた。たとえば、南国暮らしの会は、フィリピンに住んでいた日本人が「定年後は為替の差を利用して、南の国で自分の楽しみを追求したい」という目的を追求するために設立された団体であり［ラシン編集部 2006: 108］、海外駐在経験者が理事長を務めている[15]。台湾ロングステイを専門に扱うロングステイアカデミーの場合、理事のメンバーはすべて有名大学卒で海外駐在員経験のある大手企業や観光業界の OB で構成されており、現役時代に構

写真2-3　マレーシアロングステイ下見ツアーの広告
（出典：近畿日本ツーリスト）

築した台湾の政府機関や物流、メディアなどのネットワークを利用し、NPOの事業を次々に企画実施していた[16]。ロングステイに関連する団体への参加者は、比較的規模の大きい南国暮らしの会の場合564世帯で、約1000人（2012年5月現在）である[17]。ロングステイ専門誌である『羅針』第13号（2006年発行）は、ワールドステイクラブ理事長の岡安恭子（当時）と南国暮らしの会理事長の宮崎哲郎（当時）による座談会を行っている。両団体にとってロングステイとは何なのか、それぞれの定義を問うと、以下のように返答している［ibid.: 111］。

　宮崎　定年などによりできた自由な時間で、日本ではできないような異文

体験をし、海外において楽しい生活を実現する長期の滞在生活である。それとともに、人生が豊かになることをめざす、という位置づけでしょうか。
　岡安　ワールドステイクラブでは、「海外で創ろうシニアの生きがい」というスローガンがあります。ロングステイもこの一語に尽きると思います。

　団体名称に「暮らし」という文字の入っている南国暮らしの会は「移住派」、ワールドステイクラブはビザを取得しての長期滞在をあまり薦めていない「渡り鳥派」であるというように、おのおのの団体の方向性や会員の長期滞在の捉え方も異なる［ibid.: 108］。しかし、上記の定義づけからは、両団体とも定年を迎えた高齢者が、海外において生きがいをつくり人生を豊かにすることを、ロングステイの目的としていることがわかる。会員は入会金や年会費を払い、会報や懇親会で情報を共有する。ロングステイを実施するさいには会員のネットワークを利用し、滞在中のサポートやレジャーや食事会など活動をともにする。南国暮らしの会の場合、国内における会の活動の1つにパソコン教室がある。埼玉県春日部市や神奈川県川崎市では近隣に在住する会員が集まり、メールの書き方や写真画像の添付方法、インターネット電話の使い方など、他者とのコミュニケーションに関わる技術を相互学習する場として機能している。ロングステイを目的とした団体では、地域や地区によって小集団を形成することにより、海外での長期滞在や移住だけでなく地域社会においても同様に、高齢者の老後の生活における新たな社交の場が生成し、会員どうしの出会いの場となっている[18]。会員の参加するメーリングリストでは、日々、訪問するさいの挨拶と帰国したさいのお礼のメールがやり取りされるなど、インターネットを利用した情報交換も活発に行われている。

2-3-3　希望滞在国のアジア圏へのシフト──欧米志向からアジア志向へ

　日本人の海外渡航者数を欧米とアジアで対比すると、2011年度の年間総渡航者数1699万人のうち、渡航者数が300万人を超えたのは、アジアにおいては中国と韓国であるのに対し、欧米では米国のみである。また、100万人を超えたのがアジアにおいては香港、台湾、タイの3つの国と地域であるのに対し、欧米ではハワイのみである［国土交通省観光庁 2012］。このように、日本人の海外渡航者数は、アジアへの渡航が顕著に多いことがわかる（表2-2）。

表 2-2　日本人の海外渡航者数の「東西」比較
(出典：観光白書（平成 24 年度版）の統計をもとに筆者作成)

アジア		欧米	
訪問国	渡航者数	訪問国	渡航者数
中国	3 658 200	アメリカ	3 386 076
韓国	3 289 051	ハワイ	1 239 037
台湾	1 294 758	グアム	824 005
香港	1 283 687	ドイツ	605 231
タイ	1 126 221	フランス	598 000
シンガポール	656 360	イタリア	340 210
ベトナム	481 519	オーストラリア	332 700
マレーシア	389 974	スイス	297 562
マカオ	396 023	カナダ	243 040
フィリピン	375 496	イギリス	223 000

　表 2-3 が示すとおり、2000 年代なかごろから欧米からアジアへと、ロングステイ希望滞在国の志向の変化がみられるようになった。ロングステイ財団が毎年実施している調査報告によれば、ロングステイ人気希望滞在国は、1992 年は 1 位から順に、ハワイ、カナダ、オーストラリア、米国西海岸、ニュージーランド、スイス、イギリス、フランス、スペイン、米国西海岸という結果であり、北米、オセアニア、西ヨーロッパといった欧米圏の人気が高く、アジアの国々への関心はきわめて低かった［ロングステイ財団 2011］。2000 年になって初めて、アジアからマレーシアが 10 位にランクインし、2002 年には 1 位から順に、オーストラリア、マレーシア、ハワイ、カナダ、タイ、スペイン、アメリカ、イギリス、ニュージーランド、フィリピンという結果になり、10 位以内にアジアから 3 か国がランクインした［ibid.］。2006 年度から 2011 年まで 5 年連続でマレーシアが希望滞在国ランキング 1 位となり、タイ、フィリピン、インドネシアといった東南アジア諸国の人気が高まっている。2011 年度のランキングでは、台湾とシンガポールが初めて 10 位以内にランクインし、10 か国のうち 6 か国が東南アジアを主とするアジアの国という、アジア志向の傾向が顕著にみられる。このように、ロングステイ財団の設立以来、ハワイやオーストラリアといった欧米圏の滞在地への関心が集まる期間が続いたが、ロングステイの普及に従い、アジア圏への人気のシフトがみられる。少子高齢化の進展や日本経済の低迷を背景に、2000 年以降は生活費が欧米圏より低く、退職者ビザを発給する東南アジア諸国への人気が次第に高まっている（表 2-3）。

　長引く不況による早期退職者の増加や国内における年金制度改革を背景に、

表 2-3　ロングステイ希望滞在国ランキング
（出典：ロングステイ財団調査統計をもとに筆者作成）

	1992	2000	2002	2006	2007	2010	2011
1	ハワイ	オーストラリア	オーストラリア	マレーシア	マレーシア	マレーシア	マレーシア
2	カナダ	ハワイ	マレーシア	オーストラリア	オーストラリア	ハワイ	タイ
3	オーストラリア	ニュージーランド	ハワイ	タイ	タイ	タイ	ハワイ
4	アメリカ西海岸	カナダ	カナダ	ニュージーランド	ハワイ	オーストラリア	オーストラリア
5	ニュージーランド	スペイン	タイ	ハワイ	ニュージーランド	カナダ	カナダ
6	スイス	イギリス	スペイン	カナダ	カナダ	ニュージーランド	ニュージーランド
7	イギリス	スイス	アメリカ	スペイン	フィリピン	フィリピン	インドネシア
8	フランス	イタリア	イギリス	インドネシア	インドネシア	スペイン	フィリピン
9	スペイン	アメリカ西海岸	ニュージーランド	イギリス	スペイン	インドネシア	台湾
10	アメリカ東海岸	マレーシア	フィリピン	アメリカ	アメリカ	スイス	シンガポール

欧米の国々よりも滞在費が安く、日本の物価よりも生活費がかからないという経済的インセンティブは大きく、2000年代以降東南アジア諸国の人気が高まっている。他方、受け入れ国側も退職者に対する特別なビザを発給し、外国人長期滞在者の獲得に意欲的である。とくに、タイ、フィリピン、マレーシアでは、高齢者のケアと絡めてヘルス・ツーリズムやメディカル・ツーリズムの一環として展開するという傾向も顕著である。政情が比較的安定し、安心、安全、快適な観光が可能な開発途上国や新興国では、国際観光客到着数の伸びが著しく、マレーシアは2006年にアジアで中国に次いで多くの外国人観光客を受け入れ（1750万人あまり）、観光収入では世界第18位となっており［江口 2009: 7］、受け入れ国側にとってもより長く滞在する外国人滞在者の招致は、経済面でも重要な政策となっている。中間層にとって退職後の海外移住・長期滞在が可能な滞在地が開発されることにより、ロングステイツーリズムはより多くの人々にとって可能な余暇として普及し、一部では生活保全のために東南アジア諸国に移住する人々の流れも報道されるようになった[19]。マレーシアは、2006年のロングステイ財団の調査において人気希望滞在国ランキング1位となって以降、1位を維持している。

一方、国内の滞在地への関心も高まっている。ロングステイ財団は、1992年の設立以来、ロングステイを日本語で海外滞在型余暇と表記し、海外での長期滞在のみをさす言葉として定義してきた。しかし、近年国内におけるロングステイへの関心が高まり、賛助会員のなかでも国内ロングステイ商品が扱われるようになり、海外ロングステイの定義に加え、国内ロングステイを「主たる生活の拠点のほかに、日本国内のほかの地域にて比較的長くあるいはくり返し滞在し、その滞在地域のルールを遵守しつつ地域文化とのふれあいや住民との交流を深めながら滞在するライフスタイル」と定義した［ロングステイ財団 2010: 2］[20]。このような国内における長期滞在は、国内観光振興を担う国土交通行政の動向にもみられる。国土交通省は長期家族旅行国民推進会議における議論をふまえ、国民の旅行環境の整備として長期滞在型家族旅行の普及・定着に向けた啓発活動を実施するべく諸施策の検討を行っている［国土交通省 2012: 94］。国内におけるロングステイは、国内旅行需要の拡大と地域活性化が期待される分野として地方自治体の関心も高く、定年帰農や二地域居住（デュアルライフ）を奨励することによって、過疎地に移住者の受け入れによる人口増や自治体の税収増といったねらいがある[21]。

2-3-4　ライフスタイルのイメージ形成──「歩き方」から「暮らし方」へ

現代の日本においてガイド付きの海外団体旅行という観光旅行のスタイルが成立したのは、明治末期であり、メディアのイベントとして成立したことが特徴的であったと有山輝夫［2001］が指摘している[22]。メディアが人々の好奇心を惹きつけるために人為的、計画的につくり出したイベントとして海外観光旅行が成立したという事実は、社会的経済的条件に加えて海外旅行にメディアの介在が必要であったことを示している。メディアが果たした重要な役割は、たんに旅行を宣伝することだけではなく、その言説によって海外旅行に社会的・文化的意味を付与し、社会的・文化的意味をもつイベントとして形成していったことである。そこには、海外旅行を当時の社会的文化的脈絡のなかで説明する物語が形成され、その物語が海外に出かける意欲を喚起したのである。また、それによって実際に参加した者たちだけではなく、多くの新聞読者たちも、社会的文化的意味のある出来事として彼らの旅行記を読むことになった［有山 2001: 223-224］。

第 2 章　国際退職移住の商品化——ロングステイツーリズムの成立

　マスメディアはロングステイツーリズムの普及に重要な役割を担ってきた。出版業界では、2000 年代以降、「ロングステイ」や「老後の海外移住」に関する書籍や雑誌が数多く出版された。ロングステイや老後の海外暮らしをテーマとする書籍や雑誌は、多くの場合、書店では旅行書やガイドブック、留学や語学といったジャンルの書籍と並べて陳列されている。海外旅行のガイドブック『地球の歩き方』を発行するダイヤモンド社は、2005 年に『地球の暮らし方』シリーズを発売した。『地球の暮らし方』も『地球の歩き方』と同様に、滞在する国や地域別のガイドブックであるが、『地球の暮らし方』シリーズの 11 巻は、書名に「ロングステイ」という言葉を使用した『地球の暮らし方 11 ロングステイ』であり、ロングステイの人気滞在国を解説している。冒頭部分では、ロングステイを「人生の新しい選択肢の 1 つ」「新しいライフスタイル」と位置づけている。海外ロングステイは「生涯にわたって張りのある生活を送るための 1 つの選択肢」であり、シニア世代を中心に退職後の人生の選択肢の 1 つであるとする［地球の歩き方編集室 2003: 8］。

　また、イカロス出版株式会社は、2003 年にロングステイ専門誌として季刊『rasin（ラシン）』を発刊し、その他ロングステイに関する数々のガイドブックを出版している[23]。また、家計や資産運用という視点から書かれた書籍もみられた。このようなロングステイや老後の海外暮らしに関する書籍を執筆しているのは、おもに旅行や観光を専門とするジャーナリストや旅行作家、ビザ業者などの海外移住関連業者、ファイナンシャルプランナー、そして先駆者として海外移住や長期滞在を実践している人々である。ファイナンシャルプランナーの資格保持者のなかにはロングステイ講師を兼業する者もみられ、ロングステイ関連産業の 1 つに位置づけられる。退職後に海外で生活するライフスタイルを啓発する初期の著作の 1 つに、戸田智弘［2001］の『海外リタイヤ生活術』がある。同書は退職後に海外で生活する方法を、海外に本拠地を移し 1 年に数回里帰りをする「海外移住」、日本と海外を行ったり来たりする「渡り鳥」、あくまでも日本が本拠地で 1 年に 1〜3 か月程度の旅行を楽しむ「長期滞在型」に分類し、物価、気候、治安、医療、交通（アクセス）、ビザなどの項目に分けて滞在地の善し悪しを評価している。さらに、日本とは別に海外にもう 1 つ生活の拠点をもつライフスタイルを、「海外マルチハビテーション（multi habitation）」と呼ぶ［戸田 2001: 20-21］。多様なニーズを充足するために、日本と

海外のどちらか一方ではなく、「日本も海外も」という「二重生活」（dual life）を実現する住まい方として、海外マルチハビテーションを啓発している［ibid.: 22-23］。

　以下では、これらの出版物やマスメディアの言説においてたびたび使用される用語である1）生きがい、2）年金、3）楽園を取り上げ、老後の海外暮らしやロングステイがどのようにイメージ形成されているかについて考察する。

1）生きがい

　「生きがい」という言葉は、シルバーコロンビア計画の「『海外いきがいタウン』を建設することを目的とする」という記述が示すように、日本人の国際退職移住の発展初期段階からひんぱんに使用されてきた。ロングステイ財団もまた、ロングステイの効用として、自己実現や生きがい創出の手段の1つとして、ロングステイを定義している。

　ロングステイ関連の書籍のうち、「生きがい」という言葉を本のタイトルに含むものとしては、長谷川華［2007］の著作『趣味と生きがいのための海外ステイのすすめ――海外長期滞在入門』がある。同書は、ロングステイ財団の編集協力、そしてNPO法人日本スローライフ協会が執筆協力をしている。第一章「年金でも可能なロングステイ」の一節には、「ロングステイには金銭的なことだけでなく、自己の内面を豊かにし、人生に彩りを添えてくれるという大きな魅力もあります」「年金で暮らせるロングステイは、確かに魅力的。だが、いちばんの魅力は心を豊かにできること」［長谷川 2007: 12］という記述がみられる。さらに、ロングステイ財団の資料を引用し、ロングステイの効果・効用として「生きがいの創出」や「自己実現につながる」などを挙げ、海外長期滞在が自己の内面や心を豊かにすると解説している［ibid.: 13］。

2）年金

　2007年の団塊世代の退職開始を控え、年金問題が話題となった2000年ごろより、年金を活用して豊かな老後を送るための方法として、ロングステイがとり上げられることも多かった。

　年金を活用したロングステイを推奨するガイドブックや書籍には、3つの視点がある。1つ目は、海外暮らしを長期滞在ビザの取得を前提としない、数か月間の海外長期滞在を基本とした年金の範囲で可能な海外生活に関するものである。ロングステイという言葉を使用してはいないが、海外での年金生活の指

第 2 章　国際退職移住の商品化——ロングステイツーリズムの成立

南書を執筆した立道和子は、『年金・月 21 万円の海外 2 人暮らし——ハワイ・バンコク・ペナン』を 2000 年に出版し、55 歳で退職した後、会社から受給する月 21 万円の年金でハワイ、バンコク、ペナンで海外生活を行った自身の経験に基づき、それぞれの滞在地の紹介と滞在費用を比較検討している［立道 2000］。以降、立道は 2001 年に『年金・月 21 万円の海外 2 人暮らし (2)——オーストラリア・ポルトガル・チェンマイ』、2003 年に『年金・月 21 万円の海外 2 人暮らし決定版——ハワイ・パース・コタキナバル、バリ』を出版し、「年金」と「海外暮らし」という言葉を書名に含む著作を 7 冊出版している[24]。立道の提案する「海外暮らし」とは、経済状況が許せば海外へ行ったり来たりが望ましく、海外に 3〜6 か月長期滞在する余暇スタイルである。20 代で結婚、出産、離婚を経験した著者が、20 年来の長年の旅のパートナーであるイギリス人男性と 2 人で海外に住む体験談をコミカルに描いたガイドブックであり、立道がロングステイに関する書籍の出版や講演を行うロングステイ専門家としての立場を築くことになった。

　2 つ目は、ファイナンシャルプランナーや金融コンサルタント業者が事業として執筆する、ビジネス書や実用書のジャンルで出版する書籍が提示する視点である。ロングステイ財団の評議員としてロングステイに関するセミナーや講演を行ってきた観光ジャーナリストの千葉千枝子は、著書『ハワイ暮らしはハウマッチ？』のなかで、「『(アジア諸国は) 物価が低いから住んでみようか』という発想はいかにも乏しい発想でいただけません」［千葉 2004: 5］と物価の安いアジア諸国での長期滞在のあり方を批判する。そして高収入世帯の夫婦に向けて、短期の商用や観光であればビザなしで 90 日以内の滞在が許される、観光地として人気の高いハワイに年に 2 回渡航し、合わせて 180 日間をここで暮らすライフスタイルを推奨している。ハワイ暮らしの実行可能性の基準を世帯収入 1000 万円、夫婦 1 月の生活費が 37 万円と試算し、「高収入の世帯の夫婦であれば、月額 37 万円のハワイでの生活にかなり割安感を感じることができる」と解説している［ibid.: 28-32］。同書の帯には、「ロングステイ財団の推薦図書」というキャッチコピーのほか、ハワイ州観光局エグゼクティブ・ディレクターの「上質な楽園暮らしを実現するには必読の 1 冊です」という言葉が記載されており、ロングステイ財団と滞在国観光局の広報を担うガイドブックであることがわかる。

さらに、3つ目の視点は、日本で生活することを「リスク」と捉える視点である。年金での海外暮らしに関する情報発信とセミナー講演を主たる業務とする「年金海外生活ラボ」という名称の会社を主宰する中西佐緒莉は、2003 年に『海外でさっさと暮らせるようになろう——これからの退職後プランと年金ライフをより豊かに実行する』を執筆した[25]。同書は 10 〜 20 年後の日本における高齢者福祉や年金制度の先行きを問題視し、「日本で老後を生きていくことが実はいちばんリスクが高い」と述べる［中西 2003: 10］。日本社会の生活リスクを強調したうえで、以下のように、年金の範囲で海外生活が可能であると説明し、東南アジアを紹介している。

　　　定年退職してからの再就職も容易ではなく、希望どおりの収入を得られる保証もないとなれば、支給される年金の金額内で、少しでも生活条件のいい場所へ移り住む、「年金海外生活」という発想がでてきて当然となる。タイ・フィリピン辺りなら日本の生活グレードでいうところの 100 万円以上の生活が実現可能となる［ibid.: 13］。

　出版業界に加えロングステイの普及に重要な役割を果たした放送業界でも、「年金」をテーマにしたテレビ番組においてロングステイを取り上げた。以下は、2007 年 10 月 1 日に放映された TBS の年金特集の番組制作におけるマレーシアでの撮影の様子である。

　　　退職移住者の夫妻の所有するコンドミニアムでの撮影は、ディレクターからの細かい演出が行われた。ディレクターが年金手帳を用意するよう頼むと、夫は自分の部屋から年金手帳をもち出す。ディレクターが「どうしてこんなリッチな生活ができるんですか？」と問いかけると、「これです」と「年金手帳を前に出して見せてください」という演出が入る。次のシーンでは、「ツインタワーの見えるベランダで、年金手帳を左手にもち、左うちわであおぐように」と演出が入り、夫婦がならんでツインタワーを眺めつつ、夫が年金手帳を左手であおぐ様子が撮影された[26]。

　このように、年金を活用した老後の海外移住は、書籍と同様にテレビ番組で

も、生活費の安いアジアの国で切り詰めた生活スタイルではなく、あくまで「年金でリッチに暮らす」ライフスタイルとしてイメージが形成された。

3）楽園

「楽園」という言葉をタイトルに含む書籍には、ラシン編集部［2005a］の『ロングステイ50都市ランキング——楽園の探し方入門』がある。同書は、ロングステイ候補地としてアジア、オセアニア、北米、西欧の4地域から50都市を比較検討し、うち12都市を総合評価の高い都市として選んでいる。物価、治安、医療、気候、対日感情、ビザ（退職者向け）、言葉（英語、日本語の通用度）、日本食材の入手しやすさ、ゴルフ費用、距離を検討項目に設定し、もっとも評価の高かったチェンマイとペナンから順に、ゴールドコースト、バンコク、ハワイ島・マウイ島、グアム・サイパン・ロタ、オアフ島、クアラルンプール、ケアンズ、コタキナバル、キャメロンハイランド、セブ島を挙げている［ibid.: 49-56］。

このように、ガイドブックのなかでは、東南アジアやオセアニア地域の滞在国地は日本人にとっての「楽園」として潜在性の高い場所として描かれ、読者に示されている。楽園のイメージ形成に必要な要素は、気候に加え、退職者向けのビザ制度、物価の安さや医療といった生活面と、言葉や対日感情、治安など現地社会の社会的環境が重視される。さらに、楽園のイメージは、健康に関連づけられる。気候のよい、すなわち冬のない暖かい地域では、ゴルフやテニスなど屋外でのレジャー活動を活発に行えるため、健康増進効果が得られるとみなされる。実際、国内で開催されたタイやマレーシアのロングステイセミナーでは、車いすの高齢男性（両方とも男性）が参加しており、高齢であることに加え身体機能に障害をもつ者を含む幅広い層から関心が寄せられている[27]。

上述のような年金、楽園をキーワードとするロングステイのイメージ形成は、必ずしも肯定的な側面のみではなく、否定的なイメージの生成の可能性を内在する。2007年の団塊の世代の定年退職開始を前にロングステイへの関心が高まるなか、年金を活用するライフスタイルとして生活費の安いアジアの国々に関するマスメディアの報道が活発となっていた2000年代後半には、アジアでのロングステイの「悲惨な」実態を伝える新聞、雑誌記事がジャーナリストなどの現地取材をもとに執筆された。たとえば、アジアでのロングステイにさいし「"夫婦ではない2人"に憧れる」、すなわち現地の女性との恋愛に憧れる

高齢男性は「不良老年」[五反田 2007: 122-125]、さらに、日本の持ち家を売却して物価の安いアジアの国々に移住する人々は「国際ホームレス」[千葉 2006: 33]と呼ばれた。マレーシア、タイ、フィリピンで現地取材を行った出井康博は、「『年金難民』『経済難民』『介護難民』そう呼ぶにふさわしい年配の日本人が東南アジアの国々で目立ち始めている」と述べている[出井 2008: 181]。このような楽園の現実にまつわる負のイメージ形成は、アジアでのロングステイへの関心の高まりの反映にほかならず、高まるアジア志向を背景にくり返された。マレーシアでの長期調査を終えて帰国した筆者は、2011年9月にロングステイに関する雑誌記事の取材を受けた。担当記者は、「ロングステイの失敗談」を題材に記事を執筆するために取材を続けており、マレーシアのロングステイの失敗事例について話を聞きたいということで、著者は電話取材に応じた。以下は、記者と著者の間で交わされた会話である。

記者　定年後の生き方としてロングステイに憧れて、日本のシニアが海外で生活を始めているが、警鐘を鳴らすという意味で、ロングステイにまつわるトラブルについて、事例が聞きたい。
筆者　具体的にどのような？
記者　準備不足で行ってトラブルに遭っただとか、文化的なことを知らずに問題になったとか。
筆者　トラブルとは、どのようなトラブルについてのお話を想定されていますか？
記者　マレーシアではあまりないかもしれませんが、タイやフィリピンであれば、女性がらみの話であったり、言葉ができないのにいって、不動産売買のトラブルであったり、麻薬関係だったり、とかですね[28]。

記者と筆者との会話からは、記者が、日本人高齢者が定年退職後に海外に長期滞在する場合に想定される問題として、1) 現地の女性とのトラブル、2) 不動産売買をめぐる問題、3) 言葉の問題や文化的な知識の欠如によるトラブル、4) 麻薬問題、の4つを海外ロングステイの失敗談と想定していることがわかる。また、これら4つの問題が、タイやフィリピンの場合には実際に起こっていると記者が認識していて、そのうえでマレーシアの状況を筆者に問うていること

がわかる。このように、東南アジア諸国における長期滞在や退職移住は、必ずしも肯定的な側面のみに関心が向けられるわけではない。ロングステイをめぐるライフスタイルのイメージは、楽園が楽園であるべき正のイメージだけではなく、楽園の負のイメージをもイメージ形成の一要素として取り込み、楽園のもつ正負のイメージの相互交渉のなかで刷新をくり返しつつ形成されているのである。

2-4　日本人高齢者の国際退職移住の3つの類型

　本章では、日本から高齢者の国際移動の発生の背景として、少子高齢化の進展にともなう世帯構成の変化や、高齢者の老後の生活に対する不安の増大という社会経済的要因を指摘した。さらに、高齢者の国際移動は、長寿社会が大量に生み出した健康で「若い」前期高齢者の「いきがい」の創出という文化的要因が背景となっている点を指摘した。日本人高齢者の国際移動の社会経済的背景を概観したうえで、1980年代末以降、1990年代から民間主導で本格化した「健康で」「豊かな」高齢者を対象とした国際退職移住の商品化の過程を考察し、日本において「ロングステイ」の商標登録によってロングステイ財団を中心とした「移住産業」[Harris 1995]が形成され、日本人高齢者の国際退職移住を発生させる「商品」としてロングステイツーリズムが成立するしくみを明らかにした。

　本章ではさらに、メディアによる退職後の高齢者の海外移住の世論形成を概観し、老後のマレーシア移住が高齢者の自己実現および家計戦略としてイメージされ、つくられていく過程を分析し、「送り出しの論理」を考察した。高齢化の進展する日本社会において、退職後の高齢者の自発的海外移住は、「生きがい」「年金」「楽園」などの言葉によってイメージが形成され、なかでも東南アジアの滞在国は、生きがいのある豊かな老後の暮らしが年金の範囲内で実現する楽園として描かれたのであった。

　ロングステイツーリズムのイメージ形成における「年金」「楽園」「生きがい」といった言葉をまとめると、高齢者を海外へと送り出すレトリックとして、「年金の範囲で生きがいを手に入れられる楽園生活」が全体像として浮かび上がる。このような全体像のもと、日本人高齢者の国際退職移住はさらに、3つの類型

に分類できるだろう。1つ目は、ロングステイ財団が財団設立の当初から定義しているとおり、日本を生活の拠点とし、海外に長期滞在するパターンをくり返す「渡り鳥」型である。2つ目は、マレーシアのように長期居住が可能な国でビザを取得して国外を生活の拠点とし、年に1〜2回日本に帰国する「定住」型である。3つ目は、東南アジアの退職移住者受け入れ国にみられる、日本から国外に生活の拠点を移す要介護の高齢者の「ケア移住」型（世帯戦略型の一形態としての介護移住型）である。ホスト国マレーシアの受け入れの論理を次章で論じたうえで、続く4章、5章、6章では、この3つの類型に基づき、日本人高齢者の国際退職移住というライフスタイルがつくられていく過程を民族誌的に考察する。

註
1 本節の内容は、Toyota and Ono［2012］の一部を大幅に修正加筆している。
2 平成16年度版高齢社会白書によると、一般に、高齢化率が7％を超えた社会は「高齢化社会」、14％を超えた社会は「高齢社会」に分けられる。同白書によると、高齢化率のいちだんと高い社会を「超高齢社会」と呼ぶこともあるが、とくに明確な定義があるわけではないとしている（http://www8.cao.go.jp/kourei/whitepaper/w-2004/zenbun/html/GC000001.html、2012年12月23日参照）。
3 家族史研究の知見は、封建社会の遺産とみなされてきた「家」が、明治民法で排他的な父系相続制を採用することにより明治政府によって発明された近代的制度であることを明らかにしている［上野1994: 69］。つまり、「家」制度に基づく日本の家族は、近代国民国家に適合的に形成されている。
4 2012年6月1日の産経ニュース、「健康寿命は男性70.42歳、女性73.62歳 厚労省算出平均寿命との差縮小めざす 社会保障負担軽減に期待」（http://sankei.jp.msn.com/life/news/120601/bdy12060112440002-n1.htm、2012年11月30日参照）。
5 本節はOno［2005, 2009, 2013a, 2016, 2017］の一部にもとづく。
6 藤岡伸明［2008］によると、1980年代以降急増したオーストリアへのワーキングホリデー渡航者の多くは、日本食産業などのサービス産業の末端を担う低賃金・単純労働セクターにおける雇用の調整弁という役割を担っているが、なかにはワーキングホリデーを経験した後に専門職に就き、国際結婚者としてオーストラリアに定住し、結果的に永住者となる者もいる。したがって、ワーキングホリデー制度は、永住者としての移住経路の1つとして機能している。
7 同様に赤木［2003］は、タイのバンコクの安宿に長期間宿泊するバックパッカー旅行者を「沈没日本人」や「国際浮遊日本人」と呼ぶ。沈没日本人や沈没組といった用語は、旅をするバックパッカー旅行者に対し、旅をしない旅行者をさす言葉として用いられており、「外こもり」の前身と位置づけられる［Ono 2009, 2016, 小野2007a, 2011b］。
8 佐々木明［1987］は、都市農村間の人口移動が近代になって始まったものではなく、

第 2 章　国際退職移住の商品化──ロングステイツーリズムの成立

　　近世において農山村の若年層が一時離村し、離村者の一部が帰村する「離帰村慣行」が始まっていたと指摘している。
9　日本の年齢別移動率は 30 歳前後でピークを迎え、そのあとは加齢とともに低下するという傾向が 1960 年代まで続いていた。だが 1970 年代以降、東京大都市圏を皮切りに 65 歳以降の移動率がそれよりも若い年齢層に比べて高くなるという、移動率の反騰現象が観測されるようになった。このことから、1970 年代は、日本における高齢人口移動率の転換点とみることができる［田原、岩垂 1999］。
10　筆者が行った老後の海外移住のための NPO の集会における 2006 年 7 月 17 日の参与観察には、NPO に所属するある 70 代の男性会員の参加がみられた。その男性会員は、永住ビザを取得し、フィリピンのバギオで結婚相手のフィリピン人女性とその家族、および結婚後に生まれた娘とともに生活している。NPO のメーリングリストを使って現地情報をひんぱんに提供し、一時帰国するさいに都合が合えば、日本で開催されるNPO の集会に出席している。会員との交流を通じて、フィリピン移住や長期滞在の啓発活動を行っている。
11　ロングステイ財団ウェブサイト（http://www.longstay.or.jp/）、2012 年 9 月 10 日参照。
12　ロングステイ財団ウェブサイト（http://www.longstay.or.jp/）、2012 年 9 月 10 日参照。
13　現在は閉店し、JTB 本社の一部署となっている。ロングステイサロンを閉鎖した後、クルーズや高級旅行商品を扱う高品質旅行専門店として、JTB ロイヤルロード銀座を開店した。
14　バルト海都市ネットワークイベントの参与観察より。
15　筆者による聞き取り、2006 年 6 月 28 日。
16　筆者による聞き取り、2004 年 5 月。2003 年 4 月に設立された NPO ロングステイアカデミーは、活動の推進役であった事務局長の急逝により、2008 年 3 月に解散した。
17　NPO 南国暮らしの会ウェブサイト（http://www.minaminokai.com/）、2012 年 9 月 20 日参照。また、ワールドステイクラブの会員数は約 900 名（2006 年現在）である［ラシン編集部 2006: 108］。
18　参与観察、2006 年 6 月 18 日、7 月 1 日（春日部）、2006 年 6 月 25 日（川崎）。
19　次項（4-4）、3）楽園の項目を参照されたい。
20　ロングステイ財団は、国内ロングステイの定義を同財団教育委員会で検討し、定義を決定したと 2010 年 4 月 6 日付けでホームページに掲載している。さらに、商標としてロングステイという名称を使用するための条件として、「ロングステイヤー向けの料金体系があること（週単位・月単位が望ましい）」を挙げ、国内ロングステイツアーという名称のツアーの場合は、期間を「　週間程度を目処」としている。
21　現状では、ロングステイ財団が実施するロングステイフェアへの出展などの促進活動が行われている（参与観察、2011 年 11 月 12 日、東京）。
22　有山によると、朝日新聞社が企画実施した日本における最初の海外団体旅行である満韓巡遊船「ろせった丸」の満州・韓国の巡遊観光は、帝国日本の達成を最前線において実見する旅行として構成された。明治末期における海外旅行の物語は、ゆえに、日本が欧米に追いつき世界の一流国、帝国にのしあがるという大きな物語の一環と位置づけられると述べている［有山 2001］。
23　『rasin（ラシン）』は発行部数 10 万部とされる。なお、『rasin』は 2006 年夏号より名

称を『羅針』に変更している。
24　このほか、『年金月 21 万円の海外暮らし実現ガイド』[2005a]、『年金・月 21 万円の海外暮らし（1）――ハワイ・バンコク・ペナン』[2005b]、『年金・月 21 万円の海外暮らし（2）――チェンマイ・ゴールドコースト』[2005c]、『とりあえず 1 ヶ月海外リタイヤ暮らし――16 万円おすすめアジア』[2007] がある。
25　年金海外生活ラボ（http://www.fpwc.co.jp/）、2012 年 10 月 11 日参照。
26　参与観察、2007 年 9 月。
27　大阪で開催されたマレーシア政府観光局主催のロングステイセミナーにおける参与観察、2010 年 11 月 9 日。
28　電話による取材者との会話、2012 年 9 月 25 日。

第3章

ホスト国マレーシア
ゲストをめぐる選別化の論理

　高齢者の国際移動が生じ、老後の海外移住が実現する背景には、ホストとなる国々における「退職ビザ」の導入という経緯がある。昭和61年に旧通商産業省がシルバーコロンビア計画を提唱したさいに作成した資料「シルバーコロンビア計画"92"──豊かな第二の人生を海外ですごす為の『海外居住支援事業』──」によると、当時、外国人退職者の移住制度・受け入れ制度を実施していたのはカナダとオーストラリアであり、ともに55歳以上で労働をしないことと年収基準を満たすことが条件とされた。
　オーストラリアは、東南アジア諸国の退職者や長期滞在者の受け入れ政策の発展に先駆けて、55歳以上の外国人に「サブクラス410」という種類の「退職ビザ」(Retirement visa) を発給していた。だが、2009年7月1日より新規ビザ申請の受付を終了し、以降はすでに同ビザを取得している者の更新のみを行っている。したがって、現在外国人退職者が申請可能なビザは、一般的には「投資ビザ」と呼ばれる「サブクラス405」という種類の「投資者退職ビザ」(Investors Retirement visa) のみである。オーストラリア政府移民市民権局の公式ウェブサイトでは、ビザに関する情報を、労働者 (workers)、移民 (migrants)、訪問者 (visitors)、学生 (students)、難民 (refugees) に分類している。オーストラリア政府による訪問者という分類に注目すると、訪問者はさらに、観光者 (tourists)、ワーキングホリデー、退職 (retirement)、医療 (medical care)、乗換、イベント主催者と参加者のサブカテゴリーに分類されている。退職ビザ（サブクラス410）と投資家退職ビザ（サブクラス405）は訪問者の分類のうちの退職というサブカテゴリーに含まれる。オーストラリア政府は、労働力となる移民や労働者（駐

在員などの一時的滞在者）と消費者としての訪問者を分類し、細分化した受け入れ政策を行っている。もちろん、ワーキングホリデーはオーストラリア国内での就労を許可する制度であるが、実際は生活費やレジャー費、語学学校の学費および渡航費を含め、渡航時の費用と滞在中の費用を考慮すると、消費者としての側面が顕著である。

　オーストラリア以外で退職者、あるいは非労働者としての長期滞在者を受け入れる査証制度を用意する国々には、退職（retirement）という語のつく査証のニュージーランド、グアテマラ、タイ、フィリピン、インドネシア、年金という言葉のつく査証のメキシコ、コスタリカ、グアテマラ、ブラジルが挙げられる［ロングステイ財団 2006］。ようするに、受け入れた外国人が受け取る年金（外貨）を、国内での生活費や不動産の購入などで消費させることを目的としている。オーストラリアとニュージーランドは、国内への投資を条件とすることで富裕層の外国人を対象に、退職者を受け入れている。オーストラリアやニュージーランドは先進国であり人口の高齢化が進展しているため、高度人材と投資可能な資産をもつ富裕層に限って退職者を取り込む。一方、出生率が高く定年退職も先進国より平均10年低い後進国では、ミドルクラス以上の退職者を対象に受け入れを行う。

　このように、労働を目的としない外国人の移住や長期滞在を受け入れるさいは、消費者としての能力が受け入れにおける選別の基準となっているのである。また、各国の退職者受け入れ制度は、おのおのの国が受け入れの対象とする層を示すだけではない。多くの場合、入国管理局や移民省が担当省庁となっているが、マレーシアの場合は観光省、フィリピンの場合は退職庁が担当しており、おのおのの国が国をどのように売るのか、国家の売り方を示すものでもある。リタイヤメントの範疇とは、必ずしも世代や年齢に直結しているわけではなく、あくまで生活の糧を得るために労働する者ではないことであり、労働しない者は年金受給者であっても投資家であっても、期待される購買力をもつ消費者とみなされる。国内の雇用状況に影響を与えず、国内の労働総所得の分配を得るものでもなく、外資を国内にもち込み、国内で使用する消費者なのである。

　マレーシアに退職移住する人々の日常生活の微視的な観察によるエスノグラフィーや、聞きとられたライフヒストリーにもとづく個々の主体についての考察を行う前に、受け入れ国にとっての外国人受け入れ政策を実施する目的とそ

の含意を考察する必要がある。本章では、日本人高齢者の国際退職移住およびロングステイツーリズムの受け入れ国であるマレーシア側に視点を移す。マレーシアの移民・外国人受け入れ政策を概観し、外国人退職者の受け入れ政策を実施するようになった経緯と文脈を整理する。さらに、外国人退職者の受け入れ政策であるマレーシア・マイ・セカンドホーム・プログラムの発展が、どのように観光開発と関連づけられたのかを検討し、観光政策の文脈で加速するゲストの選別化と排除の論理を考察する。

3-1　マレーシアの外国人退職者受け入れ制度

3-1-1　マレーシアに流入する外国人
　　　——移民、移住労働者、一時的滞在者、自発的移住者

　マレーシアは複数のエスニック集団によって構成される多民族国家である。もっとも多いのが人口の65％を占めるマレー人であり（先住民族のオラン・アスリを含む）、華人（26％）、インド系（8％）を大まかな構成比とする。

　マレーシアは「複合社会」[Furnivall 1939] や「モザイク国家」[藤巻 2009：370] と呼ばれるような多民族・多文化状況をもつことを、その社会文化的な特徴としている。そのことは、19世紀に本格化した国際的なプランテーション経済の拡大と、それにともない労働力としてマレーシアに入植した移民に由来する。19世紀の英領マラヤでは、華人資本による錫鉱山の開発の後を受けたイギリス資本がプランテーション開発を開始し、中国やインドのタミル地方から労働力を調達したことで、多様なエスニシティによって構成される社会が形成された [山田 1995: 191]。華人やインド系の移民は、錫鉱山や港湾・鉄道建設、天然ゴムなどのプランテーションで働く労働者となった [藤巻 2009:371]。1873年にマレー半島諸王国の英国保護領化が始まり、1896年にマラヤ連邦州が形成された [坪内 2009:23]。マレー半島におけるイギリスの行政支配権が確立してからは、プランテーション経営者となるイギリス人を中心とするヨーロッパからの移民も、「入植移民」として奨励された [重松 1999: 127-129]。イギリス植民地時代のマラヤでは、アジアやヨーロッパからの人の移動によって生まれた多民族・多言語状況により、英語、マレー語、華語、タミル語の4つの教育言語別学校が存在していた [石井 1999：339]。

マレーシアの多民族状況は、第二次世界大戦後、経済発展にともない新たに流入する外国人によって、さらなる多様化の様相を呈した。イギリスの植民地支配から脱却し、1957年に独立を果たしたマレーシアでは、1960年代からの経済発展にともない、多くの外国人労働者が雇用されてきた。1970年代には始まっていた外国人労働力の流入が、政治・社会的に顕在化したのは1980年代のことであり、とくに1990年代の非合法滞在者の合法化プログラムの実施により、政策的にも外国人労働力の「受け入れ国」となった［石井1999：115-116］。

マレーシアが外国人労働力の受け入れ国となった1980年代は、第4代マレーシア首相に就任したマハティール・モハマド（Mahathir Mohamad）の政権下であり、経済成長を促進するために、民営化と経済自由化への政策転換が図られた［Jomo 1995：5］。マハティールの在任期間には、1990年代の高度経済成長の象徴となったペトロナス・ツインタワーや行政首都プトラジャヤの建設など、大規模開発プロジェクトが実施された［鳥居2006：4］。そのため、製造業や建設業などの業種でも労働力不足が生じ、近隣諸国から大量の外国人労働者が流入した。マレーシアへの移住労働者の送出国となったのは、おもにマレーシアと国境を接するインドネシア、フィリピン、タイであるが、これらの国々に次いで、バングラデシュやミャンマーからの労働者の受け入れへと展開した［石井1999:115, 杉村2017：69］。マレーシアの外国人労働者政策には、国内のエスニック関係に大きく影響を及ぼさない、あるいは既存のエスニック関係を強化するような文化的特質をもった人々を優先的に受け入れる方向性がみられ、たとえばインドネシア人、フィリピン人、バングラデシュ人に宗教、言語などマレー人と一定の類似性があることが、受け入れの基本的方針を支える1つの要因であることが指摘されている［石井2009：349］。

経済発展にともなって外国から流入したのは、近隣のASEAN諸国や南アジアからの非熟練の労働力だけではない。日本を含む先進諸国の外国資本や企業の進出によって増加したホワイトカラーの外国人駐在員（とその家族）や、マレーシア国内で起業する外国人や投資家も、クアラルンプールやペナンなどの都市部に集まった。マハティール首相が政権に就いた1981年、政府は「ルック・イースト政策」を導入し、貿易および直接投資、経済協力などの面で重視する日本との関係が緊密化した［橋本2005：91］。とくに1985年のプラザ合意後は、日系

第3章　ホスト国マレーシア──ゲストをめぐる選別化の論理

企業のマレーシア進出が相次ぎ、マレーシアに対する外国直接投資で大きなシェアを占めるようになった。日本以外ではアメリカ、シンガポール、イギリス、韓国、オーストラリア、ドイツ、香港、台湾などから直接投資が流入した［石戸 2006:181-183］。外資導入によって工業化を進め、一次産品輸出国から新興工業国へと急速な転換を遂げたマレーシアには、先進国の外国人駐在員や近隣のASEAN諸国や南アジア出身の労働者など、さまざまな外国人が長期滞在するようになった。

後に詳しくみるように、マレーシアの経済発展に大きく関与した投資国である欧米および東アジアの国々のホワイトカラーの駐在員や投資家だけでなく、非熟練労働を担う人々の送出国である近隣のASEAN諸国や南アジアの国々からも、労働を目的としない長期滞在プログラム（MM2H）への参加が盛んであることは興味深い。マレーシアへの主要投資国である日本から、退職した高齢者が長期滞在するようになったことは、これまでの日本とマレーシアの関係性から説明できるだろう。

外国人退職者（高齢者）、つまり労働目的ではない外国人が長期滞在・居住するとき、マレーシアでの就労が認められていない外国人退職者を受け入れる政策である。非労働力として外国人退職者の受け入れ政策は、移民労働者の入国管理を行う移民局ではなく、観光省により観光振興の一環として促進されている。長期滞在者の受け入れは、政策が実施された当初は移民局に権限があったが、制度の改定の過程において観光省に移譲された。マレーシアでは、経済成長を支える安価な労働力の確保のために、近隣諸国から移民労働者を受け入れる一方で、観光振興の一環として購買力のあるミドルクラスの外国人を長期的に受け入れることで経済を活性化するという、選別的な外国人受け入れ政策を展開しているのである。

次に、マレーシア国内の日本人について、詳しくみていこう。

3-1-2　マレーシアの日本人──在留邦人社会

マレーシアへの日本人の移住の歴史は長く、19世紀末の英領マラヤへ移住した農業移民にさかのぼることができる。戦前期に英領マラヤに移住した日本の民間人は、太平洋戦争の間もシンガポールを含むマレー半島に8000人いたとされるが、戦後そのほとんどが日本に引き揚げた［西岡、1997: 287］。したがって、

マレーシアには南北アメリカ大陸やハワイにみられるような日系人社会、あるいは戦前期から現在にかけて存続する「日本人コミュニティ」はない。1970年代後半に始まる日本経済の拡張にともない、世界の主要都市には海外駐在員を中心とする在留邦人のコミュニティが形成された。マレーシアにおけるエスニック集団としての日本人コミュニティも同様に、戦後の日系企業の進出によって海外駐在員とその家族をおもな構成員とする在留邦人のコミュニティとして形成された。

　1957年8月31日にイギリスからマラヤ連邦が独立し、日本政府はマラヤ連邦との外交関係を開設し、クアラルンプールに在マレーシア日本大使館が開設された[1]。商工会議所も開設され、1970～80年代にかけて日系企業の進出が盛んになり、製造業に従事する日本人駐在員とその家族を中心に在留邦人が増加した。日系企業の進出先はおもに、クアラルンプールとその郊外であるスランゴール州であった［生田 2011: 108］。

　2007年はマレーシアの独立から50周年を迎え、日馬外交関係開設50周年にあたる節目の年であった。8月の独立記念日の祝賀にさいし、当時首相であった安倍晋三はマレーシアを訪問し、マレーシア初の二カ国間経済連携協定（EPA）となるJMEPAも発効させた。2007年当時、製造業を中心に日系企業1442社がマレーシアで操業しており、JMEPAの発効後、両国の貿易・投資は増加した［マレーシア日本人商工会議所 2007: 8］。しかし、日系企業の進出は減少傾向にあり、2016年12月時点で1396社となっている[2]。2000年代は在留邦人数も減少傾向にあり、2010年の海外在留邦人調査統計では、マレーシア全体の在留邦人数は9142人、うちクアラルンプールが4152人であった（2009年10月1日現在）[3]。2000年に11 545人であったマレーシアの在留邦人数は、10年間で2403人減少している。統計が示すとおり、マレーシア全体の在留邦人が1万人を切るなか、クアラルンプールの在留邦人数が全体の5割弱を占めており、日本人の居住地域が首都圏に集中していることがわかる。つまり、クアラルンプール日本人会は、マレーシアの在留邦人コミュニティの中核となる組織であるといえる。

　政府系機関や企業が派遣する駐在員（とその家族）とは異なる種類の在留邦人として、1990年代には自発的移住者が増加した。自発的移住者の多くは20～30代の単身者であり、マレーシアに進出した日系企業に現地採用で就職し、クアラルンプール市内とその周辺に居住している。すでに第2章で述べたとお

り、1990年代の日本の就職氷河期と呼ばれた時期から、香港やシンガポールなど英語を使用するアジアの国々で現地就労する20〜30代の日本人単身者の自発的移住、すなわちライフスタイル移住が増加している。マレーシアでも同様に、1990年代初頭には現地就労を斡旋する日系の人材派遣業者がクアラルンプールに出現し、日本人を求める日系企業での就労を斡旋・仲介している。自発的移住者の多くは独身女性で、マレーシアで生活するなかで現地のマレーシア人と出会い、結婚し、マレーシア国内で暮らす国際結婚移住者も含まれる。

　国際結婚移住者は、マレーシア人配偶者に日本を含むマレーシア以外の国で出会い、結婚を機にマレーシアに移住する場合もあるが、仕事や留学、旅行などでマレーシアに滞在中に配偶者と知り合い、結婚する人々も多い[4]。法務省の統計によると、マレーシア国籍を有する者で「日本人の配偶者等」という区分の在留資格をもつ外国人登録者数は535名である（2018年6月現在）[5]。筆者が長期フィールドワークを行った2000年代後半には、マレーシア人と結婚した日本人女性の団体が2つあり、クアラルンプール周辺に住む結婚移住者が参加していた。そのうちの1つに、1990年にマレーシア政府の認可を得て設立された「まじゃ会」という団体がある（「まじゃ会」という名称は、マレーシアの「ま」とジャパンの「じゃ」を組み合わせたものである）。まじゃ会会員のなかには、マレーシア人女性と結婚した日本人男性も含まれる。会員どうしの交流にはウェブサイトやSNS、メールなどを使い、月に一度食事会を開いて交流の場を設けているほか、日本人会の施設を利用して子供のための日本語教室などの活動を行っていた。2009年9月に70名程度であった会員数は、2011年6月に90名を超え、増加の傾向にあった。しかしながら、2016年ころに団体を解散し、以後は子供のための活動やさまざまな余暇活動（趣味やグルメなど）のネットワークに分化し、国際結婚移住者間の交流を継続している。国際結婚移住者や現地就労する日本人など自発的移住者の家族と駐在員の家族の間には、マレーシアにおける居住が一時的か定住かという違いだけではなく、経済的な状況も異なる。社会関係や子供の通う学校の種類（日本人学校、現地の学校、あるいはインターナショナルスクール）も異なり、在留邦人コミュニティとの関わりやつながりも希薄であるといえる。

　日系企業の駐在員とその家族が主流・多数派ではあるものの、マレーシアの在留邦人は、シンガポールやタイ、香港といった東南アジア地域の近隣諸国と

同様、減少傾向にある駐在員（とその家族）と増加傾向にある自発的移住者によって構成される、異種混淆なコミュニティである。2000年代にマレーシアの在留邦人数が減少するなか徐々に増加していった中高年の退職移住者は、現役を引退した後に自らの意思でマレーシアに移住した自発的移住者であり、とくにクアラルンプールの在留邦人コミュニティのなかでは存在感を増している。1990年代の後半から増加している自発的移住者は、子育て世代を中心とする国際結婚移住者や、現地採用で働く20〜30代の人々、あるいは少数派ではあるものの、日本の会社を退職し、単身あるいは家族とともにマレーシアに移住し起業や現地就労する現役世代の人々である。したがって、定年退職後の高齢者が主流の退職移住者は、子育て世代の国際結婚移住者や現地就労する現役世代が中心の自発的移住者に加わった新たな類型といえるだろう。

3-1-3　マレーシアの観光振興

　近年、マレーシアにおいて観光産業はめざましい発展を遂げており、製造業に次ぐ外貨獲得部門に成長した。近隣の東南アジア諸国と比べて、マレーシアの政情が比較的安定していることは、海外からの観光客の伸びが著しい理由の1つといえるだろう。1972年にマレーシア観光開発公社（Tourist Development Corporation of Malaysia）が貿易産業省内に設立されて以降、マレーシア政府は観光振興政策に取り組んできたが、観光立国を本格的にめざし始めたのは、同公社が1987年に新設された文化・芸術・観光省（Ministry of Culture, Art and Tourism）の一部局になったころだという［藤巻2010:35］。つまり、観光立国に向けた取り組みは、マハティール政権下で本格化したのである。マハティール首相は1991年、30年後の先進国入りを標榜する「2020年ビジョン」を発表している。国を挙げての観光振興政策は、あらゆる面で「ワールドクラス」をめざしてきた政府指導者たちが、国内産業の育成、外貨獲得のみならず、マレーシアの存在を世界に発信する手段と捉えていることが指摘されている［藤巻2009: 147］。

　マレーシアの観光振興政策は、たんに上位所得国あるいは先進国への到達をめざす経済的浮揚策としてだけでなく、国民に対してマレーシア再発見、「マレーシア人意識」のさらなる涵養を促す国民統合政策の一環として推進されている［藤巻2010:33］。マハティール首相は、1990年に第1回マレーシア観光年（Visit Malaysia Year）を実施し、大成功を収めた。その2年後の1994年に第2回目の

第3章　ホスト国マレーシア——ゲストをめぐる選別化の論理

観光年を実施した結果、マレーシア訪問者数は前年比でともに 50％増加した。マレーシア観光省と政府観光局による観光振興は、2007 年のマレーシア観光年にも盛況を呈した。2007 年は建国以来 3 度目の観光年に指定されており、13 年ぶりの観光年に向けて観光促進も非常に活発となり、「Visit Malaysia 2007」のスローガンは日常風景の随所でみられた。3 度目のマレーシア観光年を迎えるマレーシア観光の主力プロダクトとなったのが、マレーシア・マイ・セカンドホーム・プログラム（MM2H）やメディカルツーリズムなど、中間層や富裕層の外国人向けの滞在型観光である。

　マレーシアの観光開発における転機となったのは、1997 年に発生したアジア通貨危機である。マハティール元首相はアジア通貨危機にさいし、国際通貨基金（IMF: International Monetary Fund）のプログラムを拒絶し、独自の経済安定策を導入したという指摘があるが［ジェスダーソン 2003: 3］、アジア通貨危機による経済の低迷を打破するために、政策として政府が推進したのが観光産業の発展であった。とくに、経済復興策として政府主導で戦略的に開始したのが、外国から治療目的で渡航する患者を受け入れるメディカルツーリズムの振興である［Chee 2007］。メディカルツーリズムは、健康増進や保養を目的とする旅であるヘルスツーリズムより狭義に規定され、医療関連産業と観光の連携によって生み出された観光形態を意味する［豊田 2007: 155-156］[6]。マレーシアの経済発展により、中間層や富裕層のなかには民間病院にかかる患者が増加した。しかし、通貨危機によって治療費が高額な民間病院から国立病院へと患者が流れたため、海外から外国人患者を受け入れることで、危機を乗り越えようとしたのが狙いであった。

　マレーシアへ渡航する外国人患者や長期滞在者、および退職移住者はまた、マレーシアの国家成長戦略にも位置づけられる。ヘルスツーリズムはアブドゥフ政権期の「第 9 次マレーシア計画 2006 〜 2010 年」でも言及されており、伝統医療と近代西洋医療の両方において、マレーシアの民間医療を地域の主要な医療センターとしてブランド化することが標榜されてきた。マレーシア政府の発表した「第 10 次マレーシア計画 2011 〜 2015 年」では、12 の国家重点経済分野（NKEAs）のなかに、観光（tourism）とクアラルンプール首都圏（Greater KL）を挙げ、国際金融地区の開発、空港の再開発、国際会議場の建設、公共交通網の拡張により、クアラルンプール首都圏を世界有数のグローバルシティに

発展させるという構想を掲げている［The Economic Planning Unit 2010: 20-21］。このように、マレーシアは外国人長期滞在者の受け入れ政策を国家成長戦略に位置づけ、観光、教育、金融サービス、民間医療（Private Healthcare）といった各種産業と関連づけることによって、成長戦略のアクターとして外国人長期滞在者や患者を取り込むために、政府主導の取り組みが行われているのである。

3-1-4　シルバーヘア・プログラムと
　　　マレーシア・マイ・セカンド・ホーム・プログラム

　高齢者および退職者の国境を越える移動である国際退職移住は、既述のとおり、アジアの国際退職移住は比較的新しい現象であり、日本人や欧米圏出身の中高年退職者が、おもにタイ、マレーシア、フィリピン、インドネシアなど、退職者に対する長期滞在ビザ（フィリピンの場合は永住を許可）を発給する国々へ移住している。

　マレーシア政府は、マレーシア滞在中に就労しないことや一定額の預金などを条件に、外国人退職者を受け入れる制度を実施してきた。その目的は、観光収入の増加、海外投資や外貨獲得による国内経済の活性化である。最初に実施されたのは、50歳以上の外国人退職者の受け入れ制度、「シルバーヘア・プログラム」（Silver Hair Programme）であり、その後継が「マレーシア・マイ・セカンドホーム・プログラム」（MM2H）である。シルバーヘア・プログラムの参加者数（ビザ承認件数）についての統計はもっとも古いものが1996年であり、制度の開始は1996年であるとされるが、初めて導入されたのは1987年あるいは1988年とする資料もある［e.g. Chee 2007, 阪本 2006, *New Straits Times* 2002］。その1つである、マレーシアの保健（ヘルスケア）やメディカルツーリズムの研究者であるチー・ヘンレン（Chee Heng Leng）が2007年に発表した論文では、マレーシア保健省の資料に基づき、シルバーヘア・プログラムが最初に導入されたのは1988年であり、成功しなかったことと、「50歳以上の裕福で高齢の西欧人（Europeans）と日本人を誘致する計画（scheme）」であったことが明らかにされている［Chee 2007: 16］。

　マレーシアの邦字新聞『日馬プレス』の発行者であるA.P. Press (M) SDN. BHD社の渡辺明彦の著作『中長期滞在者のペナン生活ガイド2000年～2001年版』には、シルバーヘア・プログラムの内容が2ページにわたり掲載されて

いる。「日本人及び欧州シルバー・ヘア計画」の見出しで始まるページには、「マレイシア政府は引退の年齢に達し、長期的にマレイシアに居住する意向のある日本人及び西欧人の訪問を認める」、次のページは「引退した日本人および欧州人訪問者のための入国ガイドライン」の見出しで始まり、「中堅階級者であり年金/著書/その他による収入が1か月5,000マレイシア・ドル以上であること」「申請書を提出した時点で少なくとも100,000マレーシア・ドルの銀行預金があること」が記されている[渡辺2000: 7-8]。チーや渡辺の資料は、シルバーヘア・プログラムが裕福で高齢の欧人（European）と日本人を選別的に受け入れる制度として導入されたことを明示している。

観光省の内部資料によると、統計上もっとも古い1996年のビザ承認件数はイギリスの5件、カナダ1件、アイルランド1件の合計7件であり、翌1997年には初めて日本の3件が承認されているほか、イギリス9件、カナダ3件、デンマーク3件の合計18件に留まり、1998年もイギリス15件と日本4件、カナダ1件、スイス1件、デンマーク1件の合計22件と低調が続いた（筆者が観光省のMM2H担当官に聞き取りを行ったさいに入手した内部資料を参照）。この統計資料が示すとおり、1996～1998年までのビザ承認件数の推移をみても、このプログラムへ参加した人々は、イギリス（29件）、日本（7）、カナダ（4）、デンマーク（4）、ドイツ（2）、アイルランド（1）、スイス（1）の国籍を有する者であり、西欧人（カナダ人を含む）と日本人のみを選別的に受け入れていたことがわかる。

1999年に対象国が拡大され、イスラエルとユーゴスラビアを除くすべての国からのビザ申請を受け付けることになった[MOH 2002, in Chee 2007]。しかし、上述の観光省内部資料によると、2001年までのビザ承認件数は828件であり、政府が当初目標とした2万人の受け入れという成果を上げることができなかった[*New Straits Times* 2002]。

制度の見直しの結果、2002年3月、マレーシア政府はシルバーヘア・プログラムを「マレーシア・マイ・セカンドホーム・プログラム」（MM2H）に改め、制度の改善を図った。同プログラムの権限を移民局から旧文化芸術観光省（現在の観光省）に委譲し、以降、ビザに関する制度の改定はたびたび行われたが、50歳以上を対象とする年齢制限や預金額などの申請条件の改定、さらにビザの期間を10年に延長するという内容のものであった[小野2007, Ono 2009]。

MM2Hが施行された2年後の2004年5月に筆者が行ったマレーシア政府観

光局東京事務所への聞き取りによると、2004年当時、37か国の人々がMM2Hビザの申請を行っている。国別にみると、もっとも申請数が多かったのは中国で、続いてイギリス、シンガポール、インドネシア、インド、台湾、日本、パキスタン、バングラデシュ、ミャンマーという順であり、日本は7位であった。MM2H開始当初は、日本人のプログラム参加は全体のなかでも特別多いわけではなく、2002年（49件）と2004年（42件）は年間50件にも満たなかった。

MM2Hへの制度改定の結果、2010年末までにビザ承認件数は合計14 675件まで増加した。MM2Hビザ承認件数がもっとも多いのは中国（2418件）であり、続いてバングラデシュ（1799件）、イギリス（1624件）、日本（1200件）と続いた。なお、マレーシア観光省のMM2Hの統計は家族単位で1件と数えるため、夫婦や子供連れの場合を考慮すると、実際当プログラムへの参加者数は14 675人よりも多いと推測できる。マレーシア観光省は、当プログラムへの参加件数の目標を10万件とし、積極的なプロモーション活動を世界各地で展開した。

MM2H参加者は政治的権利（参政権）を与えられないが、宗教の自由を保障され、経済的・社会的権利は与えられる。具体的には、車1台を無税で輸入する権利、一定額以上の金額の住居を購入する権利である。また、マレーシア国内での納税義務は免除される。

マレーシアの外国人退職者受け入れ政策をみると、シルバーヘア・プログラムとその後継であるマレーシア・マイ・セカンド・ホーム・プログラムが導入された当初は移民局に権限があったが、制度の改定の過程において観光省に移譲されている。就労が認められない非労働力としての外国人の受け入れ政策は、移民労働者をコントロールする移民局ではなく、観光省により観光政策として促進され、MM2Hの参加者は右肩上がりで増加している。観光振興の一環として、購買力のあるミドルクラス外国人を長期的に受け入れることで経済を活性化するという、経済的合理性に基づく選別的な外国人受け入れ政策を展開しているのである。

3-2　滞在国マレーシアへの関心の高まり

3-2-1　日本市場に向けたロングステイ商品化戦略

ロングステイ財団［2008］によると、ロングステイ滞在希望国の上位19か国

第 3 章　ホスト国マレーシア――ゲストをめぐる選別化の論理

のなかで前年度に僅差でオーストラリアを抜き初めて 1 位となったマレーシアが、ほかを大きく引き離し再びロングステイ滞在希望国 1 位となった。男女別希望滞在国の統計も、男性、女性とも、ほぼ半数がマレーシアを 1 位に選んでおり、性別を問わずマレーシアが日本人のロングステイ滞在地として人気が高いことを示している。とくに、女性からの支持率が 2007 年度の調査結果から飛躍的に伸びており、マレーシアの人気を底上げする一因となった。年代別希望国の順位でみると、希望国 1 位となったマレーシアは 40 代以降のすべての年代で 1 位という結果となっている。2000 年の調査統計では、マレーシアはロングステイ希望国の順位で 10 位であり、それ以前の 1992 年度にはランク外であり、ロングステイ滞在国としての認知度が低かったことがわかる。2000 年代にロングステイ滞在希望国として徐々に認知度を上げ、2007 年に希望国ランキングで 1 位となって以来、2018 年の統計まで 1 位を維持している。マレーシアが人気滞在国になった要因として、ロングステイ財団は、1）治安がよい、2）多文化、多民族国家なので、1 か所で多くの異文化に接することが可能である、3）親日的、4）長期滞在者査証制度マレーシア・マイ・セカンドホーム・プログラム（MM2H）がある、5）生活物価が日本と比較して安い、6）公共交通機関の利便性に優れていて料金が低価格で移動しやすい、の 6 点を挙げている［ロングステイ財団 2008: 18］。

　ロングステイ滞在国としてマレーシアの認知度が上がり、希望滞在国 1 位を維持している要因としてとくに重要なのが、MM2H という制度の存在である。マレーシアが希望国ランキングの 1 位になったのは 2007 年のことであるが、マレーシア政府が 2005 年に MM2H のビザの有効期間を 5 年から 10 年に改定し、プログラム参加者がより長くマレーシアに居住できる制度的枠組みを整備したことは、2007 年に退職を迎える団塊世代の人々が老後の生活について計画を立てるタイミングと重なり、日本人の間でマレーシアでのロングステイを希望する人々の増加につながったと考えられる。1 年ごとに延長手続きを行わなければならないタイやインドネシアなどの近隣諸国の退職者ビザの場合、ビザの更新が制度的に可能であっても、ビザが必ず更新される保証はないうえに、更新の手続きを毎年行う必要がある。近隣諸国における同類の退職ビザに比べると、マレーシアの最長 10 年間滞在可能なビザは、一度申請手続き行えば次の更新まで特別な手続きの必要はなく、長期居住するうえで必要となる車（自家

用車）を1台、無税で輸入できるなどの特典もある。退職を機に日本の生活をリセットして新たな生活の場を求める消費者にとって、MM2Hビザがあることで、老後の人生設計のうえでも、また海外で安定した日常生活を送るうえでも、マレーシアが退職移住先として現実的で実行可能性の高い選択肢となる。

　ロングステイが「年金を活用し、老後に海外で豊かに暮らすライフスタイル」として定着しつつあったころ、マレーシア政府観光局は、20代後半〜40代の年齢層で経済的に「ちょっと」余裕のある人々を対象とした長期滞在の新規開拓を視野に入れ、長期滞在を表す「プチ暮らし」（および省略形の「プチ暮ら」）という新しい用語を用いてマーケティングを行っている。2006年10月3日にクアラルンプールで開催されたマレーシア観光省主催のクアラルンプール販売戦略会議では、2007年のマレーシア観光年を迎えるにあたり、クアラルンプールを「新しいシティリゾート」（New City Resort）、すなわち都会のなかのリゾートとして売るキャンペーンのパンフレット制作に向けて、日本とマレーシアから航空会社やホテル、旅行代理店などの観光関連業者と、新聞社、出版社、トラベルライター、テレビ局などのメディア関係者が招かれ、意見交換が行われた。クアラルンプールでの販売戦略会議の後に制作されたパンフレットは、「プチ暮らし」というコンセプトを前面に押し出し、『マレーシア「プチ暮らし」』というタイトルが付けられた。

　　一か所に一週間程度から数か月滞在して"暮らし"を楽しむのが"プチ暮らし"。移動しながら観光する『旅』と違い、街に溶け込み、生活を体験して、その街や国、文化を深く味わう、新しい海外体験の形だ。このガイドブックで提案するのは、ハウスキーピング（掃除、ベッドメーキング、シーツ・タオル交換など）やフロント業務などホテル並みのサービスが受けられる、家具・電化製品付きの高級賃貸住宅「サービス・アパートメント」に滞在しながら、ショッピング、食べ歩き、散歩、ゴルフや乗馬、バティックなどを楽しむ生活。（中略）コンドミニアムと違って、1泊から、あるいは1週間以上からと短期でも借りることができ、日本から着替えだけ持参すれば、その日から普段の暮らしよりワンランク上のセレブな"プチ暮らし"を始められるのが最大の魅力だ[7]。

第3章　ホスト国マレーシア──ゲストをめぐる選別化の論理

　このパンフレットで「ワンランク上のセレブな"プチ暮らし"」として提案されるのは、1週間から数か月間、ホテルのような高級賃貸住宅に滞在しながら、買い物やグルメ、レジャー活動を楽しむ暮らしであり、それは高度に消費主義的なライフスタイルであるといえる。また、マレーシアの長期滞在は「ロングステイ」だけではなく、「プチ暮らし」として商品化される。対象とする年齢層や階層、性別に応じ、長期滞在が異なったコンセプトとイメージによって商品化されている。広告宣伝の説明は、時代を通じて社会構造を映し出す階級関係であるとみなされてきた［ダン 1995: 120-121］。「ワンランク上の」という広告のコピーは、欧米のリゾートに比べて滞在費や物価が安いというマレーシアの魅力を「安い」と強調する方法ではなく、物価の安さという経済的な利点によって日本での日常生活よりも少し贅沢な「セレブ」な暮らしができるという非日常性を消費できる滞在地として描き、階級関係の操作を行っている。

　クアラルンプール販売戦略会議が現地で開かれる2か月ほど前の2006年7月24日、筆者はマレーシア政府観光局（東京支局）を訪問し、マレーシアのロングステイの動向について聞き取りを行った。そのさい、MM2Hのマーケティング担当者は、当時のマレーシアにおける日本人の長期滞在、とくにMM2H参加者の実態に関して、1) 英語が話せて、海外駐在経験のある人が大多数であること、2) 物価の安さが魅力であること、という2点を特徴として挙げた。また、ロングステイが帰国を前提とする長期滞在であることを強調し、日本の住居を処分してマレーシアに移住することには反対の意見をもっていた。

　　マレーシアはいいところでね……。シニアの人たちだけじゃなく、もっと日本の若い人たちにも知ってもらって、マレーシアに来てもらいたい。（中略）姥捨ての発想ではなく、そういう方向に進んでほしくない。

　MM2Hマーケティング担当者の「姥捨ての発想ではなく、そういう方向に進んでほしくない」という言葉には、日本人高齢者が要介護になっても帰国しないことを前提で移住する場所としてマレーシアが定着すること、要介護の人々が帰国を前提とせずマレーシアに移住すること、あるいは、英語が話せず、海外生活の経験のない高齢の長期滞在者が増えることによって、帰国したくてもできない日本人高齢者が続出するような状況を生み出したくないという思い

が表れていた[8]。

　日本人のロングステイ滞在地としてのマレーシアのイメージ構築や旅行商品化、および販売戦略を担うのは、マレーシア政府観光局である。2007年の団塊世代の退職開始を控え、日本において老後の海外移住やロングステイへの関心が高まるなか、マレーシア政府観光局は高齢者や退職者（年金生活者）とは異なる年齢層をターゲットに、新たな市場開拓を同時進行させている。そこには、ロングステイをめぐる「国際ホームレス」や「年金難民」といった負のイメージがマレーシアに定着するのを避けたいというマーケティング上の戦略がみてとれる。

　そこで対象とされたのは、20代後半〜40代の働く女性客の獲得である。「安近短」のアジアから、おしゃれで高級感のあるマレーシアとしてイメージを再構成することにより、ロングステイや老後の海外移住で生じたマレーシアへの関心の高まりをより広い世代へと拡大することが試みられている。マレーシア政府は先述のパンフレットを2011年11月に発行しているが、そのなかに「ロングステイとは？」という項目がある。「生活体験を満喫できるほどまとまった休みをとれるのは定年退職後でなければ、という理由から、シニア向けという印象が強いが、最近ではちょっと長めに休みをとることを推奨する企業も増え、会社員や若い世代にもロングステイは注目されつつある」と解説している［マレーシア政府観光局 2011: 5］。

　このような日本市場向けのマレーシアの観光戦略は、20代後半から40代の働く女性客の対象化の次は、2010年ころからはマレーシア・マイ・セカンドホームの新たな対象として、教育ツーリズムや子供の国際化教育のための家族移住の促進活動へと展開している［Ono 2013b］。

3-2-2　夫婦で行くマレーシア

　以上のように、マレーシア政府観光局による長期滞在のイメージ刷新が着々と進められるなか、日本人高齢者のマレーシアへの退職移住に対するメディアの関心は年々増大し、表3-1に挙げたような新聞、雑誌、書籍、およびテレビ番組による報道がくり返された。表が示すとおり、「楽園」と同様「年金」も報道の内容を示す用語として使用されていることがわかる。さらに、この表は、マレーシアのクアラルンプール周辺に居住している日本人高齢者たちが取材に

第3章　ホスト国マレーシア──ゲストをめぐる選別化の論理

表3-1　メディアによるマレーシアの報道とセカンドホーマーの協力
（出典：インフォーマント提供のリストをもとに、筆者が加筆修正）

西暦	媒体
2003年	ダイヤモンド・ビック社『地球の暮らし方⑪ロングステイ 2004～2005年版』取材協力
2004年	福岡放送「めんたいこワイド」ロケ出演 関西テレビ「土曜ワイドショー」ロケ出演 イカロス出版『マレーシアでロングステイ』取材協力
2005年	TBS「ニュースの森」ロケ出演 旅行雑誌　イカロス出版『ラシン』に特集掲載 テレビ朝日　TV特集取材　MM2H・KL日本人会取材 実業之日本社『楽園生活』に特集掲載 CS放送「旅チャンネル」、「アジア・ロングステイの勧め・マレーシア」にロケ出演 宙出版『マンガ 夫婦でゆうゆうマレーシア暮らし』取材
2006年	NHKロケ取材：マレーシア・マイセカンドホームと日本人会 文化放送「志の輔ラジオ　土曜がいい！」に電話出演 NHK同時中継放送「ニュース10」3回、BS「きょうの世界」 日本テレビ「真相報道バンキシャ」の高齢化社会特番にロケ出演 フジTV特集企画 週刊ゴルフダイジェスト「団塊世代のセカンドライフ」特集に取材協力
2007年	読売テレビ「桂ざこば落語公演（KL日本人会）」番組にロケ出演 小学館『駱駝』マレーシア・マイセカンドホーム特集 TBS「がっちりマンデー」年金特集ロケ出演
2008年	テレビ東京「ガイアの夜明け」コタキナバル・ロケ出演 読売新聞「豊かさ再発見・世界シニア事情④」（第1面）取材協力
2009年	フジテレビ「めざまし土曜日」

協力したものであり、報道のごく一部にすぎない。しかしながら、実際にマレーシアで退職移住を実践している人々が移住ライフスタイルのイメージ形成に加担していることは、視聴者や読者にとってリアリティと説得力を高める意味でその効果が大きい。

　「生きがい」「楽園」「年金」といった、日本人のロングステイツーリズムや退職移住が語られるさいに共通して用いられる用語に加え、マレーシアでのロングステイのイメージ形成に重要な役割を果たしているのが「夫婦」である。夫の定年退職後にマレーシアで暮らす高齢の夫婦を描いた漫画『マンガ 夫婦でゆうゆうマレーシア暮らし』では、妻が友達夫婦に、自分たちにとってマレーシアで暮らすことは「夫婦のいっしょに歩くための時間」であると語っている［浜田、山下 2005: 138-139］。妻にとって、マレーシアで暮らすことは「夫婦がいっしょに歩く」、すなわち「ともにある」ために費やす時間という意味をもつのである。また、マレーシアに移住し日常生活を営むうえで、夫か妻の1人（単身）ではなく「夫婦」であることを重視している。マレーシアでの長期滞在の

イメージ形成において、「夫婦」とは、老後という人生のステージを過ごすうえで、さらに、マレーシアの移住生活での基礎となる行動単位であることが強調されている。ほかの滞在国、とくにビザや費用の面でマレーシアと比較検討されるタイやフィリピンへの移住との差異化を図るうえでも、タイトルに「夫婦」という言葉を含むロングステイガイドブックの出版は、夫婦が重要な要素であることの反映であるといえるだろう。

マレーシアの場合、このようにロングステイのイメージ形成のうえで夫婦が強調される点が特徴的である。男性単身移住者が多いといわれるタイと、現地の女性との恋愛や結婚が強調されるフィリピンは共通しており、マレーシアとは対照的である。ジャーナリストの出井康博によると、タイのチェンマイはアジア有数の日本人年金生活者コミュニティができ上がっており、単身の男性移住者が多いという［出井 2008: 118-119］。

イカロス出版のラシン編集部が編集するロングステイガイドブック『大人の海外暮らし国別シリーズ』のマレーシア版、フィリピン版、タイ版を比較すると、その違いがよく表れている。マレーシア版は夫婦と単身女性あるいは女性単独滞在者の体験談が中心であるのに対し、フィリピン版とタイ版には単身男性あるいは男性単独滞在者の体験談の紹介が多い[9]。さらに、フィリピン版には、「フィリピーナと暮らす――川上雅夫さんの物語」［ラシン編集部 2005a: 68-71］や「日本の古風な夫婦のような桑田夫妻――マイリンさんと寄り添い二人三脚の日々」［ラシン編集部 2004a: 80-85］といった、フィリピン人のパートナーとの結婚を含むタイトルの体験談のほか、要介護の母と障害をもつ兄とフィリピン人の恋人とともに移住した男性の体験談を紹介している［ibid.: 102-107］[10]。また、タイ版では、タイ人の女性と交際している男性の体験談を以下のように紹介している。

　　今、富田さんは8年間交際しているタイ女性と結婚しようとしている。2人の娘も落ち着き、タイ人の養女も無事結婚したことから、今度は自分が結婚しようと考えている。「30歳も歳は違うが、これくらいよくできた女性はいないですね。長くタイに関わっていますが、こんな女性には初めて出会いました。私は幸運だと思います」（富田さん）。将来は彼女の里に家を建てる計画でいる。それが終われば車を買い、今度はタイ国内の名も

知れぬ史跡を見学して回るつもりだ。［ラシン編集部 2004a: 62］

　フィリピンやタイでのロングステイや退職移住のイメージ形成において、現地の人々との「恋愛」や「結婚」が決まり文句となるのとは対照的に、マレーシアのそれでは「夫婦」が強調される。観光客は、その場所を「ありのまま」見るために観光地を訪れるのではなく、「よく知られたもの」「期待どおりのもの」を、「観光のマスター・ナラティブ」［ブルーナー 2007］に沿って理解する［鈴木 2010］。つまり、マレーシアでの退職移住のマスターナラティブとは、「常夏の楽園マレーシアにおいて、夫婦で年金を活用し、生きがいをもって暮らすこと」とまとめられよう。さらに、重要なのは、前述の漫画には長期居住の先にある「介護」について、妻が「私はこれからメイドさんを使って毎日楽しく過ごす。そうすれば心を込めてあなたを介護できると思うの」と夫に語りかけている様子が描かれている点である［浜田、山下 2005: 139］。高齢者が国外に長期居住するうえで、当然関心が寄せられるであろう「介護」について、現地で家事労働者を雇用することによって実現できる可能性を示している。

　『マンガ 夫婦でゆうゆうマレーシア暮らし』が出版されたのは 2005 年だが、この漫画のモデルとなった夫婦は 2000 年代の半ばごろからマレーシア観光省の依頼を受けて、日本国内で開催されるマレーシア政府観光局主催のロングステイセミナーにたびたび登壇し、マレーシアでの移住生活について講演を行っている。2006 年 12 月 4 日に東京で開催されたマレーシアロングステイセミナーを報じる朝日新聞の記事は、「輝ける第二の人生」と題する夫婦の講演の内容を紹介している。講演のなかで、妻の語った「ヒコさん（夫）と一緒の時間を過ごせること。これは私にとって大きなごほうびでした。ご主人が第二の人生を迎えるのなら、ぜひ奥様にもごほうびを。私はそう思います」という言葉には、夫の退職後に夫婦でいっしょに過ごすためにマレーシア移住を勧める気持ちが表れている（朝日新聞夕刊、2006 年 12 月 20 日）。上述の漫画の「夫婦が一緒に歩くための時間」という言葉と同様、この夫婦にとって、老後のマレーシア移住が夫婦のための時間であることに意義があるということを指し示している。

3-2-3　マレーシアロングステイセミナー

　マレーシア政府観光局は 2010 年 5 月 16 日〜 20 日に、札幌、新潟、京都、

大阪の4会場で「マレーシアロングステイセミナー」(参加費無料)を開催した。4会場のうち最大規模のセミナーは大阪であり、定員1000人が満員となったNHK大阪ホールには、車いすの参加者もみられた。

ゲスト講演を行った夫婦の夫は、その講演のなかで、老後にマレーシアで暮らすことについて、制度や経済的な理由と企業戦士として働いた定年退職者としての意見を述べた。さらに、「妻に対するご褒美人生を考えてあげてほしい。『あなた、幸せ』と奥さんが笑えば、その笑顔はすべて旦那さんのものになる」と話し、夫婦のためのマレーシアでの生活を紹介した。

ロングステイセミナーの後、ゲスト講演を行った夫婦とセミナー参加者の交流のための懇親会がマレーシア観光省の予算で行われた。懇親会の参加者は、マレーシアでの長期滞在に関心をもつ人々をはじめ、すでにマレーシアに移住することを決定しMM2Hビザの申請準備をしている人々や、長期滞在の下見でクアラルンプールを訪問し、講演者夫婦ともすでに面識のある人々など30名程度であり、その多くは夫婦であった。

懇親会に参加した大阪在住の60代の夫婦は、夫が自営業でそろそろ引退を考えており、現在ロングステイの滞在地を検討中であるという。15〜16年前、つまり1995年ごろから、老後は海外と考えており、滞在国はマレーシアを予定している。夫は、「オーストラリアはデポジットが高くなったし、1億くらい積まなあかんでしょう？ フィリピンは治安の問題があるし。ゴルフ場の近くに住んで、現地の人と友達になって、あまり日本人とは付き合わんような生活がしたい」という。一方、妻は、若いころにJICA（国際協力機構）のボランティアでマレーシアに2年間滞在した経験があるのでマレー語も堪能であり、夫は現地での生活は言葉の面でも何の心配がないという。

また、三重県在住の60代の男性は、前年に名古屋で開催されたマレーシア・ロングステイセミナーに参加して以来、障害をもつ子供と夫婦の3人でのマレーシア移住に向けて「まっしぐらで準備中」だという。MM2Hビザを申請中で、家はもう売りに出している。「54歳で退職し、10年間（三重県で）田舎暮らししました。これからは、都会暮らしです」という自己紹介のあいさつには、クアラルンプールで始まる新たな生活への期待が込められていた。

観光省の主催したマレーシア・ロングステイセミナーで実践者として講演を行った夫妻の妻は、懇親会の最後に「老後の移住地としてのクアラルンプール

を、みんなの力でつくっていこう」と呼びかけた。「まだ、発展途上です。できていません。自分でやるんです。みなさんで居心地のいいところをみんなでつくるんです。クアラルンプールには永住しますからね、来てください。日本人社会をつくりあげる、1人の人になってほしい」と語り、懇親会を締めくくった。このように、ホスト側であるマレーシア観光省の主催するロングステイ促進事業に、実際にマレーシアで生活する人々とともにイメージを形成することが、マレーシアへの国際退職移住の商品化には顕著にみられた。

さらに重要なのは、マレーシアで生活する人々は、単にホスト国マレーシアのつくりたいイメージに沿ってマレーシアを促進するのではなく、自らの「仲間」となる人々を具体的に示すようなメッセージを発信していることである。つまり、ホストによるゲストの選別に、ゲスト自身も加担しているのである。

3-3 ゲストの選別化

3-3-1 主要マーケットとしての日本

マレーシア政府は、対象とするマーケット（市場）に合わせて多様な形でマレーシアを「売る」。興味深いのは、マレーシア観光省のMM2H担当部署が、日本をはじめとするさまざまな国に対してMM2Hのマーケティングを行ううえで、マレーシア国内に在住する対象国出身のMM2H参加者などの外国人と幅広く交流し、制度に対する不満や要望などを直接聞く機会を設け、対話を通じて彼らの知見や助言を取り入れながら、マレーシアの「売り方」を模索していることである。マレーシアの「売り方」の多様性は、現実のマレーシアの特徴を反映しており、多民族国家のもつ文化的な多様性だけでなく、「ワールドクラス」を自負する医療技術や病院施設やコスモポリタンな都市機能であったり、あるいは植民地支配の遺産としての多文化性をも含むものである。

写真3-1はマレーシア政府観光局が作成した日本人向けのパンフレット『マレーシア　ロングステイガイド』の表紙である。表紙には、1) マレーシアの経済成長と近代都市を象徴するクアラルンプール市内のペトロナス・ツインタワー、2) キャメロンハイランドをはじめとするイギリス人の避暑地ヒルステーションにみられる英国風の別荘であるスモークハウス、3) 国花であるハイビスカス、4) 南国蘭、5) ゴルフ場、6) ビーチリゾート、7) スチームボート（マレー

写真3-1　マレーシア政府観光局の刊行物『マレーシア　ロングステイガイド』
(提供：マレーシア政府観光局)

シア風鍋)を食べる日本人シニアの写真が掲載されている。ロングステイツーリズムの人気滞在地であるヒルステーションのキャメロンハイランド、MM2H参加者の集まるクアラルンプール、シニア男性にとって主要な活動となるゴルフ、南国の花など自然を楽しむことやビーチリゾートでのレジャー活動、日本人の嗜好に合うスチームボートはすべて、日本人の長期滞在者に対するマレーシアのセールスポイントである。

　これら7つの写真に加え、パンフレット表紙の右下に掲載されているのは、マレーシア政府観光局が日本における観光プロモーションに使用するアニメキャラクターの「シティ・マレーシア」(Siti Malaysia)である。シティはマレー系の女性の名前であり、民族衣装のクバヤ風の衣服を着てはいるが、トドゥン

を被らず、プルメリアの花を（未婚の場合は左）耳に飾るハワイの女性のように、国花であるハイビスカスを耳に飾っている。このように、日本人に向けたロングステイガイドの表紙は、マレーシアの多民族性を積極的に取り入れつつも、必ずしも伝統的ではない文化表象を含んでおり、ゲストである日本人の嗜好や趣向、消費行動を反映したイメージが形成されているのである。

　ホスト側であるマレーシアがゲストのまなざしをイメージ形成に取り込むことは、MM2Hの広報にもみられる。マレーシア観光省は、2007年にマレーシア観光年と日馬国交樹立50周年を迎えるにあたり、日本市場におけるMM2H促進活動のために、クアラルンプール在住の日本人映画監督とMM2H参加者の脚本と出演によるプロモーションDVDを制作し、6000枚を無料で配布した。その後、DVDが本編40分と長編のため、MM2Hの説明会などでの使いやすさを考え、8分間に編集したDVDも制作された。また、観光大臣からのメッセージが掲載された観光省ニュースレターNo.1は、日本の市町村役場2400か所に郵送で配布したほか、観光省ルートと日本人会などで無料配布された。続いて発行されたニュースレターNo.2は、観光省の費用で10万部が印刷された（現在までにNo.4までの出版が行われた）。さらに、マレーシアでの生活での必要な知識や情報を集めた『暮らしの便利帳』の制作を日本人会のMM2H参加者を中心とした互助グループに委託し、出版を行った。DVDやニュースレター、冊子など広報用配布物の制作だけでなく、観光大臣や事務局長、そしてMM2H担当官は、日本でのプロモーション活動のためにひんぱんに来日した。そして観光関連の大型イベントやロングステイセミナーに参加し、マレーシアでのロングステイに関心をもつ日本人と交流を重ねた。このようなプロモーション活動の結果、日本人参加者は2006年ごろから顕著に増加した。

　日本人向けのMM2Hプロモーション活動に加え、マレーシア観光省は日本人のMM2Hビザ申請のサポートにも力を入れている。マレーシア観光省は、クアラルンプール市内のプトラワールドトレードセンター（PWTC）に、2006年5月1日に「MM2Hセンター」と呼ばれるMM2Hビザ申請の窓口となるワンストップセンターを開設した。マレーシア観光省のヴィクター・ウィー事務総長（当時）への聞き取りによると、2007年1月当時、MM2Hビザの申請は、マレーシア観光省の認定する（政府公認の）MM2H業者、119社が申請者の身元保証人（現地スポンサー）となって、代理で申請することが原則であった。

2006年1月1日のビザ申請の条件改定により、ビザ申請者本人が業者を通さず個人申請が可能となってからは、MM2Hセンターはビザ申請者が直接出向き手続きを行う窓口になった。センターでは、ビザ申請者からの問い合わせの対応やビザ申請手続きのサポートなどのサービス業務が行われた。MM2Hセンターは、2007年3月より華人マレーシア人と結婚しクアラルンプールに住む日本人女性がスタッフに採用した。マレーシア観光省は、マレーシア人に加え日本人と韓国人のスタッフを採用し、日本語の堪能な韓国人女性を採用している。日本人と韓国人のビザ申請のために日本人と韓国人スタッフを増員し、母国語による手厚いサポートやそれぞれのコミュニティの事情にもマレーシアでの生活にも慣れ親しんでいる人材を確保し、顧客（ゲスト）である外国人ビザ申請者に対するサービス提供の環境を整備することにも、主要マーケットとして日本や韓国を選別し、特別なサービスを提供していることがみてとれる。

　日本と同様にMM2H促進の重要市場とされる韓国人向けのMM2Hプロモーションに関しては、マレーシアの韓国人コミュニティの中心的人物であり、華人マレーシア人の女性と結婚しクアラルンプールに在住する会社経営者のパクさん（仮名）が観光省に協力し、さまざまな助言を行っている。マレーシア観光省は、韓国人向けのMM2HプロモーションDVDを制作し、その試作品の視聴会に韓国メディアやパクさんを招待し、試作品に関する修正点などの意見を求めた。この韓国人向けDVDは日本人向けのものを見本に制作されたものであるが、韓国人のビザ取得の目的とされる子供の教育に関してインターナショナルスクールの紹介や、韓国人の間で関心の高いレジャー活動としてゴルフ場の紹介を盛り込んだ、韓国人がマレーシアに居住したさいに暮らしやすい多民族国家であることを強調する内容であった。

　筆者が2008年8月に行ったMM2Hセンターでの聞き取りによると、日本人のMM2H参加者の大半が50代と60代であり、場合によっては高齢の親を帯同するのとは対照的に、韓国人のMM2H参加者は大半が30〜40代で、21歳以下の未婚の子供を帯同している［Toyota and Ono 2012: 173］。日本と韓国では、MM2Hビザ申請やマレーシア移住に関心のある人々の年齢層もその動機も異なる。パクさんによると、学歴社会や競争社会が激化する韓国国内の子供の教育事情からみると、韓国人にとってマレーシアは、英語と中国語とマレー語を学び、多言語教育を受けさせることにより、将来性のある子供を育てる環境が

備わった場所であることが魅力であるのだという。そのため、母親が子供を帯同して MM2H ビザでマレーシアに移住し、子供をマレーシアの中学校とインターナショナルスクールの高校に通わせて、韓国の一流大学か欧米圏の大学をめざすという人が多いのだそうだ。実際、クアラルンプール市内のインターナショナルスクールのなかには、韓国人が 7 割を超えていて、これ以上の入学を拒否するケースもあるほど、韓国人児童の就学希望があるという。2008 年 12 月に筆者がパクさんとともに、韓国人の居住者の多いアンパン地区の韓国人教会のクリスマスコンサートに参加すると、そこには、子育て世代の親が小学生から中学生くらいの子供を連れて、おおぜい集まっていた。このように、韓国人に向けたマレーシアの売り方は、日本人に向けた「退職者の第二の人生の地」としてのマレーシアとは異なり、韓国人が求める子供の教育の場としてマレーシアを位置づけることにその特徴がある。つまり、多言語教育によって国際性とグローバル社会での競争力を身につけさせることができる「子供のための国際的な教育拠点」としてのマレーシアを強調する形で、MM2H のイメージづくりが行われたのであった。

　夫婦や子供とともに家族単位で海外移住するならば、移住する都市の選択と同様に、住居の選択は移住後の暮らしにとって重要となるだろう。ヨーロッパのライフスタイル移住や国際退職移住（IRM）の事例［Gustafson 2009 ほか］では、移住先で別荘として使用する一軒家やコンドミニアム物件などの不動産の購入が盛んであり、国際退職移住にともなう資産購入で、資産のトランスナショナルな分散貯蓄が加速していることが指摘されている。1960 年代に大規模なリゾート開発が行われ、観光空間として別荘化が進められた［ピアス 2001: 309-312］。とくに、イギリスやドイツといったヨーロッパ北部からの国際退職移住の地であるコスタ・デルソルやコスタブランカなどのスペインの地中海沿岸部は、退職者向けの物件の売買が盛んである。

　マレーシア政府も同様に、不動産部門を MM2H の重要関連産業と考えており、ディベロッパー（開発会社）による大規模な開発が続いている[11]。マレーシア政府は、外国人による不動産投資の促進を目的とし、2008 年に不動産投資誘致機構であるマレーシア・プロパティ・インク（MPI: Malaysia Property Incorporated）を設立している。そのさい、外国人による不動産購入は、RM25 万（約 750 万円）以上の物件という条件で、何件でも可能であるとされた。2007 年 10

月に筆者が行ったクアラルンプールの不動産業者(華人)へのインタビューによると、外国人による不動産購入の規制緩和により、シンガポールや中東の産油国からの投資が活発化し、2000年代中ごろからクアラルンプールの不動産価格は高騰しているという。そのような状況のなか、マレーシア政府は2010年、外国人の不動産購入の条件をRM25万から50万(約1500万円)以上の物件に引き上げた。

　MPIが2008年に発行した『マレーシア不動産ガイド』(*Malaysia Property Investment Guidebook 2008-2009*)という日本人向けのパンフレットには、マレーシア国内に不動産を購入し、MM2Hビザで長期滞在する外国人を増やしたいというマレーシア政府の意図が表れている。「マレーシアでロングステイする」(pp. 14-15)と「マレーシア・マイ・セカンド・ホーム(MM2H)ビザについて」(pp. 16-17)という項目を設け、「マレーシアでは日本では考えられない夢のライフスタイルが手に入れられる」(p. 15)と不動産投資を勧めている。外国人はMM2Hビザ取得者であるかどうかによらず、マレーシア国内の不動産を購入できるが、このパンフレットはロングステイとMM2Hに関する説明に約4割の誌面を割き、不動産購入と長期滞在を関連づけている。パンフレットにはクアラルンプールとペナンの物件を購入したMM2H参加者の日本人高齢夫婦2組の事例が紹介され、長期滞在に関心のある人々や長期滞在中の人々の購買意欲をかきたてようという狙いが明確である。

　MM2H参加者の増加する日本人を不動産投資の主要マーケットと位置づけ、プロモーション活動に力を入れるマレーシア政府の意図とは裏腹に、2000年代のはじめに日本からマレーシアに退職移住した人々は、賃貸のコンドミニアム物件に居住するのが主流だった。外貨建貯金や分散貯蓄の習慣になじまない日本人の間では不動産購入は進まず、マレーシア国内に居住するMM2H参加者の日本人のうち、不動産を購入した人は全体の1割程度であるという。しかし、2000年代の終わりから2010年にかけて、マレーシアでの不動産投資や教育ツーリズム、さらには子供の教育のための移住(教育移住)に関心が向けられるようになった。その契機となったのは、2011年3月11日の東日本大震災であった。

3-3-2 MM2H申請条件の改定

　マレーシアの新聞社各社のMM2Hに関する記事は、欧米人や日本人へのプロモーションや、欧米人と日本人のMM2H参加者であるリタイヤした中高年がマレーシアでの生活に満足していることを示す記事が多い。

　マレーシア観光省は、MM2Hの前身であるシルバーヘア・プログラムのころから一貫して、主要マーケットとしてイギリスや日本を挙げてきたが、MM2Hの承認件数は必ずしもマレーシア観光省の期待どおりの結果を示しているとはいえない。表3-2のMM2H承認件数の統計をみると、MM2Hの開始から2010年までの合計承認件数がもっとも多いのは中国である。MM2Hの開始初年度にあたる2002年にビザ承認件数が241件ともっとも多かった中国は、翌2003年に521件、2004年に468件、2005年に502件と承認件数を増加させたが、2006年には前年度の半数以下の242件まで承認件数が減少している。翌2007年にはさらに約6割減少し、2桁の90件までに落ち込み、2008年以降は100件程度の承認件数が続いた。以下では、中国の申請者に関するビザ業者の反応に関する事例について検討する。

事例3-1　中国人やバングラデシュ人のMM2Hビザ申請を請け負う
　業者の話

　マレーシア政府公認のMM2Hビザ申請代理業者であるA社には、華人でイスラム教徒のエディ(仮名)が正社員として勤務している。A社は、オーストラリアの大学を卒業した華人のジョー（仮名）が経営する会社であり、日本人のMM2Hビザの申請代行も手がけてきた。2007年ごろより、オーストラリア人やバングラデシュ人がおもな顧客となっていた。バングラデシュ人と中国人のビザ取得者が急増したことが話題となっていたころ、A社を訪問した筆者はエディとの間で以下のような会話を交した。

　筆者　中国人とバングラデシュ人がたくさん来ていますね。
　エディ　中国人の場合、20代の若い女の子が就労するためにMM2Hを
　　　利用してマレーシアにやってくるんだ。彼女たちは、「悪い」女の子だ。
　　　新聞にもそう書いてある。
　筆者　いつの記事ですか？　もしわかるなら、教えてくれますか？

エディ　オッケー。これからお祈りに行ってくるから、あとで探しておくよ。

　数日後に再びA社を訪問すると、エディは印刷した The New Straits Times 紙の記事を手渡してくれた。記事を読むと、ペナンのショッピングモールで働く20代の中国出身とされる20人の女性が、警察の手入れによって、不法就労の容疑で拘束されたと報じる記事であった[12]。この記事には拘束された女性がMM2H参加者であると書かれていたわけではないが、エディは中国出身の若い不法就労の女性が、MM2Hを入国の経路としていると考えたようだった。ビザ業者のなかにはエディと同様、中国人やバングラデシュ人のビザ取得者の急増は、不法就労の経路としてMM2Hが利用されていることによって生じているとみなしている人が少なくなかった。

　表3-2に示すとおり、中国人のMM2H参加件数が急激に増減した2005〜2007年ごろ、バングラデシュ人のビザ申請も同様に2005年に急増したあとの2年間は連続で激減している。バングラデシュ人のMM2H参加者は、2002年には0件、2003年に32件と低調であったものの、2005年に急増し852件となったが、2006年には前年度から約6割減少し、341件となった。翌2007年にはさらに約6割減少し、149件になった。そのころから不法就労のルートになっ

表3-2　MM2Hプログラム参加件数
2010年度の統計は、11月末日までの承認件数である。
（出典：マレーシア観光省の統計資料をもとに筆者作成）

国	2002	2003	2004	2005	2006	2007	2008	2009	2010	計
中国	241	521	468	502	242	90	120	114	120	2418
バングラデシュ	0	32	204	852	341	149	68	86	67	1799
イギリス	108	159	210	199	209	240	208	162	129	1624
日本	49	99	42	87	157	198	210	169	189	1200
シンガポール	96	143	91	62	94	58	48	61	200	724
台湾	38	95	140	186	63	31	16	36	70	723
イラン	0	2	8	7	9	59	227	212	45	650
インド	45	123	118	80	51	46	32	35	44	574
インドネシア	88	118	104	54	63	25	27	53	24	556
パキスタン	9	55	82	104	36	31	65	103	70	555
その他	144	298	450	482	464	576	491	547	400	3852
合計	818	1645	1917	2615	1729	1503	1512	1578	1358	14675

第3章　ホスト国マレーシア——ゲストをめぐる選別化の論理

ているのではないか、という懸念がもたれるようになった。しかしながら、バングラデシュ人の顧客をもつA社の経営者のジョーは、「バングラデシュ人のビザ申請者はみな裕福で、ビザを取得し不動産に投資する人も多い」という。以下に、バングラデシュ人のMM2H参加者に関する事例を示す[13]。

事例3-2　バングラデシュ人富裕層のMM2Hビザ申請の実態

　バングラデシュ人のサジーナ（仮名）は、マレーシアの大学で芸術を専攻する留学生で、サジーナの兄はMM2Hの取得者である。サジーナは週2回、外国人駐在員や中間層のマレーシア人を客層とした、繁華街のチャンカッ・ブキビンタン地区の一角にあるカフェ・キャンバス（仮名）でウェイトレスとして働いている。

　筆者　お兄さんは、マレーシアには住んでいないのですか？
　サジーナ　兄はダッカに住んでいます。バングラデシュ人でMM2Hビザをとった人は、不動産に投資してコンドミニアムを所有している人も多いけれど、ほどんどの人がマレーシア国内に住んでいないわ。
　筆者　お兄さんはクアラルンプールに来ることはありますか？
　サジーナ　兄は今ここにいないけれど、仕事の関係でマレーシアにはよく来るから、今度マレーシアに来たときに紹介します。

　数週間後、兄がクアラルンプールに来たという連絡がサジーナから入る。約束の日時にカフェ・キャンバスに行くと、いつもは店の制服姿のサジーナが美しい刺繍のサリーを身にまとい、従兄と並んで座っている。少し遅れてやってきたサジーナの兄は、以前はバングラデシュの首都ダッカにあるフランス大使館に勤務していた外交官で、現在は貿易会社を経営しているという。MM2Hに参加した理由は、ビジネス上の利点と、長期滞在が可能なビザであることだと述べた。

　筆者　日本人のMM2H参加者は、退職者や高齢者が多いです。高齢者のバングラデシュ人はMM2Hに申請していますか？
　兄　バングラデシュ人は家族みなが1つのビルに住むんだ。年をとって

113

> から海外へ移住するようなことはないよ。
>
> 筆者　MM2Hに参加するバングラデシュ人はどのような人ですか？
>
> 兄　バングラデシュ人のMM2Hビザの取得者は、みな「悪い」政治家だよ。もし本国で何かあっても海外へすぐに逃げることができるよう、外国のビザを申請するのさ。バングラデシュでは裕福な人や上流階級（upper class）の人は、オーストラリアだの、カナダだの、外国のビザをいくつもっているかがステータスになるんだ。

　サジーナの兄の語る内容は、ビザ業者A社の経営者のジョーの話と同じく、バングラデシュ人の富裕層によるMM2Hへの参加の状況を示している。バングラデシュ人の富裕層によるMM2Hビザ申請の背景には、本国の政治的不安がある。家族単位で長期滞在ができ、不動産投資も可能なMM2Hへの参加は、バングラデシュ人の富裕層にとって合理的な生存戦略となる。しかしながら、表3-2が示すとおり、2005年に852件の承認の後は2006年には半分以下の341件、2007年には149件と承認件数は激減し、2008年以降は2桁に留まっている。マレーシアにとって、バングラデシュは移民労働者の送り出し国でもあり、一方では富裕層を選別的に受け入れ、他方では不法に制度を利用する労働者を排除しているのである。中国とバングラデシュは同様に、2006年の承認件数がもっとも多く、翌年から激減し、100件前後を推移している。2006年を境に承認件数が同じように推移している国はほかにはみられない。

　2007年の申請条件の改訂は、しばしば「ビザのハードルが上がった」といわれるように、申請条件が銀行預金の残高証明の提出など資産面でより高い水準となる代わりに、ビザの期間が5年から10年に延長されるという内容であった。2008年正月明けに開かれた日本人会のセカンドホームに関する会議では、観光省のMM2H担当官との情報交換を担当する委員から、2007年の申請条件の改訂に関して次のような報告があった。それは、2007年の申請条件の改訂が「偽の所得証明をつくるブローカーの出現による不法就労者の流入の問題解決のために講じられた対策であり、MM2Hビザの申請方法が難しくなったことが功を奏した」という内容であり、その解釈はMM2H参加者や業者など多くの日本人の間で共有された。

　表3-3に示すように、2002～2006年のMM2H承認件数で1位の中国と2位

表 3-3　MM2H 承認件数の上位 10 か国ランキング（2002 年～ 2008 年 8 月）
（座談会におけるマレーシア観光省作成資料をもとに筆者作成）

順位	2002 ～ 2006 年	2007 年	2008 年（8 月まで）
1	中国	イギリス	イギリス
2	バングラデシュ	日本	日本
3	イギリス	韓国	イラン
4	台湾	バングラデシュ	中国
5	シンガポール	中国	韓国
6	日本	シンガポール	バングラデシュ
7	インドネシア	インド	スリランカ
8	インド	台湾	シンガポール
9	パキスタン	パキスタン	オーストラリア
10	韓国	インドネシア	アメリカ

のバングラデシュが、2007 年と 2008 年のランキングではともに順位を落としている。代わって、シルバーヘア・プログラムのころから主要ターゲットとされてきたイギリスや日本の順位が上がっている。2007 年の MM2H ビザ申請条件の改定は、ホスト国マレーシアのゲストの選別性を明らかに示す政策的措置であったといえるだろう。

3-3-3　2009 年の規制緩和

　2008 年 10 月 9 日、マレーシア観光省は初めて MM2H 参加者の外国人との座談会を開催した。座談会の目的は、MM2H の制度改善のために消費者である MM2H 参加者から直接意見を聞くことであった。座談会では、マレーシア観光省のオン・ホンペン事務総長（当時）が座長を務め、内務省の政策立案の担当官、MM2H 担当官 2 名、移民局の担当官が参加した。日本人の参加者 8 名のほか、スイス人（1 名）、韓国人（4 名）、イラン人（2 名）が参加した。オン事務総長は、マレーシア側にとって重点市場となる国々からの参加者に意見を求めた。日本人からは、パートタイムの就労許可に関する要望が出された。イラン人からは、帯同する子供の年齢制限の撤廃の要望が出された。

　マレーシア観光省での MM2H 参加者との座談会に続き、その 10 日後に、政府の認定を受けたビザ業者を対象にした大規模な意見交換会が行われた（写真 3-2）。意見交換会のおもなテーマは、MM2H ビザ申請における、ビザ業者の仲介の義務づけを廃止し、個人申請を可能とするという観光省の制度改定に対するビザ業者の意見を聞くことであった。MM2H 参加者との座談会に続き、オン事務総長が意見交換会の座長を務め、内務省担当官と入国管理局担当官が舞

写真 3-2　観光省主催の MM2H 認可業者との意見交換会
マレーシア観光センターにて。(2008 年 10 月 19 日、筆者撮影)

台中央に座った。ホールの座席の 50 名ほどのビザ業者から、観光省の方針に対する批判的な意見が出た。いてもたってもいられない様子のビザ業者 A 社の経営者のジョーは真っ先に手を挙げ、「観光省が MM2H ビザの個人申請を認めてしまえば、この会場に集まった多くのビザ業者が廃業してしまうことになりかねない。MM2H はマレーシア人にビジネスの機会を与えるために始まったのではなかったのですか？」と意見を述べた。

次いで、別のビザ業者の 1 人は、観光省の方針を痛烈に批難した。

　　MM2H を売りたいなら、まずマレーシアを売らなければならない。ビザ業者がマレーシアを売らないなら、いったい誰が売るのか。タクシー運転手がマレーシアを売るのですか？　それはマレーシアにとって、マレーシアを売る最良の方法とはいえないでしょう。

この会議から 1 か月後、マレーシア観光省は 2009 年 1 月の MM2H ビザ申請

に関する規制緩和を発表し、ビザの個人申請とパートタイムの就労を解禁した。ビザ申請については、個人申請をするか、あるいはマレーシア観光省公認の（ライセンスを取得した）代行業者（代理店）を通して行うこととなった。パートタイムの就労は週20時間までに限られ、専門的な技術（specialized skills）や重要部門（critical sectors）といった、職種や職域を制限する文言がついている。ビザの個人申請とパートタイムの就労の解禁は、マレーシア政府がMM2H参加者たちの要望を受け入れたことを意味する。とくにビザの個人申請に関しては、MM2Hのホスト国マレーシアの窓口であるマレーシア政府の免許をもつ正規代理店の反対の声ではなく、ゲストの要望を尊重したのだ。

マレーシア観光省の担当官は、新聞社によるインタビューに応じ、「私たちは、申請者の経歴を調べ、申請者に「過去」がないかを確かめるために警察審をしなければならない。良質な（quality）申請者だけに入国許可が下りる」と述べたことが報じられた（*The New Straits Times*、2009年1月26日付）。マレーシアの移民政策は、非熟練の外国人労働者や、国内のエスニック問題に結びつくような文化的要素をもった外国人の無条件な流入に対しては、非常なる警戒心をもって対応する。「非合法」滞在者に対しては、厳しく取り締まりを行う、ないしは少なくとも取り締まりを行っていることを、報道を通じて国民に明示しようとする。そうすることが、政府の国境ないしは国土の統治能力を示すものであり、適切な支配力をもっていることの証明になるからである［石井 2009: 349］。

このころ、MM2H参加者の間で話題になっていたクアラルンプール国際空港の「赤い絨毯」は、MM2Hをめぐるマレーシア政府のゲストの選別化の姿勢を象徴しているように思えた。その赤い絨毯は、MM2Hビザ保持者のために設置された特別レーンに敷かれたものであった。クアラルンプール国際空港内の入国審査（イミグレーション）では、待ち時間の短縮と速やかな入国審査の通過のために、MM2Hビザ保持者のみを扱う特別レーンを外交官用のレーンのとなりに設け、自らの選んだゲストを赤絨毯で丁重に迎える。そして、廃業するかもしれないという業者の悲痛な訴えよりも、顧客満足度を高めるために、ゲストの声に熱心に耳を傾けるのである。

3-4　日本人の MM2H 参加状況

　マレーシアでは MM2H 参加者は最長 10 年間の滞在が可能であるため、ロングステイ財団が定義するロングステイ（長期滞在型余暇）の実践者である「ロングステイヤー」と、大多数が MM2H ビザを取得し現地を生活の拠点として定住する移住者である「セカンドホーマー」という明確な区別がある。ロングステイヤーであるか、セカンドホーマーであるかは、退職移住者としてのアイデンティティの差異として表れる。

　ペナンの州都ジョージタウンには、マレーシア人の女性と結婚しペナンに定住している日本人男性の経営する MM2H ビザ業者 2 社がそれぞれ 1999 年に開業し、MM2H ビザの前身であるシルバーヘア・プログラムの時代から、日本人の長期滞在者に対するサービスを提供している。2000 年にも日本人が代表を務める NPO（ビザ業者）がペナン州政府観光局（Penang Tourism Action Council）内に開業しており、駐在経験や出張でマレーシアに滞在した経験のある者を中心に、日本人退職者が徐々に長期滞在を開始した。日本人初のシルバーヘア・プログラム参加者であるペナン在住の夫婦や、ペナンに支部をもつ NPO 南国暮らしの会の支部長を務めていた夫婦など、先駆的長期滞在者の体験談が新聞や雑誌、テレビ番組で紹介され、ロングステイ滞在地としてペナンが知られるようになったと考えられる。たとえば、2003 年 8 月 12 日に放送されたテレビ東京「ガイアの夜明け」では、「定年退職後　海外で年金生活」という主題で、ペナンで生活する夫婦として、2000 年にペナン州政府観光局内に設立した夫の NPO が紹介されている。

　日本経済新聞は「マレーシア・ペナン島の体験ツアーに年間百二十人が参加するなど希望者は増える一方だ」と述べる、ロングステイ財団事務局長へのインタビュー内容を報じている（日本経済新聞朝刊 1998 年 1 月 18 日付）。このように、旅行会社は現地ビザ業者やペナン州政府観光局と連携し、ペナンとキャメロンハイランドを視察する旅や体験ロングステイという名目の団体旅行商品を企画し実施した。それらのツアーの旅程では、クアラルンプールは中継地として通り過ぎるか、あるいは 1 日観光する程度で、ロングステイ滞在地としての視察は含まれていない。2000 年代初期から中期ごろにかけて、マレーシアでのロングステイ滞在地として知られていたのはペナンとキャメロンハイランドであ

り、クアラルンプールはロングステイ滞在地として認知度が低かった。

　ペナンには長期滞在する日本人の団体としてペナン日本人会があるが、退職した長期滞在者が新たに会員になることは少ない。在留邦人コミュニティへの参加の代わりに、長期滞在者のよりどころとなるのは、MM2H ビザ申請や移住サポートを行うビザ業者とその業者を通じて先にビザを取得した「先輩」長期滞在者である。したがって、ペナンではビザ業者中心に小集団が形成され、ビザ業者の顧客どうしがグループとなり食事やゴルフなどのレジャー活動を行い、交友関係を築いている様子が観察された。また、ロングステイ団体（NPO）の会員どうし、ビザを取得した長期滞在・居住者や短期滞在者のネットワークを通じた交流が盛んであり、ビザ業者を中心として形成された小集団と同様、インフォーマルなグループが点在する状況にあった。2000 年代なかごろから、公共交通機関や商業・娯楽施設の面でペナンより都市機能が発達しているクアラルンプールの人気が次第に高まるなか、2006 年にはクアラルンプールに日本人ビザ業者の開業が相次いだ。

　筆者が 2009 年 12 月に行ったクアラルンプールとペナンに事務所をもつビザ業者へのインタビューによると、当時マレーシアに長期滞在する日本人長期滞在者の分布を、クアラルンプールに 200〜300 人、ペナンに 300〜400 人、キャメロンハイランドに約 30 人が長期滞在していると推測している。キャメロンハイランドは主要都市から離れた高原リゾートであり、日本人滞在者のピーク時期である 7〜8 月と 2〜3 月にかけては、それぞれ 300 人に近い数の日本人が避暑避寒で 1 週間〜3 か月間、滞在するのが主流である。日本人退職移住者の大多数は、マレーシアに不動産を購入して 1 か所に定住するよりも、季節的な滞在やいつでも移動可能な生活スタイルを好む［Toyota and Ono 2012］。その一方、クアラルンプールやペナンでは、MM2H ビザ取得者の定住化傾向がみられ、少数派ではあるものの日本の家屋を処分してマレーシアで不動産を購入し居住する者もおり、永住を希望する声も少なくない［cf. 阪本 2010］。表 3-4 に示すように、MM2H の申請条件は経済的な面でさらに厳しくなっており、より豊かな人々を誘致したいという意図が明らかである。

　メディカルツーリズムと MM2H の直接的な結びつきはみられないものの、マレーシア政府は MM2H 参加者を潜在的なメディカルツーリストとみなしており、これら 2 つの観光政策は相互に関連しつつ、マレーシアの医療観光促進

表 3-4 シルバーヘア・プログラムおよび MM2H の申請条件の推移

制度	年齢		資産などの条件
シルバーヘア	50 歳以上		マレーシア国内の銀行の定期預金 RM150,000（約 450 万円）以上、あるいは毎月 RM10,000（約 30 万円）以上の収入証明
MM2H (2002 年)	50 歳以上	夫婦	マレーシア国内の銀行の定期預金 RM150,000（約 450 万円）以上、あるいは毎月 RM10,000（約 30 万円）以上の収入証明
		単身	マレーシア国内の銀行の定期預金 RM100,000（約 300 万円）以上、あるいは毎月 RM7,000（約 21 万円）以上の収入証明
	50 歳未満	夫婦	マレーシア国内の銀行の定期預金 RM150,000（約 450 万円）以上、および毎月 RM10,000（約 30 万円）以上の収入証明
		単身	マレーシア国内の銀行の定期預金 RM100,000（約 300 万円）以上、および毎月 RM7,000（約 21 万円）以上の収入証明
MM2H (2007 年 9 月)	50 歳以上		マレーシア国内の銀行の定期預金 RM150,000（約 450 万円）以上、あるいは毎月 RM10,000（約 30 万円）以上の収入証明 ＊申請時に RM350,000（約 1050 万円）以上の財産証明
	50 歳未満		マレーシア国内の銀行の定期預金 RM300,000（約 900 万円）以上、および毎月 RM10,000（約 30 万円）以上の収入証明 ＊申請時に RM500,000（約 1500 万円）以上の財産証明
MM2H (2011 年 8 月)	50 歳以上		RM350,000（約 1155 万円）以上の財産証明、および毎月 RM10,000（約 33 万円）以上の（年金）収入証明 ＊仮承認後にマレーシア国内の金融機関で RM150,000（約 465 万円）以上の定期預金をするか、あるいは RM10,000（約 33 万円）以上の年金証明
	50 歳未満		RM500,000（約 1650 万円）以上の財産証明、および毎月 RM10,000（約 33 万円）以上の収入証明

出典　MM2H(2002 年)：在マレーシア日本国大使館領事部平成 14 年 12 月作成資料「マレイシア・マイ・セカンド・ホーム・プログラム」
MM2H（2007 年）：マレーシア観光省マレーシア・マイ・セカンドホーム（MM2H）センター 2007 年 12 月発行冊子「MALAYSIA マイセカンドホーム」
MM2H(2011 年)：マレーシア政府観光局「マレーシアでプチ暮らし」添付別表(2014 年 10 月現在の情報)

において重要な役割を担っている。実際、日本人退職移住者の増加により、マレーシアの医療機関で治療を受ける日本人患者の総数も増加している。マレーシアの日本人中高年の国際退職移住者は、個人が健康で活動的な間に老後を過ごす海外長期滞在が多数派である。しかしながら、老老介護の活路として、あるいは自分自身の介護を念頭におく永住への関心も高まっている。このような消費者の潜在的なニーズは、マレーシアでメディカルツーリズムを手がける民間病院を要介護者や高齢者のケアといった新たなビジネスの構想へと向かわせており、メディカルツーリズムが介護を含む包括的なケアのトランスナショナル化へと展開していく青写真が、医療産業によって描かれていくのであった。

註

1 在マレーシア日本大使館ウェブサイト（http://www.my.emb-japan.go.jp/Japanese/friendship/intro.html）、2011年4月29日参照。
2 日本貿易振興機構（ジェトロ）ウェブサイト（https://www.jetro.go.jp/world/asia/my/basic_01.html）、2019年3月31日参照。
3 外務省海外在留邦人調査統計、(https://www.mofa.go.jp/mofaj/toko/tokei/hojin/10/pdfs/1.pdf)、2019年5月1日参照。
4 自発的移住者のなかには、オーストラリアやアメリカなど、マレーシア以外の国に留学していてマレーシア人に出会い、その相手の帰国にともないマレーシアに移動するという移住パターンが散見された。
5 総務省統計局 2010年7月7日公表「2009年度　国籍(出身地)別　在留資格(在留目的)別　外国人登録者」（http://www.e-stat.go.jp/SG1/estat/List.do?lid=000001065021）、2011年6月16日参照。
6 メディカルツーリズムの代わりに、international medical travel（IMT）という用語を使用する研究もある［cf. Ormond 2013］。
7 マレーシア政府観光局制作パンフレット『マレーシアでプチ暮らし』（初版）。
8 マレーシア政府観光局東京支局におけるインタビュー、2006年7月24日。
9 詳細な内訳は、マレーシア版（夫婦8組、単身/単独滞在女性4人、単身男性1人）、タイ版（夫婦9組、単身/単独滞在女性0人、単身/単独滞在男性3人）、フィリピン版（夫婦4組、単身女性1人、単身/単独滞在男性5人、うち1人は要介護の母と障害をもつ兄を帯同、国際結婚1人）である［ラシン編集部 2004a; 2004b; 2005a］。
10 イカロス出版が発行する季刊誌『rasin（ラシン）』では、同一事例（川上雅夫、桑田夫妻）の報告が、「フィリピーナを愛する」というタイトルで掲載されている［ラシン編集部 2005b: 88-89］。
11 外資導入で工業化をめざすマレーシアは、86年10月に外資緩和策を発表し、1990年以降は経常収支赤字を上回る資本収支黒字となったが、国内で急激に増えた資本は、不動産や株式の分野に流れ、資産価値を高騰させたため、1997年には株式市場や不動産市場がバブル状態に陥り、高層ビルの建設ラッシュとなった［橋本 2005: 35］。
12 「Outlet employing foreign women without permits raided third time」、*The New Straits Times* 紙、2007年4月27日。
13 インタビュー、2007年5～7月某日。

第 4 章
「渡り鳥」型のロングステイヤー
キャメロンハイランドの事例から

4-1　キャメロンハイランドの「発見」

4-1-1　高原リゾート、キャメロンハイランド

　熱帯の高原リゾートは、毎日が花や緑、光に包まれた春です。
　高原の春風にそよぐ色とりどりの花々、珍しい原色の小鳥たち。ゆったりと広がる緑の紅茶畑、そして清らかな滝の流れ…。喧騒を離れて、春の日差しの中に佇む英国風のホテルやコンドミニアム。ゴルフ場やテニスコートなどのスポーツ施設も充実。街並は整備され、いうまでもなく、物価は手ごろで、人々の心も穏やかです。キャメロンハイランドは、春を愛する人たちのための別天地です。

　これは、マレーシア政府観光局の発行するキャメロンハイランド（Cameron Highlands）でのロングステイを紹介するパンフレット、『ロングステイ　キャメロンハイランド』からの引用である。この文言からは、高原の自然や穏やかな気候、スポーツ施設の充実、英国風のホテルや整備された街並みに加え、現地の人々も心穏やかで、手ごろな物価がキャメロンハイランドの魅力であることがわかる。このパンフレットを読めば、読者はキャメロンハイランドという場所がロングステイに適した滞在地であるという印象を受けるだろう。
　キャメロンハイランドは、1990年代末ごろから2000年代にかけて、ロングステイ滞在地として知られるようになり、これまでに多くの日本人高齢者が

長期滞在を行っている場所である［Ono 2010］。とくにロングステイヤーと呼ばれ、数日間から3か月程度の滞在をくり返す「渡り鳥」型の長期滞在者が集まる場所である。筆者がキャメロンハイランドで長期フィールドワークを行った2007～2009年ごろは、当地でのロングステイツーリズムがたいへん盛況となっていた。その状況は、さまざまなメディアによって取り上げられた。たとえば、2007年5月19日の朝日新聞は、定年退職後の夫婦が月に約15万円程度の出費でキャメロンハイランドにくり返し滞在している様子を報じている［朝日新聞 2007］。

避暑地の高原リゾートという意味で、日本人高齢者の間では、キャメロンハイランドは「マレーシアの軽井沢」と親しまれている。これは、松本清張がキャメロンハイランドを舞台にした小説『赤い絹』のなかで、当地を「熱帯の軽井沢」と表現したことに由来する。本章では、マレーシア国内で有数の観光地である高原リゾートのキャメロンハイランドで、どのような経緯で日本人高齢者のロングステイツーリズムが展開するようになったのか、当地がロングステイ滞在地として成立する過程を明らかにしたい。また、既存の観光地において日本人高齢者のロングステイツーリズムが展開することによって、日本人高齢者の長期滞在そのものだけでなく、現地にどのような変化をもたらしたのかについて考えてみたい。

キャメロンハイランドは半島部マレーシアのパハン州北西部、首都クアラルンプールから北へ約200kmに位置する、標高1000～1500mの山脈に広がる高原である。気温は25度を超えず、12度以下になることもなく、1年を通じて冷涼な気候である。英領マラヤ時代の1885年に、英国の調査官ウィリアム・キャメロン（William Cameron）によって発見されたことから、その名にちなんでキャメロンハイランドと命名された。イギリス人によって避暑のための高原リゾート（hill resort）として開発された山地集落（hill station）であり、またイギリス人が茶園を開発した場所でもある［原 2002: 4］。フレーザーズヒルやゲンティンハイランドとともに半島部マレーシアの有数の観光地に数えられるだけでなく、マレーシア最大の茶葉生産地でもあり、加えて高原野菜の生産も盛んである。

キャメロンハイランドは、リングレット、タナラタ、ブリンチャンの3つの主要な町と、その他の小さな町から構成されている。中心地であるタナラタの

第4章 「渡り鳥」型のロングステイヤー——キャメロンハイランドの事例から

バスターミナルからは、クアラルンプールやイポーなどマレーシア国内だけではなく、シンガポールやタイのハジャイ行きの長距離バスが運行しており、バックパックを背負った欧米人の旅行者も多い。宿泊施設は、英国式のホテルから貸別荘、そしてバックパッカー向けの1泊8RM（約240円）で宿泊できる安価なゲストハウスがある。観光資源も豊富で、英国調のスモークハウス、バラ園、いちご園、紅茶園に加え、ゴルフや先住民（オラン・アスリ）の集落へのトレッキングなど、さまざまなレジャー活動が体験できる。キャメロンハイランドの観光は、高原リゾートのもつ豊かな自然と歴史的、文化的な特徴を観光資源として活用し、アグロツーリズム、エコツーリズム、エスニックツーリズム（あるいはオラン・アスリ・ツーリズム）など、多様な名称を冠したツーリズムが複合しあう空間として開発されてきた［藤巻 2008: 182, 2009: 153］。

キャメロンハイランド郡役場の内部資料によれば、2006年当時のキャメロンハイランドの全人口は約35 000人である。その民族集団別構成をみると、華人14 000人（39％）、インド系6700人（19％）、マレー系5600人（16％）、先住民（オラン・アスリ）5400人（15％）であり、近年バングラデシュ、ネパール、インドネシア、ミャンマー、ベトナムからの出稼ぎ労働者の急増しており、外国人は3800人とされる［藤巻 2009: 155-156］。キャメロンハイランドは民族的な多様性に富んだ場所であり、また、華人人口がマレー系人口よりも多いのが特徴である。マレー系の人口比率が6割以上であるマレーシアにおいて、ペナンやキャメロンハイランドのように華人人口の比率が高い地域は、日本人が適応しやすい生活環境があり、日本人高齢者のロングステイ滞在地として好まれる。たとえば、キャメロンハイランドの郷土料理のスチームボート（マレーシア風鍋）は、油を使わずあっさりとした中華風の味付けのため、日本人高齢者の嗜好に合う。さらに、賃貸物件の所有者も華人やインド系が多く、日本人長期滞在者が英語で生活するうえでも、適応しやすい環境である。

キャメロンハイランドへは、クアラルンプール市内から長距離バスで4時間半かかる。日本からのアクセスは、クアラルンプール国際空港からタクシーを利用するか、クアラルンプール市内のバスターミナル経由で長距離バスを利用するか、あるいはクアラルンプール・セントラル駅からイポー駅まで鉄道を利用し、タクシーに乗り換えるという3つの方法があるが、いずれも長時間の移動が必要である。日本からのアクセスがよいとはいえないキャメロンハイラン

ドが、どのような経緯でロングステイ滞在地として知られ、多くの日本人高齢者が長期滞在するようになったのかを明らかにするために、まずは、キャメロンハイランドの「発見」とロングステイツーリズムの展開に大きく関与した日本人互助組織について詳しくみていこう。

4-1-2　キャメロンハイランドに特化したロングステイ団体

　第2章で述べたとおり、1990年代以降、日本においてロングステイ財団を中心にロングステイツーリズム振興が活発化するなか、ロングステイツーリズムの普及や交流を目的とした市民団体やNPO、NGOなどの任意団体が数多く設立された[1]。そのなかに、キャメロンハイランドでのロングステイに特化した2つの団体がある。1つの滞在地での長期滞在を目的としたロングステイ団体は他に類がなく、キャメロンハイランドにおけるロングステイツーリズムの特徴を示唆している。

　マレーシア・マイ・セカンドホーム・プログラム（MM2H）への参加によって、生活拠点を日本からマレーシアに移し、定住する人が多いクアラルンプールの事例とは異なり、キャメロンハイランドにおいては、ビザを必要としない1回の滞在期間が90日以内の長期滞在が主流である。なかには、1年を通じて1回90日以内の滞在を2回、日本の夏と冬の季節に行い、年間180日（半年）間をキャメロンハイランドで暮らすという人もいる。2000年代、キャメロンハイランドに長期滞在する日本人高齢者が増加したが、そのほとんどが「キャメロン会」（1998年発足当時の名称は「カメロン会」であった）、あるいは「NPOキャメロンハイランドクラブ」（以下、キャメロンハイランドクラブと表記）の会員である点も、その特徴の1つである。

　キャメロン会とキャメロンハイランドクラブは、1990年代末に日本人によって設立された任意団体である。両団体は、キャメロンハイランドにおけるロングステイツーリズムのための互助組織であり、その啓発と普及活動を行ってきた。関西を拠点とするキャメロンハイランドクラブと、関東を拠点とし全国に支部をもつキャメロン会の2つが、キャメロンハイランドでの長期滞在を専門とする互助組織である。これらの団体は日本国内で設立され、事務局や例会など活動も日本国内で行われてきた。

　キャメロンハイランドがロングステイ滞在地として広く知られる契機となっ

第 4 章　「渡り鳥」型のロングステイヤー――キャメロンハイランドの事例から

たのは、キャメロンハイランドでのロングステイツーリズムを普及促進する団体（互助組織）の設立と、その団体の発起人である久保田豊が執筆したキャメロンハイランドでの長期滞在を紹介する著書の出版である。以前のキャメロンハイランドは 100 人単位の日本人観光客が特定の時期に一度やってきて、長期滞在することはなかった。

久保田は 2002 年に『月 15 万円年金で暮らせる海外リゾート――常春のマレーシアキャメロン・ハイランド』を出版した。同書によれば、久保田は 1993 年 11 月に急性心筋梗塞で倒れ、症状が軽くなった 1996 年に初めて、『赤い絹』を読んで偶然知ったキャメロンハイランドを訪問した。滞在中に日本人にほとんど出会わなかったことから、毎年避寒に行く仲間づくりのために、1998 年にキャメロン会の前身である「カメロン会」という団体を設立した。その後、ロングステイ財団の財団季刊誌『LONG STAY』1999 年夏号にキャメロンハイランドの案内記事を掲載した。さらに、その記事を読んだ朝日新聞の記者の取材を受け、「年金で暮らせるマレーシア高原リゾート　キャメロンハイランド　常春の地、治安よし、食べ物よし」という記事が、東京多摩地区で発行される地域紙『アサヒタウンズ』に掲載された。これらの雑誌や新聞記事の反響により、カメロン会の会員数は記事掲載後 2 週間で 600 人、年末までには 1000 人を超えた。1999 年には、カメロン会の会員 10 名がキャメロンハイランドに滞在し、翌 2000 年には約 500 人、2001 年には約 1000 人が同地に滞在し、ロングステイ滞在地として広い知名度を得るようになった。「カメロン会は 2002 年 6 月に組織の改編を行い、日本語名『キャメロン会』、英語名『Cameron Longstay Club（キャメロンロングステイクラブ）』を発足させて今日に至る」［久保田 2002］。

上述の朝日新聞の記事のタイトルに「年金で暮らせる」という文言があるように、久保田はキャメロンハイランドでのロングステイの魅力は経済的な要因であることを強調している。久保田はキャメロンハイランドでアパートを借りて 1 か月生活した場合の費用を試算し、「生活費月 15 万円でお釣りがくる、年金で楽々アパート暮らし」と紹介し、その内訳を、3LDK のアパートに滞在し（住居費 50 000 円）、食費と嗜好品（35 000 円）、週 2 回のゴルフ（25 000 円）、小旅行（20 000 円）、交通費の 2000 円の合計 132 000 円と算出している。ホテルに滞在した場合も、1 つのホテルでは 177 000 円、別のホテルではアパートの賃借と

同じ金額の132 000円で夫婦2人が生活し、「年金で楽々生活でき貯金もできる」と解説している［ibid.］。

久保田が述べるように、ペナンやクアラルンプールでの生活に比べると、キャメロンハイランドでの生活費は安い。コンドミニアムの1か月の家賃はRM1300～1400（約39 000～42 000円）程度で、外食の選択肢もタナラタ商店街周辺に限られる。そこは日本人長期滞在者の間では「キャメロン銀座」と呼ばれるキャメロンハイランド唯一の繁華街であり、山を下りてイポーまで出かけなければ、大型商業施設はない。その代わりに、日曜日にはバスターミナルに市場が開設され、地元の新鮮な野菜や果物の店が並ぶ。キャメロンハイランドに暮らす人々に混じり、日本人の長期滞在者たちも食材や日用品を購入している。生活費が安いことや現地の人々と英語で会話できることに加え、マレーシアの田舎に日本人を歓迎してくれる雰囲気を感じることは、キャメロンハイランドが長期滞在に適した場所である理由として、多くの日本人長期滞在者が挙げる点である。

キャメロン会では年に1～2回、2～3週間から2か月間程度キャメロンハイランドに長期滞在する人が主流派である。筆者が行ったキャメロン会の会長と事務局長へのインタビューによると、2006年7月の時点で会員数は1180名、そのうちMM2Hビザを取得したのは合計11人のみであった[2]。2008年当時、キャメロン会会員は約1400人、キャメロンハイランドクラブ会員は約500人であり、ハイシーズンである1～3月にかけて、約300人がキャメロンハイランドに滞在した。マレーシアでの長期フィールドワークを実施した2006年8月～2009年1月の間、筆者はキャメロンハイランドでの調査をくり返していたが、2008～2009年ごろがキャメロンハイランドに長期滞在する日本人高齢者がもっとも多かった時期であり、その後は徐々に減少していった。

以下では、キャメロンハイランドにおける日本人長期滞在者の日々の活動から、ロングステイツーリズムとその経験が組織的につくられる側面について検討してみたい。

4-1-3 「ゲスト」によって組織化されるロングステイツーリズム

近代社会は技術革新により新しい輸送システムを発達させ、それにともなった組織上の転換を経ることにより、旅行の新たな形態を生み出してきた。観光

第 4 章 「渡り鳥」型のロングステイヤー——キャメロンハイランドの事例から

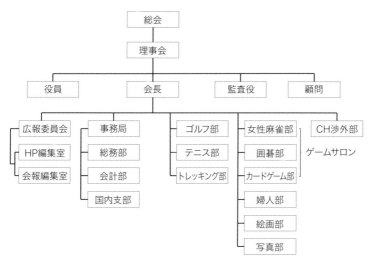

図 4-1　キャメロン会組織図
役員会は理事、支部長、委員監査役、顧問で構成される。
(出典：キャメロン会ウェブサイト[3])

現象を移動(モビリティ)という領域において論じる社会学者のジョン・アーリは、「旅行の社会的組織化」を分析することの必要性を指摘している［アーリ 2003: 232-233］。アーリはさらに、モダニティの鍵となる特徴は、社会諸関係が、行為のローカルな文脈から離床することであるという、リスクに関するアンソニー・ギデンズの著作［Giddens 1991］を引用しつつ、移動が大衆旅行や輸送のリスクを制限したシステムを発達させてきた職業的な専門家への信頼の発展に依存していると指摘する［ibid.: 234-235］。アーリの指摘に従えば、ロングステイツーリズムという移動が生み出されるとき、その基盤となるシステムをつくるのは何かを問うことが必要となる。

　ロングステイツーリズムや老後の海外移住が日本人退職者にとって望ましいライフスタイルの1つとして普及した過程において、ロングステイの商品化は第2章で論じたとおりである。キャメロンハイランドにおけるロングステイツーリズムの社会的組織化では、観光産業ではなくロングステイ団体であるキャメロン会、すなわちゲストである旅行者の互助組織の果たした役割が大きい。図4-1のキャメロン会の組織図が示すとおり、各種委員会や部活動が会によって組織されている。さらに、キャメロン会会長の久保田をはじめ理事や役

員の多くは、有名大学出身で現役時代に総合商社など大手企業に勤務し、海外駐在や豊富な海外出張の経験があり、英語が堪能である。キャメロン会の設立当時からのメンバーである理事の1人は、久保田がキャメロンハイランドを「発見」し、1人歩きまわって地元のホテルやゴルフ場と日本人長期滞在者の受け入れを交渉した過程でみせたのは、「商社マンだった現役時代を彷彿させる交渉術」であったと述べた[4]。

　キャメロンハイランドにおけるロングステイツーリズムが従来の観光旅行（マスツーリズム）と異なる点は、旅行会社が介在しないことである。もちろん、大手旅行会社によってキャメロンハイランドのロングステイツアーは旅行商品化されているが、そのほとんどがロングステイの「下見」や「体験」を目的としたツアーである。通常、旅行会社が業務内容とするような作業を、非営利団体であるキャメロン会とキャメロンハイランドクラブが行う。具体的には、現地のホテルやゴルフ場、地元の行政機関や日本大使館との交渉などのやりとりが挙げられる。ホテルの宿泊料金やサービス内容の提案、会員対象の割引制度の導入といった観光旅行に関する事柄や、地元の公共施設の利用の許可、地元の人々に向けたボランティア活動や文化交流事業を行うさいの場所提供などの協力を得ている。宿泊先の予約や現地での観光活動は、互助組織が媒介することによって会員は割引が得られる。海外駐在や海外出張の経験が豊富な退職者が組織の中心人物であり、現地の情報や安く近隣諸国を旅行する方法などが会員どうしで共有される。マレーシアの下見・体験ツアーを行う旅行会社は、旅程のなかに、キャメロン会の担当者による説明会や食事会などを組み込んでいる。ロングステイ下見・体験ツアーの旅行商品化以外には、旅行会社はロングステイ自体をツーリズム商品として販売しているわけではない。したがって、ロングステイツーリズムでは、団体旅行を媒介していた旅行会社と同様の役割を互助組織が担っていることが明らかである。

　キャメロンハイランドに長期滞在（ロングステイ）する日本人の大多数は、日本に住居などの生活の基盤をもち、日本の気候が夏と冬にあたる期間に、数日から3か月間滞在する。マレーシアの入国管理の規定では、観光目的の滞在の場合、滞在期間の上限を90日に定めており、1年間で合計180日の滞在が可能である。上述のとおり、キャメロンハイランドの日本人長期滞在者は、その多くがキャメロンハイランドクラブかキャメロンロングステイクラブの会員

であり、両団体の会員は、タナラタの中心地にあるヘリテージホテルをおもな宿泊施設としている。会の役員によるホテル側との交渉で、「ロングステイ料金」と呼ばれる宿泊料金の値引きが導入された。したがって、キャメロンハイランドにおいてホテルに長期滞在する場合は、両団体の会員資格があると滞在費が安いという利点がある。キャメロン会の担当者は、日本に帰国している間も週1回、ヘリテージホテルのマネージャーとインターネット電話で連絡をとり、会員の宿泊の予約や現地の動向について情報収集を行う。ホテル側も両団体の長期滞在者に対して特別なサービスを提供しており、病人が出たときにはホテルのスタッフが病院の手配などの対応してくれるという。さらに、日本人高齢者の滞在スタイルに合わせ、ゴルフ場へのシャトルバスの送迎を1日3回（ホテル発7時30分、9時30分、ゴルフ場発12時30分）行うなどのサービスを無料で提供している。

　キャメロンハイランドをロングステイ滞在地に選んだ理由と尋ねると、大多数の人が「ゴルフが好きだから」、あるいは「安くゴルフができるから」と答える。なかには週3～4回もゴルフ場に通う人もいるが、それが可能なのは安くゴルフができるしくみをつくった互助組織の会員であることによる。キャメロンハイランドには、州政府の運営するキャメロンハイランドゴルフクラブという唯一のゴルフ場がある。キャメロン会は、通常RM52.5（約1575円）のプレー費が半額になる会員割引料金の設定と、ゴルフバッグとシューズを無料で預けるサービスの提供をゴルフ場と交渉しており、キャメロン会の会員であれば気軽にゴルフが楽しめる。ゴルフ場からの帰り道にはトレッキングコースの1つとして30分の散歩道があるので、行きをタクシーやシャトルバスにして、帰りはトレッキングコースを歩いて帰る人も多い。日本のゴルフ場でプレーする場合、1万円以上のプレー費、交通費（ゴルフ場までの高速料金など）、プレー後の食事代を含めると、1回あたりの費用は2～3万円はかかる。それに比べると、キャメロンハイランドでのゴルフ費用は日本の20～30分の1であり、安価であることがわかる。キャメロンハイランドに長期滞在する日本人は、定年退職後の60代から70代前半が多く、現役時代に日本社会でゴルフ場の造成やリゾート開発にともなったゴルフ場の開発が行われた、ゴルフの大衆化の時期を経験している［村串、安江 1999: 284］。したがって、現役時代に会社の経費でゴルフをするのが仕事の一部でもあった彼らにとって、18ホール1000円以下でゴル

写真 4-1　トレッキングで、オラン・アスリの村を訪問する日本人高齢者たち
（2008 年 2 月 7 日、筆者撮影）

フができることは大きな魅力なのである。

　キャメロン会の会員の 1 人が「来る人はみな平等で、前歴を問わない。現役時代の自慢話をする人は嫌われる」と述べたとおり、現役時代の話を含むお互いの「過去」について問わないことが、ある種のマナーとされている[5]。また、食事代なども基本的に割り勘で平等に会計する。マレーシアでは酒類は「高い」とされ、仲間どうしで外食するさいはレストランで注文せずに、各自が自分が飲む分だけ外の売店で買ってもち込む。コンドミニアムに滞在する者の家でももち寄りの食事会をするさいは、自分が飲む分を持参する。飲まない人に対する金銭的負担のないようにお互いが気づかっているのと同様、行動はすべて、自己負担と自己責任が基本である。

　キャメロン会には、ゴルフ部、テニス部、トレッキング部、ゲームサロン（女子麻雀部、囲碁部、カードゲーム部）、婦人部、絵画部、写真部の、合計 9 つのレジャー関連の部活動がある（図 4-1 参照）。ゴルフ部が公営のゴルフ場を使用するのと

第4章　「渡り鳥」型のロングステイヤー——キャメロンハイランドの事例から

同様に、テニス部も公営のテニスコートを使う。キャメロン会が役所と交渉し、地元のテニスクラブがコートを使用する時間以外の時間帯（朝8時半から午後5時）に、キャメロン会が使用する許可を得ている。

トレッキング部は、初心者向けのものから上級者向けのコースがあり、初心者は道案内をしてくれる部員といっしょに回る（写真4-1）。オラン・アスリの村を経由してジャングルトレッキングをする場合、ゴルフ場でキャディとして働くオラン・アスリの青年に道案内役を依頼し、トレッキングの参加者は1人あたりRM5の謝金を支払う。その他、屋内でのレジャー活動では、日本からもち込んだ麻雀セットや囲碁セット、トランプや絵の具を使用するので、費用がかからない。

ところで、このように人気のロングステイ滞在地となったキャメロンハイランドについて、日本人が増えすぎたと感じる人は少なくない。そこで、キャメロン会の創設者である久保田は、ほかにロングステイ滞在地になる場所はないかと思案し、ボルネオ島のサバ州コタキナバルに下見に出かけた。カメロン会設立のさいと同じ手順（視察、日本人長期滞在者を受け入れてくれるホテルやゴルフ場の選定、特別料金の交渉、そして団体の設立と会員への会員証の発行）をふみ、新たにNPO「キナバルハイランドクラブ」を結成した[6]。ボルネオ島のサバ州コタキナバルにはキナバル山があり、エコツーリズムの観光地としても有名である。とくに、ゴルフ愛好家の間では、キナバル山の麓にある4つのゴルフコースへの関心が高い。キャメロンハイランドクラブとキナバルハイランドクラブの両方の会に参加している人も多く、一度にキャメロンハイランドとコタキナバルの2か所を周遊したり、夏はキャメロンハイランド、冬はキナバル山と、マレーシア国内の2地域で長期滞在したりする[7]。

久保田は2008年に、2冊目となるロングステイガイドブック『1日1000円のゴルフライフ——マレーシアコタキナバルなら実現できる』を出版した［久保田2008］。キャメロンハイランドをロングステイ滞在地として宣伝したさいは「月15万円年金で暮らせる海外リゾート」を、また、コタキナバルの宣伝には「1日1000円のゴルフライフ」を謳い文句にしている。著書の書名は、経費の安さがわかる具体的な数字と、暮らしやライフといった生活をさす言葉に、滞在地が添えられたつくりになっている。このように、作家でも出版社でもない、先駆者となる一般の日本人高齢者自身が、「安い」「生活」「リゾート」

133

という具体的なメッセージを伝え、ロングステイ滞在地のイメージ形成者となることによって、ロングステイツーリズムの社会的組織化において主要な役割を果たしている。

4-2 「渡り鳥」型ロングステイヤーの実態

4-2-1 ヘリテージホテルの滞在者たち

　大橋健一［2007］は、ホテルのもつ文化装置としての側面について指摘している。観光を成立させるための基盤の1つであるホテルは、たんなる観光の手段としての宿泊の場にとどまらない。ホテルは社会的文化的意味をもつ施設であり、また旅行者、地元の人間を問わず、さまざまな人々が交流を展開する社交の場でもあり、そこを媒介として多様な意味が交換されるコミュニケーションメディアであるというのだ［ibid.: 98］。大橋の指摘に従えば、キャメロンハイランドでのロングステイツーリズムの成立において、文化装置としてホテルがどのような意味世界をつくり出しているのかを検討することが必要となるだろう。本節では、ロングステイ宿泊施設としてキャメロン会と提携したヘリテージホテル内での日本人長期滞在者の活動とその様子を記述し、ホテルにおける交流やコミュニケーションが日本人長期滞在者たちに与えた影響を考察する。

　キャメロンハイランドのロングステイ団体の設立以降、当地が日本人高齢者のロングステイ滞在地として成立するうえで、タナラタのヘリテージホテルは重要な役割を担ってきた。「ヘリテージホテルがないと、（キャメロンハイランドでのロングステイは）できなかった」とキャメロン会会長が述べるように、キャメロンハイランドへのロングステイツーリズムは、ロングステイツーリズムの互助組織であるキャメロン会およびキャメロンハイランドクラブと、ヘリテージホテルとの協力関係のもとに成立している[8]。

　ヘリテージホテルは、マレーシア国内のキャメロンハイランドを含む3か所でホテル業を展開している。ヘリテージホテル・キャメロンハイランドは、英国風のリゾートホテルであり、4つ星ホテルとされる。キャメロン会とキャメロンハイランドクラブの会員が長期滞在するシーズンには、多くの日本人宿泊客でにぎわう。ホテル側も、日本人長期滞在者に対するサービスを充実させている。ホテルのマネージャーである華人マレーシア人のリサさん（仮名）は、

第 4 章 「渡り鳥」型のロングステイヤー——キャメロンハイランドの事例から

写真 4-2　キャメロン会 2008 年総会
ヘリテージホテルのボールルームにて。(2008 年 2 月 17 日、著者撮影)

キャメロンハイランドクラブの運営する日本語教室の第 1 期生でもあり、日本人長期滞在者の受け入れ窓口を務め日本語が堪能である。ホテルのロビーには、キャメロン会とキャメロンハイランドクラブのための伝言板や、絵画や写真を展示するためのパネルが常設されている。同じくロビーの奥にあるリサさんのオフィスの横には、キャメロン会からの要請で、日本人長期滞在者のための無料の図書館を開設している。ヘリテージホテルの宿泊料金の会員割引は朝食（ビュッフェ）付きの値段なので、日本人長期滞在者のハイシーズンの朝食は、広いレストランが日本人宿泊客でほぼ満席となる。キャメロンハイランドへのロングステイ体験ツアーに添乗した旅行代理店の女性社員は、その状況を見て「まるで、熱海の旅館の団体さん（団体ツアー客）の朝食のよう」とつぶやくほどである。朝食のあとは、2 階の空きスペースを使ったゲームサロンや部屋を無料で借りて、囲碁部や女子麻雀部の活動が行われる。年 1 回の総会は、ホテルでいちばん大きなボールルームを使用し、会の運営に関する報告が行われた（写真 4-2）。

ヘリテージホテルから徒歩5分の距離にタナラタ商店街やバスターミナルがあるという利便性は、キャメロンハイランドが日本人高齢者のロングステイツーリズムの拠点になるうえでも、とくに重要であったと考えられる。バスやタクシーなどの公共交通機関が十分に整備されていないキャメロンハイランドにおいて、食料品や日用雑貨を販売する商店や飲食店、市場、銀行、郵便局、役場がすべてヘリテージホテルから徒歩圏内にあることで、渡り鳥型の長期滞在者は自動車がなくても生活に大きな支障はない。むしろ、日常生活で歩くことが多いキャメロンハイランドの生活によって、痛風や高血圧といった持病がよくなり、健康になったという意見をよく聞く。あるいは、花粉症の時期に計画的にキャメロンハイランドに滞在することによって重度の花粉症を防ぐというように、健康目的で長期滞在するという人もいる。つまり、多くの人々が、キャメロンハイランドでの長期滞在によって健康上の効果が得られていると感じているのである。

　ヘリテージホテルが日本人高齢者の長期滞在の拠点となることによって、渡り鳥型のロングステイツーリストたちは、親しくなった会員と食事やゴルフの予定を立てるのも、待ち合わせやお互いの部屋の行き来にも便利である。とくに、単身で滞在している人々にとって、キャメロンハイランドでの長期滞在は、食事やスポーツなど複数の人数での活動が盛んであり、単身で滞在する場合でも、ヘリテージホテルに宿泊すれば必ず誰か仲間に合流できる。単身で滞在するのは男性が多いが、なかには女性1人でくり返し長期滞在する人もいる。キャメロンハイランドのロングステイツーリズムは、仮に一人旅として家を出発したとしても、旅の中身はさまざまな人々との相互関係によって成り立つ。空港ではともに渡航する仲間と待ち合わせているかもしれないし、滞在先にはレジャー活動や寝食をともにする仲間や現地のマレーシア人との交流の機会も豊富である。それらをつなぐ組織としてロングステイ団体が機能し、ロングステイツーリズムの社会的組織化にとって、ホテルはさまざまなアクターを集める磁場となるのである。

　ホテル滞在はまた、夫婦で長期滞在する夫にとって、妻に対する思いやりとして意味づけられる。夫婦でくり返しキャメロンハイランドに長期滞在している60代の関根さん（仮名）は、「妻に『上げ膳据え膳させてあげよう』というのが、ロングステイの動機のなかで大きな1つ」と述べた[9]。夫婦での長期滞在の場合、

2度目の滞在以降はより長く滞在するために、ホテルよりも宿泊費が安く、自炊ができる家具付きのコンドミニアムを賃借する人が多い。関根さんも同様に、ホテル滞在と中華料理中心の外食に飽きてしまい、自炊ができるコンドミニアムに滞在するようになった。すると、妻は「私には退職ないわね」と言い、長期滞在中に3度の食事を準備することに対する不満を表したのだ。けっきょく、コンドミニアムではなく、再びヘリテージホテルに滞在するようになった。関根さんにとって、たとえホテルのほうが割高でも、食事の支度や後片付けなど家事の負担が増えるコンドミニアムに滞在しないことは、妻に対する配慮であり、「奥さん孝行」の表れなのだ。

関根さん夫妻のように、夫婦そろって長期滞在するなかで「奥さん孝行」を実現する人もいれば、夫婦が別々に行動し、奥さんを1人にしてあげることが「奥さん孝行」と考える人もいる。キャメロンハイランドには、1人で長期滞在をくり返している既婚者の男性も多い。以下では、キャメロンハイランドでの単身長期滞在をくり返している既婚者の男性の事例からみてみよう。

事例4-1　ヘリテージホテルの単身滞在者

ヘリテージホテルの長期滞在をくり返している三井さん（60代男性）は、ホテルで朝食を済ませると、「ちょっと、これから仕事の時間だから」といって部屋に戻り、2台のノートパソコンを立ち上げた。インターネットで株式市場をチェックし、株の売買をする。「ひと月にだいたいいくら儲かりますか？」と尋ねると、「キャメロンハイランドでの滞在費用分を稼ぐのが目標」と答え、ノートパソコンで作業を続ける。

インターネットでの取引を終えたころ、同じく単身でヘリテージホテルに長期滞在中の足立さん（60代男性）が、自室のパソコンで株式チェックを終えて、三井さんの部屋を訪ねてくる。2人は、部屋でパンとコーヒーで昼食を簡単に済ませた後、タナラタのテニスコートまで歩き、テニス部の活動に参加する。テニス部の練習の後は、また歩いてホテルに戻り、シャワーを浴びて衣服を着替え、キャメロン会の仲間との夕食の待ち合わせのために再度タナラタ商店街に向かう。ニョニャ料理店での食事を終えて部屋に戻ると、韓流ドラマのDVD上映会を開き、仲間といっしょに観賞する。韓流ドラマのDVDは、単身でヘリテージホテルに滞在中の女性（60代）

が日本から大量に持参してきたものだ。翌朝ゴルフの予定がないときなどに、夕食のあと数人で集まっていっしょに鑑賞している。

三井さんは日本でも、スポーツとインターネットの株式取引を中心とした日常生活を送っている。この生活スタイルは、日本の梅雨や冬の間は継続するのが難しく、屋外でスポーツができない季節には健康的ではないと感じている。一方、キャメロンハイランドでは、梅雨も冬もなく気候は一定であるため、毎日、運動とネットでの株式取引をバランスよくこなせて、健康が維持できるのだという。三井さんはトレッキング部にも参加しており、日本よりもキャメロンハイランドのほうが運動する機会が増える。

「奥さんを1人にしてあげることが、奥さんへのプレゼント」であると語る三井さんと親しい足立さんも、三井さんと同じような考えをもち、5年前から1か月程度の滞在を夏と冬にくり返している。足立さんは、「僕としては、1人で来たほうが遊べるもんね。（妻と）いっしょに来たら、いっしょにいなきゃいけない。ここへ来るのが奥さんサービス。でも、年がら年中はいたくないね」と述べる。三井さんも足立さんも、単身でキャメロンハイランドに来ることによって、夫婦別々に自分のための時間をもつことが、お互いのためと考えている。「友達がいなかったら（キャメロンハイランドでの長期滞在は）飽きてしまっていただろうね」と足立さんは言うが、ヘリテージホテルには既婚者でも単身で長期滞在する人も多いので、食事や余暇活動に誘いあい、交流が盛んである[10]。

以上の事例からは、男性がキャメロンハイランドでも、日本と同様、テニスとインターネットの株式取引を中心に時間を過ごし、日本と同じ生活スタイルをよりよいかたちで維持していることがわかる。キャメロンハイランドでしかできない特別な活動のために長期滞在しているというよりも、むしろ、自分の設定した老後のライフスタイルを維持するために、キャメロンハイランドでの生活と日本での生活を組み合わせているといえる。個人としての妻の生活を尊重し、夫婦それぞれが日常生活を自律的に設計している。自分の望むライフスタイルを妻に強いることなく、お互いに1人の時間を自由に過ごすこと、さらに家事の負担をかけないことが妻への配慮であると捉えているのである。また、キャメロンハイランドでは同じような考えをもった既婚男性の単身滞在者がほ

かにもいるので、夫婦で滞在していない「浮いた」存在となるわけでもなく、単身滞在者どうしで誘いあい、食事や社交の時間をいっしょに過ごすことができる。単身滞在者どうし、気の合う仲間どうしでキャメロンハイランドに滞在する日程を事前に合わせ、滞在費の安いコンドミニアムのルームシェアを60代の男性3人でしているケースもある。互助組織があることで、会員どうしが知り合い、レジャー活動や寝食をともにし、場合によっては共同生活者となる機会がつくり出されているといえるだろう。

> 事例4-2　観光ビザでの長期滞在
>
> 　単身で渡り鳥型のロングステイヤーである60代男性の長野さんは、ヘリテージホテルとその周辺のコンドミニアムではなく、少し離れたマレー人の民家の1部屋を1か月RM700（約21 000円）で借り、ホームステイしている。家を貸しているのは、土産物屋で働くマレー人女性とその家族である。MM2Hビザは取得しておらず、90日間の観光ビザの範囲で長期滞在をくり返している。年間180日は確実にマレーシアに滞在し、近隣諸国に出国して1か月間滞在した後に再びマレーシアに入国して3か月間滞在し、年間270日間をマレーシアに滞在する。キャメロンハイランドではマレー人の民家を住所とし、在マレーシア日本大使館に在留届を出している。また、日本の社会保険庁に関連する書類には、キャメロンハイランドの住所を届けている。足が悪くロングステイをしない妻の住民票は、日本の住所に残している。日本の地方自治体の住民票を抜き、マレーシアに在留届を提出することにより、夫である長野さんの年金は非課税となる。夫がマレーシアで病院にかかるさいには、クレジットカード（ゴールド）の海外旅行保険を使用する。長野さんはテニス部のメンバーであり、キャメロン会の支部のとりまとめ役を担当しているので、朝のうちにホームステイ先からヘリテージホテルに通ってきて、おもにタナラタ周辺で会員たちとともに、会員の相談役や渉外などの活動を行っている[11]。

　以上の事例からは、日本人高齢者が在留届を活用することにより、年金を非課税にする手法が読みとれる。二重租税の免除という制度上の利点を活用するために、マレー人宅を住所として届けている。夫の住民票は抜いても、妻の住

民票を残しているので、身体の具合の悪い妻には国民健康保険が残り、病院の診療費も国民健康保険が適応される。夫は、MM2Hビザを取得するという方法をとらずにマレーシア国内での3か月の滞在を2回くり返した後、日本に1か月間帰国してマレーシアに戻り、さらに3か月滞在しているのだ。互助組織の活動を担う人物が、たまり場となっているホテルから少し離れたところに長期滞在するのは、人間関係のストレスからではない。地元のマレー人との間の個人的なホスト‐ゲストの契約関係（賃貸契約）と在留届という手続きを活用することで、日本国民として受けられる制度的保障を維持しつつ、国外で生活するスタイルを確立している。具体的には、年金の非課税、国民健康保険、社会保障の維持を同時に実現しており、MM2Hビザに申請せずに非居住の利点を得られる方法を見いだしている。

　このように、日本とマレーシアの滞在地を行き来しつつ、2つの場所のそれぞれの利点を活かす、つまり「いいとこ取り」をするライフスタイルを実践する「渡り鳥」型の長期滞在者は、マレーシアの日本人高齢者の間で「いいとこ鳥」と呼ばれるようになった。上述の事例は、いいとこ鳥の事例の1つといえるだろう。ホテルの宿泊客ではない長野さんにとって、ホテルという磁場は、キャメロンハイランドでの暮らしを支える場所となっている。さらに、マレーシア観光省は、村落に滞在するホームステイ・プログラムを主力観光形態の1つとして促進しており、キャメロンハイランドの地元社会においても、ホームステイする日本人高齢者の姿に関心が寄せられている。ゴルフ場で働く現地に住むマレー人のハリムさん（仮名）は、ゴルフ場の利用者である長野さんのホストファミリーとも親しく、「増加する日本人高齢者の宿泊先として、ホームステイを受け入れたい」と、ホストファミリーになることに対する関心を示した[12]。このように、増加する日本人高齢者の存在は、地元の人々にとって、小規模事業や個人レベルのインフォーマルなサービス提供など、経済活動の契機となっている。

4-2-2　地元社会への「国際貢献」活動

　ロングステイ財団［2002］はロングステイの定義のなかに、「国際貢献に寄与する」ことを盛り込んでいる。その理念は、キャメロンハイランドにおけるロングステイツーリズムを促進する団体や個人にも共有されており、現地社会へ

の貢献を目的とした交流活動が盛んである。キャメロン会会則によれば、キャメロン会の目的（第3条）は「キャメロンハイランドでロングステイする意思を有する会員相互の親睦を図り併せて現地の人々との交流を促進すること」と記されている［キャメロン会 2003］。

　ボランティア活動は、長期滞在する日本人たちがキャメロンハイランドの地元の人々と交流する機会を創出する。キャメロン会もキャメロンハイランドクラブも、日本語教室や日本文化教室（お茶、折り紙など）や盆踊り大会、植林や環境保護活動などのボランティア活動を通じて、現地社会との交流を行っている。キャメロン会では、婦人部の活動の一環として、定期的に折り紙教室を開催し、地元のムスリム系婦人会をヘリテージホテルに招待し、日本茶をふるまっている。

　キャメロンハイランドクラブは、地元の人々との親善、相互理解を深めるための事業として、ボランティア日本語教室の運営や盆踊り大会の開催などを継続しており、2008年に第5回盆踊り大会をヘリテージホテルの駐車場で盛大に開催した。もともと、キャメロン会とキャメロンハイランドクラブは1つの組織であったが、日本語教室の運営方法をめぐり会員どうしの意識に齟齬が生じたのを契機に、関東の会員を中心としたキャメロン会と、日本語教室のボランティア活動を目的とする関西の会員を中心としたNPO法人キャメロンハイランドクラブとして2つの団体に分かれた。キャメロンハイランドクラブの中心的活動となった日本語教室は、渡航費や滞在費、授業中に使う教材や配布資料の印刷費などすべての費用をボランティア教師が負担した。また、会員が日本語教師として参加するためには、日本語教師の研修を受けていることが条件とされた。したがって、日本語を教えることを目的に、キャメロンハイランドに長期滞在している人も多い。たとえば、2002年1月にキャメロンハイランドに来て以降、毎年夏と冬に3か月ずつキャメロンハイランドに滞在している60代の夫妻の場合、妻は日本語教室、夫は植林活動を続けており、地元の人々との交流が滞在中の活動の中心となっている。

　日本語教室のボランティアに参加している60代女性の牧野さん（仮名）は、定年退職後に語学留学でニュージーランドに半年間滞在し、帰国後に日本語教師の資格を取得した。その後、ニュージーランドで8か月間日本語を教えた経験がある。その経験を活かし、キャメロンハイランドで日本語教師を務めてい

写真4-3 ヘリテージホテル内での日本語教室の様子
(2008年2月某日、筆者撮影)

る。週3回、1回2時間の授業を、地元の社会人や高校生が受講している。ボランティア教師たちは授業の一環として、滞在中のコンドミニアムに生徒を招き日本食の食事会を開催したり、授業以外でもいっしょに出かけたり、地元の人々との交流の機会を積極的に設けている。牧野さんは、「アンチ・エイジングじゃなくて、エンジョイ・エイジングやね」といい、キャメロンハイランドでも活動的な日々を過ごしており、「日本語学校を通じてローカルの若い人々と触れ合えるのがとても楽しい」と述べた[13]。

　ヘリテージホテルのマネージャーのリサさんは、日本語教室の第1期生であり、その他ヘリテージホテルの社員が日本語教室を受講している。ヘリテージホテルは、日本語教室のボランティアのために、教室として使用する会議室とお茶とお菓子を無料で提供する。

　ヘリテージホテルのマネージャーのリサさんと同じく日本語教室第1期生のロンさん（仮名）は、タナラタの町で診療所を経営する内科医である。キャメロン会会員の話によると、これまでに、急に体調不良となり救急車でイポーの病院まで運ばれ助かった者もいれば、くも膜下出血で病院に向かう途中に亡く

第4章 「渡り鳥」型のロングステイヤー——キャメロンハイランドの事例から

写真 4-4 日本語教室の第 1 期生が経営しているタナラタ商店街の食堂
(2008 年 8 月 3 日、筆者撮影)

なった者もおり、日本語を習得したロンさんは日本人高齢者にとって「かかりつけ医」のような存在となっていた[14]。そのほか、事業のために日本語が必要であるという理由から、日本語教室の生徒となった野菜農園経営者や食堂経営者など、タナラタの町で日本語を習得した者は、日本人相手の商売を営み、日本人ロングステイヤーや長期居住者に日本語で対応することによって経済的な利益を得る。タナラタの商店街で食堂を経営する華人女性は、レストランに日本語の雑誌を置き、航空券の手配サービス、日本語メニューを準備し、日本人長期滞在者を対象としたビジネスを展開している。

　南スペインのマジョルカ島の村落に流入する北部ヨーロッパ（イギリス、フランス、ドイツなど）やアメリカ出身の外国人長期滞在者・居住者に関する事例研究は、長期滞在者や居住者の増加が、滞在地の社会経済に変化をもたらすだけでなく、ホスト社会の側が「よそ者」の存在を意識することが地元住民のアイデンティティ構築の契機となることを指摘している［Waldren 1997］。キャメロンハイランドの場合、地元の人々にはロングステイヤーである日本人高齢者との交流によって「ホスト」であることのアイデンティティが芽生え、長期滞

在者向けのサービス創出やビジネスの契機を見いだしているといえるだろう。とりわけ、日本語学校で日本語を学んだ人々は、その能力をキャメロンハイランドの「ゲスト」である日本人高齢者の長期滞在のサポートにも活用し、ビジネス以外の交友関係が生まれている。

　ボランティアの日本語教室を主宰していたキャメロンハイランドクラブは、その他の国際貢献活動として、毎年盆踊り大会を開催してきたが、NPOを解散した[15]。理事や会員、ボランティア教師の不足で運営危機に陥っていることは2007年5月1日発行の会報で報じられており、人員不足と財政が解散の原因とされている[16]。解散時の会員数は50名まで減少しており、キャメロン会との合併が協議された。しかし、大阪市の補助金を受給して活動していたNPOの側から、経費のかかる日本人教室と盆踊り大会の事業継続が合併の条件として提出され、その2つの「国際貢献」活動を行うことが資金的に困難なキャメロン会は合併しなかった[17]。現在、キャメロンハイランドのロングステイツーリズムの互助組織はキャメロン会のみとなったが、2011年には毎年日本で開催される「ロングステイフェア」(ロングステイ財団主催)でブースを出展しており、引き続きキャメロンハイランドでのロングステイツーリズムの啓発活動を行っている。

4-2-3 「しがらみ」を逃れる

　以上のように、キャメロンハイランドへのロングステイツーリズムは、互助組織の介在のもと、ツーリストが主体となって発展した観光形態である。長期滞在者の大多数が互助組織に参加し、会員割引で利用できるヘリテージホテルに宿泊し、寝食をともにする。ボランティア活動や部活動などでホテルを使用したり、たった1つしかないゴルフ場を利用したりする以上、日本人どうしの接触や付き合いは避けることができない。また、パッケージツアーで偶然いっしょになった団体旅行客どうしのようなその場限りの関係ではなく、くり返し長期滞在をともにする仲間でもある。MM2Hビザを取得しキャメロンハイランドに定住する場合でも、互助組織の会員としてさまざまな活動に参加し、現地をよく知る古参のメンバーとして「渡り鳥」から頼りにされる。このように、キャメロンハイランドでは、少数の「定住」者と、お互い顔と名前を知っている多数の「渡り鳥」どうしが混ざりあう、「小さな日本人社会」が生成している。

第4章 「渡り鳥」型のロングステイヤー──キャメロンハイランドの事例から

「小さな日本人社会」は、しかし、キャメロンハイランドの住みやすさという魅力を損ねる一因にもなる。東マレーシアのコタキナバルに移住した小原さん（50代男性）は、キャメロンハイランドの下見をしたさい、「日本人の団体がとり仕切っていて、とても窮屈で、住みたいと思える場所ではなかった」と感じたのだという[18]。小原さんのように下見をしたうえで、キャメロンハイランドではない場所を移住地に選ぶ人がいれば、キャメロンハイランドでの長期滞在中に「渡り鳥」型のロングステイヤーとは関わろうとせず、現地の人々、あるいはごく一部の日本人定住者とのみ親しく付き合う人々である。筆者自身が出会うことはなかったが、声をかけられないように黒い傘で顔を隠して歩く人や、日本人から挨拶されると華人のふりをして「ニーハオ」と返事をすることから、「ニーハオおばさん」と呼ばれる人がいるのだそうだ。このように、日本人との付き合いを拒む日本人について皮肉を込めて語る長期滞在者の話からは、小さな日本人社会で生じる人間関係の煩雑な側面がみてとれた。

では、このような人間関係の煩わしさは、キャメロンハイランドに特有なのだろうか。以下では、長期滞在をくり返すうちに、「渡り鳥」と付き合わなくなった夫婦の事例をみてみよう。

事例4-3　日本人と距離をとる「渡り鳥」型ロングステイヤー夫婦
　佐藤さん夫婦は、1999年にキャメロンハイランドに下見に来て以降、毎年2回2か月間の滞在をくり返している。夫は75歳、妻は72歳で（2008年当時）、ヘリテージホテルから少し離れた場所にあるコンドミニアムに滞在している。ゴルフ場が近く、市場があるブリンチャンまで徒歩20分の場所で、日本人長期滞在者が少なく「静かな」環境である。夫婦は以前キャメロン会の会員であったが、途中で退会している。
　4年前（2004年8月）に筆者が初めて佐藤さん夫婦に会ったとき、夫は、「（キャメロンハイランドでは）日本での地位や過去の仕事を持ち込まない。持ち込むと嫌がられる。気の合う人とだけ付き合えばいいし、しがらみがない」と述べ、日本人どうしが揉めている噂を聞いてそれが嫌になり、ヘリテージホテルを出たと言っていた[19]。こうして、日本人の密集するヘリテージホテルやタナラタを離れることで日本人とは付き合わなくなったが、互助組織の一会員として築いた地元の人々との関係は続いており、現在で

も付き合いはある。妻は、日本語教室のボランティアでは、第1期生に日本語を教えたボランティアの1人でもある。

妻は、「地元の人々とは考え方も違うし、計算高さを感じる」という。たとえば、現地の人ならRM400（約12 000円）で借りられる部屋が、日本人だとRM1600（約48 000円）になるなど、日本人と地元の人々の間には商売が絡む。言葉（英語やマレー語）のできない人が1か月RM2600（約72 000円）の家賃を払った事例などもみてきたため、MM2Hビザの申請を考えたが、けっきょく決心がつかなかった。

妻にとって、日本の実家に30代後半と40代になる働き盛りで未婚の娘が2人いることも、「足かせ」であるという。日本にいると「子供はいつまでたっても子供」であり、娘のために送り迎えや掃除、洗濯をし、食事をつくる。キャメロンハイランドでは、雑事に邪魔されることなく、じっくり英文のシェイクスピアを読んだり、気が向くとマレー語を勉強したりしている。夫妻は、キャメロンハイランドと日本の行き来をくり返してきたことに関して、以下のように心境を述べた。

> 妻　行ったり来たりをくり返していると、どこに軸足があるのかわからなくなってきた。何が自分の主体になるのか……。日本にいても人との付き合いがなくなるし、しなくなる。地域の川柳の会や絵画の会にも、行かなくなった。くだらないことに笑いたくないし、無理していかなければならない義務もない。（中略）合う人合わない人がいる。年をとればとるほど、人との付き合いが難しい。キャメロンでは「俺は偉い」と思っている人が多い。男性はいつまでたっても昔の肩書が捨てられないし、頭を下げられる人がいない。
>
> 夫　キャメロンは刑務所。娑婆で何やってようが、みんな同じ。番号がつかないだけだ。僕が来始めたころは、みんな知り合いだったけど、会を辞めて3年たって、（日本人長期滞在者とは）無縁になった。（中略）年とったらほかへは行けない。だから、キャメロンハイランドにはできるだけ来たい。毎年来たい[20]。

以上の事例からは、妻は、日本とキャメロンハイランドの両方で、日本人も

地元の人々も含め、人との付き合いを「難しい」と感じていることが読みとれる。現地の人々との関係性には商売が絡むことに、キャメロンハイランドでの日本人との関係には退職前の社会的地位が影響することに対して、違和感を抱いている。とはいえ、日本の地域での人付き合いに価値を見いだせない。人と付き合わなくなった結果、自分の生活の中心となる場所がどこなのか定まらないと感じている様子がみてとれる。加えて、日本では未婚の娘と暮らしていることで、70歳を過ぎても子供の世話をする「母親」としての役割が継続していることも、「何が自分の主体になるのか」を自らに問う一因となっていると考えられる。妻にとって、キャメロンハイランドでシェイクスピア講読やマレー語の勉強をすることが「自分の主体」となる活動である。一方、夫はキャメロンハイランドでの日本人との人間関係を、あくまでフラットなものと捉えている。日本人の多い環境から離れ、付き合いがなくなったことで、人間関係に関するストレスを妻ほどには感じておらず、キャメロンハイランドでの長期滞在を今後も続けたいという希望を強くもっている。

4-3 MM2Hビザ申請者の増加

4-3-1 キャメロンハイランドに定住する人々

　カメロン会が設立された1998年以降、キャメロン会の牽引してきたキャメロンハイランドにおけるロングステイツーリズムは、年に1度か2度、数週間から3か月滞在する余暇スタイルとして実践されてきた。しかし、2000年代に入って転換期を迎え、定住する日本人が徐々に増えた。その契機となったのが、2002年の「マレーシア・マイ・セカンド・ホーム（MM2H）プログラム」制度の開始であった。

　キャメロン会の会員の沢村さん（仮名）は、MM2Hプログラム開始以降、日本人で最初の申請者であり、2003年にオーストラリアでの3か月間の観光旅行をした帰りにマレーシアに寄り、出発前に申請しておいたビザを取得した。そのビザ取得体験記を、キャメロン会の会報誌にも掲載している［キャメロン会 2003］。以降、MM2Hビザを取得し、キャメロンハイランドに定住する人々が散見されるようになった。キャメロン会の会員のなかでも現地に定住する人が増加したことをふまえ、組織の改編が検討された。会員の活動も現地中心で

あり、会員のニーズやトラブルなど正しい情報を早く把握するために、会の機能を現地にシフトすることが提案された。現地官庁、警察、病院との情報交換、事故の報告と相談、そして緊急時の対応を現地在住の会員が統括すること、そして日本代表は、日本国内の活動の統括し、事務手続き、現地との情報交換、国内メディアへの対応、問い合わせ、支部活動を統括することを取り決めた。2008年に初代現地代表となった60代の岡崎さん（仮名）は、妻とともにキャメロンハイランドのタナラタに定住している。岡崎さんを中心に、定住者の間でネットワークづくりが検討され、緊急時のための14家族の連絡網が作成された。

　定住者の1人である60代女性の柚木さん（仮名）は、2007年にMM2Hビザを取得しキャメロンハイランドで暮らし始めた。離婚を経験している柚木さんには、日本に暮らす息子夫婦と孫がいる。さらに、柚木さんが「主人」と呼ぶ、オーストラリアのブリスベンに暮らす日本人男性が、年に1～2回キャメロンハイランドに数週間滞在する。柚木さんの暮らすコンドミニアムはタナラタ商店街の近くにあり、キャメロンハイランドに住むインド系マレーシア人が所有している。家賃はRM1400（約42 000円）で、キャメロン銀座の銀行に勤めているオーナーの奥さんに毎月手渡しする。寝室が3つ、リビングとダイニングキッチンがひと続きになっている。寝室の1つは柚木さんが使用し、そのとなりの寝室が夫の部屋であり、真ん中の寝室は客が来たときに使用する。リビングには日本に帰国したときに購入したカラオケセットがあり、ダイニングキッチンの横には麻雀テーブルがある。柚木さんの1日は麻雀テーブルでの朝食から始まる。日曜日の朝には、朝市で買い物をする。柚木さんの住むコンドミニアムにはほかにも日本人の定住者が暮らしており、ヘリテージホテルまで歩いて約10分、タナラタのキャメロン銀座まで徒歩2分の距離である。

　社交的な柚木さんは、定住者たちとの付き合いや、日本語教室を通じて知り合った地元の人々との付き合い、ハイシーズンに2～3か月キャメロンハイランドにやってくるロングステイの滞在者との付き合いを楽しんでいる。柚木さんの家には、人数が集まれば麻雀、夜お酒を持ち寄って夕食会を開き、10人ほど集まってカラオケで遊ぶ。キャメロン銀座のニョニャ料理のレストランで一次会をして、二次会が柚木さんの家のリビングのカラオケということもよくあり、カラオケ組と麻雀組に分かれて深夜まで遊ぶ。日本語教室が始まると、

週2回の日本語教室と週3〜4回のゴルフ、合間を縫って布草履をつくり、人を集めて麻雀をやる。あまりの過密スケジュールのため、体調を崩し、数日間寝込むこともある。数日寝込んでも体調が回復しない場合は、ロンさんの診療所に出かけていく。

　地元の有機野菜農家で40代の華人マレーシア人男性のラオさん（仮名）も、ロンさんと同様に日本語教室の生徒で、キャメロンハイランドの日本人長期滞在者や定住者と積極的に交流している。柚木さんとも、日本語教室以外の場面での付き合いがある。柚木さんやほかの日本人たちといっしょにゴルフや釣りに出かけたり、イポーの野外温泉まで出かけたり、日本人長期滞在者のコンドミニアムでの夕食会に参加したりする。有機農法に使用するペットボトルを回収にくるついでに、余った野菜を配り、あるときは買い物袋1つ分のとれたて野菜をRM15（約450円）で売りに来たりする。車をもっていない柚木さんは、ゴルフのときは送り迎えしてくれて、イポーの野外温泉までピクニックにも連れて行ってくれるラオさんとていねいな日本語で会話し、ときに間違いを指摘したり、新しい語彙を教えてあげたりしながらいっしょに時間を過ごす。柚木さんは、NPOの会員としてホテルで日本語教室のボランティア活動に参加したことによって、地元の住民である生徒たちとの交友関係を構築することで、キャメロンハイランドでの移住生活を円滑にしている。

4-3-2　ビザの利用と家計戦略

　キャメロンハイランドでは、2002年以降、MM2Hビザを取得し、年金受給が始まるまでの間、生活費の安い場所で暮らしたい、という経済的な理由から定住する人が徐々に増加した。「経済的な理由」という言葉は、一見、生活に貧窮しているイメージと結びつくが、必ずしも生活に困窮している人々というわけではない。それは、キャメロンハイランドと日本を行き来するよりも、キャメロンハイランドに定住することによって、「限られた予算でより豊かに暮らしたい」という気持ちの表れでもある。以下では、「渡り鳥型」ロングステイヤーによるMM2Hビザの利用と家計戦略について考察する。

事例4-4　早期退職後のキャメロンハイランド移住
　新見さん（60代男性）は、MM2Hのビザを取得し、妻と2人でキャメロ

ンハイランドに長期居住している。58歳で早期退職し、久保田の著書を読んでマレーシアも候補地として考え、2005年6月の2週間の下見でキャメロンハイランドを訪問した。タイやフィリピンは候補地として考えなかったが、インドネシアには1年間単身赴任で駐在した経験をもつ。

夫婦は、まわりに日本人の住んでいない、タナラタの中心地から徒歩で15分の場所にあるコンドミニアムに暮らしている。ゴルフもテニスもしないので、ごく親しい一部の定住者以外は、日本人との付き合いがない。食事は基本的に自炊で、現地の食材を使い、さまざまな工夫をしながら日本と同じような食生活を送っている。家具つきの物件で、電話代と水道代込でひと月RM900（約27 000円）を支払っていたが、申し訳ないので、1か月前からRM1000（約30 000円）払うようになったという。ひと月の生活費はRM3000（約90 000円）で、予備の予算（こづかい）がRM1000（約30 000円）である。

自分の暮らしをしていると、「意外と忙しい」そうで、毎日朝6時45分に散歩に出かけ、ブリンチャンの市場で朝食をとり、買い物をする。10時くらいに帰宅し、午前中は掃除、洗濯など家事の時間にしている。掃除機をかけるのは夫の役割で、妻が食事と洗濯をする。1日1回は運動も兼ねて、タナラタまで出かけ、銀行や散髪など用事を済ませる。夫は、キャメロンハイランドに来てからは、家事の分担をするようになったという。

夫は、「僕が103歳まで、妻が100歳まで、いられるかぎりこちらにいたい。僕の骨は、バリにまいてくれたらいいから、といっている。（マレーシアで）もし戦争が起こったら、東南アジアのどこか別の場所へ行こうと思う」と述べ、日本以外での暮らしを継続したいと考えている。

以上、新見さんの事例からは、キャメロンハイランドに生活の拠点を移し、「定住」生活している少数派の日本人の場合も、キャメロンハイランドを選ぶきっかけや情報源となったのは、渡り鳥型を主流とするロングステイの互助組織や久保田の著書であったことがわかる。実際に移住生活を開始して以降は、渡り鳥型の滞在者たちとの関わりはほとんどなく、夫婦でつつましく日常生活を送っている。できるだけ長くキャメロンハイランドで生活したいと考えており、戦争のような非常事態が起こりマレーシアで暮らすことができなくなったとし

ても、日本に帰ることを考えていない。夫は死後についても、日本で墓に埋葬してもらいたいというような要望ももっていない。

> 事例4-5 「経済難民」を自称する中高年兄妹
> 　古市さん（仮名）は4人兄妹の長男（61歳）で、姉と妹2人とともにキャメロンハイランドに長期居住している。4人の兄妹はみな独身で、結婚経験はない。両親は他界しており、位牌を家に飾っている。古市さんは、40代のころから日本脱出を考えており、どこの国に移住するのがよいか検討を重ねてきた。たとえばタックスヘイブン（租税回避地）とされるカリブ海のアンティグア・バーブーダには姉と妹（次女）が下見に行った。古市さんもコスタリカに下見に出かけ、「いいところだ」と思ったのだという。しかし、どちらも日本からは遠すぎるので、移住にはいたらなかった。久保田の著書を読み「いいな」と思い、キャメロンハイランドに下見滞在し、3人の姉と妹もそれぞれMM2Hビザを取得した。年金は無税になるように住民票を抜き、マレーシアに在留届を提出している。したがって、国民健康保険には加入していない。古市さんは、「我が家は集団行動が基本。経済難民で日本から逃げてきた。日本の経済はもたないから、すべての資産をこっちに移せと。（中略）日本には金儲けに帰る。ファンドを動かしに」と、金融資産を活用したマレーシア生活を実践している。
> 　古市家の人々は、どのロングステイの団体にも参加していない。日本人とのレジャー活動もごく一部の親しい人々とだけともにし、ロングステイ団体の輪のなかに入っていかない。古市さんは、「テニスとゴルフはやらないが、『デニス』と『ゴロフ』をやる」という。テニスは2回バウンドまで打ち返してよいからデニス、ゴルフは飛ばさなくてもゴロでよいからゴロフ、とテニスもゴルフも自分流だ。古市さんは、「テニスをやるなかでもグループに分かれる。ゴルフをやっている人たちは、人との付き合いが大変。いちばんの問題は、人との付き合い」と述べる。57歳の妹（次女）は年金受給者の夫婦（妻）から「年金を私たちはもらっているのよ、あなたたちとはちゃうちゃう（違う）」と言われたことから、会社勤めを定年退職した夫と専業主婦だった妻の夫婦を「ちゃうちゃう族」と呼び、「ちゃうちゃう族とのちゃうちゃう的人間関係を続けると、脳と心臓は死ぬ」と、

嫌悪感をあらわにする。また、妹（次女）は「必要がなければ日本には帰りたくない。ここでいい」とキャメロンハイランドに住み続けることを希望している。古市さんも同様に、

> 葬式も墓もいらない。お父さんが墓はいらないという人だったから。お坊さんが並んでお経を唱えてくれないと成仏できないなんて情けない。自分で成仏すればいい。千の風になりゃいい。新見さんに散骨してもらう。

と、日本に帰国することにも葬式や墓にも関心をもっていない。月7〜8万円の生活費で暮らしているが、いずれ物価が上昇してキャメロンハイランドに住めなくなった場合には、別の国や地域に移動することも視野に入れつつ、キャメロンハイランドで生活している。ホテルに長期滞在する「優雅な」渡り鳥型滞在者とは対照的に、節約しつつキャメロンハイランドに定住する自らの生活を「経済難民」と呼び、ユーモアを込めて語る古市家の人々には、悲壮感は感じられない。

新見さんと古市さんの事例からは、ともに、キャメロンハイランドにはできるだけ長く住みたいという希望があるものの、キャメロンハイランドに住めなくなったとしても、日本に帰るという選択肢は想定されていないことがわかる。両者にとって、マレーシアのキャメロンハイランドという場所は、「日本ではないどこか」として選択された場所であり、日本ではないほかの場所に移動しているにすぎない。つまり、暮らしの場を選択するうえで、キャメロンハイランドであることよりも「日本ではない」ことが重要な要素なのである。

4-3-3 キャメロンハイランドからの転居

筆者がマレーシアにおいて長期調査を行った2006年8月〜2009年1月のころは、キャメロンハイランドに滞在するロングステイヤーがもっとも多かった時期であった。また、ロングステイヤーとして滞在をくり返すうちにMM2Hビザの申請をする人が増加していた時期であり、今後キャメロンハイランドには定住者が増え続けていくかのような雰囲気があった。しかし状況はむしろその逆の方向に進み、キャメロンハイランドに定住する人が増えるどころか、す

でに定住している人々が、次第に別の町へ転居していったのだ。

　キャメロン会の現地居住者の取りまとめ役であった岡崎さんは、筆者が2008年2月に自宅を訪問したさい、キャメロンハイランドに定住することについて、以下のように述べた。

　　　ずっといるといろいろある。(オフシーズンで)日本人が30人くらいのときは、非常に狭い社会になる。日本人と接触したくないからここにきたのに、こんなに日本人が多くなってしまった。ほかを探そうかな、と思う人もいる[21]。

　岡崎さんは現役時代にアメリカに駐在した経験があり、妻も海外生活に慣れているため、現地に親しいマレーシア人の友人のいるキャメロンハイランドに住み続けたいと考えていた。妻は、キャメロンハイランドに暮らしているときは、「夫が亡くなったら、日本に帰って、娘のところに行く」といい、夫が生きている間はキャメロンハイランドに暮らす意向があることがうかがえた。しかし、岡崎さん夫婦は、キャメロンハイランドの山を下りたところにある中規模都市のイポーへ転居したのであった。

　2012年2月末に筆者がイポーに住む岡崎さんを訪ねたさい、転居した理由を尋ねると、岡崎さんは、まず人間関係について「大きな要因になると思う」と言及し、さらに以下の理由を挙げた。

　　　常春は、ずっといる人にとって、そんなに気候のいい場所ではない。涼しいというより寒い。ゴルフ場も9ホールしかない。いいとこ鳥ならばいいけれど、キャメロンは不便だし経費がかかる。イポーならばRM40(約1200円)で交通のアクセスがある。マンネリ化してしまうから、3～4年でまち(住む場所)を変える。クアラルンプールはうるさいし、スモッグだから、郊外に住みたい。

　岡崎さんの語りからは、住む場所を決めるうえで、日本人長期滞在者の多い場所であることは肯定的な要因にはならず、むしろ自分自身にとって快適である環境、すなわち気候や交通の利便性、生活費、ゴルフ場(の満足度)を求め

ていることがわかる。

　イポーのゴルフリゾートのなかのレジデンス（賃貸のタウンハウスの一軒家）を新しい生活の場に選んだ岡崎さんに続き、5組の夫婦がキャメロンハイランドから転居し、近所に暮らしていた。そのなかには、キャメロンハイランドに5年間住み、そのよさについてのインタビュー記事が雑誌に掲載されたばかりの安藤夫婦（仮名）も含まれる。さらに、キャメロンハイランドに3年間住み、「思う存分好きなことをして、ここで『千の風になりたい』」と自宅に自分用の骨壷を準備していた60代の原田夫婦（仮名）も、キャメロンハイランドを離れ、イポーに転居していたのである。

　岡崎さんはキャメロンハイランドに住んでいたときと同様、イポーに住む12家族に呼びかけ、連絡網をつくった。日本の連絡先もメンバーの間で共有し、日本への一時帰国や旅行でイポーを留守にする場合、不在期間と帰宅予定日、旅行ならば滞在先もメンバーに知らせることを義務としている。さらに、病院関連の情報などを共有することや、車で大きな事故を起こしたときなど緊急時のために日本語が話せるローカル（地元）の人々との人脈を広げることを、メンバーの全員で検討している。

　MM2Hビザを取得し、キャメロンハイランドでの定住生活に満足し、楽しんでいた人々であっても、1つの場所に長期間生活してみると、その場所のよさであると感じていたことが消極的な要素になる。キャメロンハイランドの渡り鳥型ロングステイヤーのなかには、「キャメロン通いを止めて、イポーにロングステイしたい」という人は後を絶たないが、イポーのゴルフリゾート内の賃貸物件は数に限りがあるため、予約待ちの状況であるという。

4-4　日本人「コミュニティ」の成立しないキャメロンハイランド

　第3章で述べたとおり、マレーシアにおける日本人高齢者の退職移住は、MM2Hビザを取得すれば最長10年間の滞在が可能なため、基本的には日本で生活し、マレーシアで長期滞在型余暇（ロングステイ）を実践するロングステイヤーと、マレーシアに移住し、生活の拠点を定めて数年間定住するセカンドホーマーという言葉の使い分けがあり、退職移住者のアイデンティティに差異がみられる。とくに、キャメロンハイランドを訪問する日本人退職者のなかで

も、滞在期間がビザの不要な 90 日以下である渡り鳥型のロングステイヤーと、少数派ではあるが増加の傾向にある定住型のセカンドホーマーの間では、生活様式や家計戦略、ライフプラン、地域社会との関わり方も大きく異なる。

　フィールドワークでは、高原リゾートのキャメロンハイランドが長期滞在者の滞在地、つまりロングステイ滞在地として「発見」されて以降、日本人の高齢者や退職者が市民サークルや NPO のような集団を形成し、地元の観光産業や自治体との交流を深めることによって現地社会に自らの存在を示し、次第に受け入れ体制が整備されていく過程が明らかとなった。つまり、ロングステイツーリズムの互助組織が、キャメロンハイランドという観光地における地元の観光産業（ホテル、ゴルフ場、商店街）と日本人ロングステイツーリストを媒介する役割を担うことにより、さまざまなサービスや割引制度、ボランティア活動の機会創出など、ロングステイツーリズムの基盤となるインフラが整備されていった。より多くの日本人がキャメロンハイランドにくり返し長期滞在することによって、経済的な利益を得る地元社会と日本人長期滞在者の互恵関係はいっそう強化される。したがって、ロングステイツーリズムの場合、ホストとゲストの境界線が曖昧になり、開拓者となった先駆的ロングステイツーリストや互助組織などのゲスト側の観光開発/ロングステイツーリズムの成立における主要なアクターであることが明らかとなった。従来の観光研究では、ホストは演出する側、ゲストは演出された「文化」をまなざし、消費する側と捉えられてきた。しかし、キャメロンハイランドのロングステイツーリズムの事例から明らかになったのは、ゲストとホストの相互作用による、ロングステイツーリズムの生成過程であった。また、ゲストとホストの相互作用を促進しているのは、ロングステイの互助組織である NPO や市民サークルなどの任意団体であり、ゲストがホストと共犯関係（協働関係）を築くことによって、ロングステイツーリズムが成立するのである。

　キャメロンハイランドのロングステイツーリズムは、日本に定住し、夏と冬の間に数日間から 3 か月程度キャメロンハイランドに滞在する「渡り鳥」型のロングステイヤーが多数派であり、MM2H ビザを取得して現地を生活の拠点とするのは少数派である。渡り鳥型の滞在者がいない時期は、タナラタ周辺に居住する日本人は 20 件弱（単身者、夫婦、あるいは成人した子連れの家族）のみとなる。一部の定住者の間では、緊急連絡網の作成によって連携が図られてはい

るが、定住者がまとまって共同体を築いていく方向には進まず、数年間暮らした後、ほかの町に転居する人々がみられるようになった。つまり、キャメロンハイランドにおいて「日本人コミュニティ」が生成しているようにみえても、その実態はきわめて流動的である。しかし、地元社会の側からみると、その流動性にかかわらず、日本人コミュニティが「ある」と認識される。The New Straits Times 紙は、キャメロンハイランドに滞在する日本人について報じる記事を掲載し、21 名の日本人高齢者を写真付きで実名で紹介している。記事によると、ペナンのジョージタウンにあるヘリテージホテル（キャメロンハイランドのヘリテージホテルとは別会社）は 1995 年以来、ロングステイクラブの日本人客を招待するカクテルパーティを実施しており、世界遺産に認定されたジョージタウンの史跡を巡る 2 泊 3 日のツアーの一環として、2012 年のパーティには日本人客 50 名が参加している。これらの参加者は「キャメロンハイランドの日本人コミュニティ」(the Japanese Community from Cameron Highlands) の日本人であるとされる (The New Straits Times 2012 年 3 月 7 日)[22]。現地社会にとっては、キャメロンハイランドのロングステイヤーの実態が流動的であろうと、彼らは「キャメロンハイランドの日本人コミュニティ」に属する日本人なのだ。

　本章ではまた、避暑避寒で 2～3 か月間の滞在が主流であるキャメロンハイランドに、最長 5 年間あるいは 10 年間有効の MM2H のビザを申請し居住する者が徐々に増えていくなか、高原の中心地であるタナラタ (Tana Rata) が日本人居住者の集まる町となる過程において、日本人高齢者の住み分けや、キャメロンハイランドを離れていく人々の二次的移住を発生させる要因について考察した。キャメロンハイランドの事例からは、余暇を目的とした集団が形成されることにより、仲間どうしのゴルフや麻雀だけでなく、日本語教室のボランティアや植林活動、あるいは盆踊り大会の開催といった地元社会との「国際交流」が活発となり、従来の短期周遊型の観光旅行と異なる現地の人々との交流が可能となった。しかし、集団の形成から現地での居住者コミュニティとしての連帯意識の生成までの一連のプロセスは、他方で、一部の人々にとっては外国の田舎町での「狭い」人間関係の煩わしさや軋轢を生むことになり、マレーシア国内のほかの地域へ転出する人々もみられるようになった。ほかの町へ転出した人々は、できるだけ長くマレーシアで生活することを希望し、MM2H ビザを取得してキャメロンハイランドに定住し、地元のマレーシア人たちとの交友

関係を築き、ときにはいっしょに出かけ、困ったときには助けてくれる人がまわりにいる人々でもあった。しかし、日本人コミュニティの生成における逆説的状況により、けっきょくほかの場所を探すという解決方法を選択するのであった。キャメロンハイランドには、「渡り鳥」型のロングステイヤーが定着するものの、日本人たちは定住すると、日本人を避けて暮らすか、あるいは別のまちへ転居し、日本人退職者の定住者による「コミュニティ」は成立しない。日本人高齢者たちにとって、キャメロンハイランドとは、マレーシアにおける日常生活の一部を過ごす場なのである。

　ジェームス・クリフォード（James Clifford）［1997］は、「旅のなかに住まう」こと（dwelling-in-travel）について言及している。クリフォード自身の研究も含む従来の旅に関する研究が、「旅のなかに住まうことよりも、居住のなかで旅すること」［クリフォード 2002: 61］についての研究であったことを指摘し、「人間の場所が静止と同じく転地(ディスプレイスメント)によって構築されている」という見方を提示した。クリフォードが指摘するとおり、従来、真正な社会存在は、境界を画定された場所のなかで中心に位置づけられるか、位置づけられるべきだと考えられた。roots（起源）はつねに routes（経路）に先行し、居住は集団生活のローカルな土台で、旅はその補足と考えられた［ibid.: 61］。一方、第1章でも述べたとおり、国際退職移住や居住観光に関する先行研究では、永住のための移住と観光の連続性、移住と観光の境界線の曖昧性が指摘されている［Williams and Hall 2000］。旅や観光、移住をめぐる移動の問題が、従来の定住を前提とした枠組みから検討されるのではなく、移動をめぐる経験の重層性から住まうことを考察する視点が必要である。

　本章では、数日間から3か月程度の滞在をくり返す「渡り鳥」型の長期滞在者が集まる高原リゾートのキャメロンハイランドの事例から、既存の観光地が日本人高齢者のロングステイ滞在地として成立する過程とその変容を明らかにした。キャメロンハイランドに滞在する大多数の日本人高齢者は、日本の気候が厳しい夏と冬に、避暑避寒を兼ねた余暇活動を目的に、観光ビザで数日間から3か月間ほど滞在する。キャメロンハイランドが日本人高齢者のハイシーズンとなる7～9月および12～2月には、200名以上がタナラタとその周辺に滞在するが、それ以外の時期には日本人長期滞在者はきわめて少ない。このような避暑避寒を兼ねる余暇活動を目的とした日本人高齢者の増加は、キャメロ

ンハイランドでの長期滞在を啓発する日本人の設立した互助組織としての任意団体の活動による、ロングステイツーリズムの社会的な組織化に起因すると本章で指摘した。

　大多数が「渡り鳥」型の長期滞在者である一方で、2000年代半ばから、MM2Hプログラムのビザ申請をする人が少しずつ増え始め、生活の拠点をキャメロンハイランドに移して暮らす「定住」型の人々が現れた。このような「定住」型の場合、気候や経済的要因がおもな動機となっており、できるだけ長くキャメロンハイランドで生活したいと希望していることが明らかとなった。しかし「定住」型の高齢者のなかには、キャメロンハイランドに数年間暮らした後、別の生活拠点を求めて転居・流出していく人々が現れた。つまり、日本人高齢者の国際退職移住は１つの場所に留まるとはかぎらず、別の地域への再移住を含む、流動性の高い暮らし方なのである。ここに、国際退職移住というモビリティに内在された流動性を見いだすことができるのではないだろうか。

註
1　ロングステイと特定の場所の結びついた組織は、たとえば、ロングステイ横浜クラブ（2000年3月設立）など、日本国内のある地域に拠点をもち、特定の国のみではなく、さまざまな国や地域でのロングステイ（長期滞在）を目的としている場合が多い［cf. ラシン編集部 2005b: 134-137］。
2　インタビュー、2006年7月6日。
3　キャメロン会ウェブサイト（http://www.cameron-kai.org/）、2010年3月10日参照。
4　インタビュー、2006年7月6日。
5　インタビュー、2006年7月6日。
6　2011年11月12日に開催された「第6回地球に暮らす「ロングステイフェア2011」」（ロングステイ財団主催）において筆者が実施した久保田へのインタビューによると、キナバル会設立後、次の滞在地として久保田は台湾に関心を向けており、台湾への短期滞在をくり返しているという。
7　2006年5月14日に東京都調布市において開催された、キナバルハイランドクラブのセミナーにおける参与観察によると、たとえばサバ州のラナウゴルフクラブの場合、プレー代はRM 30（約900円）である。
8　インタビュー、2006年7月6日。
9　インタビュー、2008年2月23日。
10　インタビュー、2008年2月07日。
11　インタビュー、2008年2月25日。
12　インタビュー、2008年2月某日。
13　2008年2月17日に参与観察を行った、ボランティア教師の集まるホームパーティで

第 4 章 「渡り鳥」型のロングステイヤー――キャメロンハイランドの事例から

の会話から。
14 インタビュー、2007 年 9 月某日。
15 解散時期についての明確な情報はないが、筆者がフィールドワークを終了した 2009 年 1 月以降のことである。
16 「キャメロンハイランドクラブ運営の危機」、NPO 法人キャメロンハイランドクラブ「会報 11 号」、『キャメロンハイランド』vol.11. p.3、2007/05/1。
17 元キャメロン会副会長へのインタビュー、2012 年 3 月 4 日。
18 コタキナバルでの短期調査におけるインタビュー、2004 年 8 月某日。
19 キャメロンハイランドでの短期調査におけるインタビュー、2004 年 8 月某日。
20 インタビュー、2008 年 2 月 22 日。
21 インタビュー、2008 年 2 月 6 日。
22 'Japanese Guests Visit Heritage Spots,' in Streets Northern Your Event, *New Straits Times*, 2012 年 3 月 7 日。

第 5 章
「定住」志向のセカンドホーマー
クアラルンプールの事例から

5-1　セカンドホーマーとクアラルンプール

　ロングステイ財団が設立されて以来、マレーシアはロングステイ滞在地として積極的なプロモーションが行われてきた。「東洋の真珠」と呼ばれ日本人観光客に人気のあったペナン島や、『赤い絹』の舞台として知られる高原リゾートのキャメロンハイランドは、1990 年代からロングステイ滞在先として新聞や雑誌にたびたび取り上げられてきた。2000 年代初期は、マレーシア国内の滞在地のうち、ペナン島とキャメロンハイランドの 2 都市に人気が集中した。第 3 章で述べたように、マレーシア政府が「シルバーヘア・プログラム」から「マレーシア・マイ・セカンド・ホーム（MM2H）プログラム」に受け入れ制度の改定を行ったのは 2002 年である。その結果、MM2H ビザの申請が増加し始めたのは、マレーシア観光年であり、また日本人の団塊の世代の退職が始まった 2007 年ごろである。したがって、2000 年代前半は、定住目的の退職移住者よりも、日本の気候の厳しい季節に、ビーチリゾートのペナン島や高原リゾートのキャメロンハイランドに避暑や避寒に訪れ、余暇を楽しむために長期滞在するロングステイヤーが主流であった。

　ところが 2000 年代半ばごろから、日本人高齢者のロングステイ滞在地としてクアラルンプールに注目が集まるようになり、MM2H ビザを申請し、クアラルンプールに長期滞在する人々が増加した。2001 年にクアラルンプールで長期滞在を開始した夫婦によると、筆者が初めてインタビューを行った 2004 年当時、クアラルンプール周辺に長期滞在する日本人高齢者の夫婦は 30 組前

後であったが、2011年には約150人がクアラルンプールに居住しているという話であった。クアラルンプールを滞在地として選ぶ人々は、たんなる余暇滞在ではなく、最長5年間あるいは10年間のMM2Hビザを更新しながら長期居住する「定住」志向に特徴がある。

「セカンドホーマー」という言葉は、クアラルンプールで暮らす日本人退職移住者の間で自らの呼び名として使われるようになった呼称である。具体的には、MM2H参加者、すなわち長期居住の可能なMM2Hビザを取得し、マレーシアを拠点に生活している人々を意味する。短期的な滞在をくり返す渡り鳥型のロングステイヤーとは異なり、MM2Hビザを取得し、マレーシアに定住していることが共通点となる。セカンドホーマーという呼称は、筆者が行った2004年のペナン島とサバ州コタキナバルでの短期調査のさいには、現地の日本人長期滞在者の間では使用されておらず、クアラルンプールの日本人退職移住者によるMM2H促進活動が活発化するなかで使われ始めた言葉であると考えられる[1]。セカンドホーマーと名乗ることは、一時的に滞在しているロングステイヤーではなくマレーシアに定住する居住者であるというアイデンティティの差異化を表すと同時に、在留邦人社会のなかの一集団として自らの属性を示すことを意味する。クアラルンプールに日本人退職移住者が増加した主たる要因は、ロングステイヤーの滞在地ではなく、定住志向のセカンドホーマーが集まる町として整備されていったからにほかならない。

本章で取り上げるのは、クアラルンプールにおける日本人退職移住者の定住化の事例である。日系企業の駐在員を中心とする在留日本人社会において、企業に属さない少数派である日本人退職移住者が、同じく少数派であるマレーシア人との国際結婚により定住する日本人（とその子供）や、自営業や現地採用で労働し定住する日本人と協力関係を築き、現地での生活全般における情報交換やケアや子育てといった「再生産活動」に関わる分野での相互支援を目的とする互酬的なネットワークを形成している。このような「日本人コミュニティ」は、日本人街のように物理的に存在するわけではなく、同化すべき主流社会に対するマイノリティとしてのエスニック・アイデンティティの再生産の場として機能しているわけでもなく、流動的かつ一時的な居住を前提とする人々が日常生活を営むうえで相互に利益を得るような協働を基盤とする、ゆるやかな紐帯である。

第 5 章　「定住」志向のセカンドホーマー──クアラルンプールの事例から

　本章では、クアラルンプールに集まる日本人退職者のコミュニティが形成される過程を追い、コミュニティの存在が日本人退職移住者の暮らしにどのような影響を与えたのかを分析する。

5-2　セカンドホーマーの「コミュニティ」

5-2-1　退職移住者の拠点となるクアラルンプール日本人会

　クアラルンプール日本人会（以下、KL 日本人会とする）は 1963 年にマレーシア政府の認可を受けて設立された非営利団体であり、会員相互の親睦、互助を図り、日本とマレーシアの友好と親善の促進に貢献することを目的としている。会員の多くは、法人会員の契約を結んでいる日本企業に勤務する駐在員と、その家族としてクアラルンプールに長期滞在する人々であり、その会費で運営されている。在マレーシア日本大使を名誉会長とし、理事会の構成員には在マレーシア日本大使館の公使と領事、さらに商事会社や銀行、報道関係など日系企業の支社長が名を連ねている。近年、企業の海外駐在員の派遣は縮小化傾向にあるため、KL 日本人会の会員数は年々減少しており（2009 年当時は約 5000 名）、存続のためには会員数を増やす必要があった。

　2000 年代以降、クアラルンプール周辺で働く駐在員とその家族がおもな会員であった KL 日本人会に、定年退職後の高齢者が新規会員として参加するようになった。その多くは、現役時代にマレーシアに駐在経験のある退職者や定年退職をマレーシアで迎えた人々であり、シルバーヘア・プログラムや MM2H に参加し、クアラルンプールでリタイヤ生活を開始した、先駆的なセカンドホーマーたちであった。KL 日本人会にとって、徐々に増加しているセカンドホーマーが新規会員となれば、会員数の増加につながる。また、セカンドホーマーの多くは、定年退職後に自発的にマレーシアに移住した高齢者であり、セーフティネットが必要であるという認識が、大使館をはじめ日本人会会員、すでにクアラルンプールで移住生活を送っていた退職移住者たちの間で共有されるようになっていた。こうして KL 日本人会は、MM2H の促進活動を積極的に開始することとなる。

　2004 年、当時の在マレーシア日本大使館日本公使の呼びかけで、KL 日本人会内に MM2H 促進小委員会が設置された[2]。委員会には日本人会理事 (3 名)、

163

日本人会事務局、日本人会会員でMM2Hビザを取得しクアラルンプールに定住している先駆的セカンドホーマー数名、MM2Hビザ業者やセカンドホーマー向けの生活支援業者などの事業者のほか、顧問として日本大使館より3名（公使、領事部長、書記官）が参加し、月1回の会議を行った。委員会の活動内容は、マレーシア国内（おもにクアラルンプール）に長期滞在するセカンドホーマーの支援を目的とした情報交換や交流活動、観光省の広報活動への協力など、マレーシア政府機関との協働や交渉を含んでいた。この促進委員会の設置以降、2009年に委員会の活動を終了するまでの約5年間、KL日本人会はMM2H促進活動の拠点として徐々に環境が整備され、日本人会会員やセカンドホーマー、関連業者などが協働し、クアラルンプールを日本人退職者が安心して暮らせる場所にするためのさまざまな活動が行われた。2009年5月にセカンドホーマーである委員長と、同じくセカンドホーマーとして介護サービスの事業化に取り組む委員の2名が日本人会の理事に就任することによって、話しあいの場が理事会に統合されるまで、MM2Hビザを取得してマレーシア、おもにクアラルンプールに居住または長期滞在する人々の生活状況や促進活動に関する情報共有は、促進小委員会の場で行われた。

　KL日本人会を拠点とするMM2H促進活動の主体となったのは、促進委員会の設置から約1年後の2005年8月に結成された互助組織「お助けマンクラブ」であった。お助けマンクラブには、MM2H促進委員会の立ち上げを呼びかけた日本公使も顧問として参加するほか、現役世代の駐在員や現地就労者、自営業者やMM2Hビザ業者の社員、マレーシア人と結婚した永住日本人とその妻、マレーシアでの長期間の駐在経験があるセカンドホーマー、定年退職後に現地法人の顧問を務める高齢者など、さまざまな立場の人々が役員となった。会員どうしの交流と情報共有には、インターネット上に作成したウェブサイトとメーリングリストが利用された。さらに、IT初心者のために無料講習会も開設された。このように、KL日本人会では、促進小委員会とその方針に従って活動する互助組織が体系的にMM2H促進活動を展開した。日本人高齢者がクアラルンプールで孤独死するような事態に陥らないように、日本から下見に来た人やビザ申請の手続きに来た人を歓迎し、クアラルンプールへの退職移住を支援するためのボランティア活動が日々活発に行われた［cf. 小野2010］。

　KL日本人会を拠点とする活発なMM2H促進活動は、ロングステイツーリズ

第5章 「定住」志向のセカンドホーマー——クアラルンプールの事例から

ムや退職移住の行き先となるほかの国や地域と比べても、きわめて特徴的な活動である。2007年11月にタイのバンコク日本人会を訪問した筆者は、ロングステイの人々へのサポートについて尋ねた。マレーシアと同様に退職移住者の多いタイのバンコク日本人会の場合、退職ビザで滞在する日本人の会員はいるものの、日本人会自体がロングステイ（長期滞在）や退職移住の受け入れ支援や促進活動を行った実績はなく、今後もそのような活動は計画されていないという話であった。

　KL日本人会の退職移住に対する受け入れ体制の整備と開かれた姿勢は、クアラルンプールにセカンドホーマーが集まる一要因なのである。KL日本人会は会員制の非営利団体であり、日本とマレーシアのいずれの公共施設でもない。しかし、KL日本人会は、日本の食材を扱うスーパーや美容室、旅行代理店といった日系テナントのほかに、図書室や教室、ステージのあるホール、パソコンルームや子供のプレイルームを備えた多目的施設となっている。地方自治体の公共施設のように住民が集い、日常的に余暇活動や教育的活動を行うだけでなく、新年会のような節目となる行事の場を提供している。また、大使館の領事部が定期的に在留届のデスクを日本人会ロビーに設置するため、在留届のような行政的手続きも可能である。さらに、日本大使夫人を会長とする婦人部は、現地社会のための奉仕活動を日本人会の部活動として行っている。したがって、KL日本人会は日本人どうしの交流の場であるだけでなく、日本語や日本文化に関心のある現地の人々との交流の機会が得られる場でもあり、マレーシアにおいて言葉の不自由なく活動ができる場であった。

　KL日本人会を拠点とするMM2H促進活動により、日本から下見にくる人々や新規移住者が増加し、退職者のコミュニティ形成が進展する一方で、KL日本人会の会員のなかには2007年ごろより急に存在感を増してきたセカンドホーマーに対し、違和感をもつ人の声も聞こえてくるようになった。KL日本人会の会員で、クアラルンプールに定住している50代女性で会社役員の乾さん（仮名）は、KL日本人会内でカフェを共同経営している。日本人会で増加する中高年やセカンドホーマーに関する筆者からの質問に、以下のように答えた。

　筆者　最近、日本人会にはシニアの方々が増えていますが、ここ（カフェ）
　　　もよく利用されているようですね。日本人会にいる日本人シニアの方々に

ついて、ご意見を聞かせてください。

乾さん　うん、日本人会としても考えていかなければならないと思う。日本人会のなかでセカンドホーマーが集まれる専用の部屋を借りたほうがいいんじゃないかな。（セカンドホーマーは）暇だから日本人会にきているようにみえる[3]。

　乾さんが述べるとおり、2007年ころから、KL日本人会のロビーには、長時間ベンチに座って新聞を読んだり、ロビーに設置された大型テレビでNHKの番組を眺めたり、誰かと待ち合わせをしているわけではなくただ知人の往来を待っているような、時間を持て余しているようにみえる高齢者が2～3人いることは日常的風景となっていた。その多くは、セカンドホーマーとしてクアラルンプールに暮らし始めたばかりの人々や、ロングステイの下見ツアーの参加者、MM2Hビザ申請のために日本人会を視察している人々であり、次第にKL日本人会の建物のなかでも存在が目立つようになった。ロングステイ滞在地として知られるようになったマレーシアのなかでも、クアラルンプールに関心をもつ人の多くは、KL日本人会を視察するのが定番コースとなった。

　以下では、KL日本人会が物理的な拠点となり、MM2H促進活動が活発化することにともない、セカンドホーマーのコミュニティが生成する過程をみていく。そして、セカンドホーマーのコミュニティの生成が、セカンドホーマーのみならずクアラルンプールに居住する日本人コミュニティにどのような変化をもたらしたのかを考察する。

5-2-2　マレーシア・マイ・セカンド・ホーム (MM2H) 促進活動

　マレーシアのロングステイ滞在地としてペナンやキャメロンハイランドが知られ、クアラルンプールを生活拠点とする退職移住者がまだそれほど多くなかった2004年当時、セカンドホーマーのコミュニティづくりは、MM2Hビザで長期滞在する人々を中心とした互助組織の設立によって具体的な活動が開始された。互助組織の活動の中心となったMM2H促進活動の拠点となったのは、KL日本人会であった。

　互助組織「お助けマンクラブ」のおもな活動の内容は、
1) MM2Hビザ申請手続きや長期滞在の下見に来る日本人に対する支援と情

報提供
2) 互助組織のメンバーどうしの生活情報の共有と交流活動
3) 日本およびマレーシアのマスメディアへの取材協力[4]
4) マレーシア観光省の MM2H 促進事業への協力

の 4 種類に分類される。1 点目の MM2H ビザ申請手続きやクアラルンプールの下見に来る日本人に対する支援と情報提供は、互助組織や互助組織メンバーの個人ウェブサイトが活用された[5]。サイトには閲覧者が自由に質問などを書き込める掲示板を設置してあり、役職者を中心に閲覧者から寄せられる個々の質問に対応することにより、移住者（セカンドホーマー）とこれから来る予定の潜在的移住者との間のコミュニケーションの場として機能した。また、日本からビザ申請手続きや下見に来る人々を対象に、KL 日本人会では週 2 回の無料の MM2H 説明会が開かれた。互助組織のメンバーが講師を務め、クアラルンプールでの生活の体験談や、MM2H ビザ申請手続きに関する最新情報を提供した。

2 点目の互助組織の設立とボランティア活動の拡大によって、クアラルンプールに住むセカンドホーマーどうしの交流の機会がつくられたことにより、MM2H ビザを取得しクアラルンプールで生活を開始する人がますます増加することにつながった。当初、情報の交換や交流会の企画や広報は、おもにメーリングリストで行われた。また、毎週日曜日に開かれた夕食会は、クアラルンプール在住のセカンドホーマーどうしの交流の場となった。それはまた、日本から下見に来た人が誰でも、先輩セカンドホーマーと直接懇談できる場でもあった。互助組織の重要なボランティア活動となった、毎週木曜日に実施された「木曜ゴルフ会」も同様に、下見や短期滞在でクアラルンプールに来る人を誰でも歓迎し、KL 日本人会からゴルフ場まで車で送迎するといったサービスもメンバーが交代で行った（後に、車の送迎を希望する人は、ガソリン代としてRM10（約 300 円）を運転者に支払うというルールが設けられた）。

セカンドホーマーのほとんどが賃貸のコンドミニアムに居住しており、新しく来た人々もセカンドホーマーがある程度住んでいる地区にあるコンドミニアムのなかから気に入った物件を選択する。地区によっては食事会やテニスなどのスポーツを通じて、ローカルの人々を交えた交流活動が行われた。このように、KL 日本人会を拠点とする MM2H 促進活動を契機に、セカンドホーマーの

ための互助組織が発足し、クアラルンプール周辺に居住するセカンドホーマーは、各地区およびコンドミニアムを単位とする近所づきあいへと、徐々にその交流範囲を拡大していったのである。

　3点目については、第3章ですでに述べたとおり、ロングステイやMM2Hに関するメディアの報道には、互助組織のメンバーを中心に、たくさんのセカンドホーマーが協力した。MM2H促進活動のなかでも日本およびマレーシアのメディアの取材協力は、老後を過ごす国としてのマレーシア、とりわけセカンドホーマーの集まる町としてのクアラルンプールを日本社会に広く知らしめ、MM2Hビザ取得者のさらなる増加につながる重要な活動であるとみなされた。以下の引用は、MM2Hに関するメディアの取材協力を行ってきた互助組織のリーダーから互助組織のメンバーに送られた、テレビ番組の出演者を募集するメールの一部である。

　　日本のテレビに出演してマレーシアのよさをこれまでも10回以上紹介してきましたが、さすがにテレビの伝達力はたいしたもので、テレビを見て下見ツアーを思いついたという人が、毎週の説明会にも次々と来られます。強力なメディアへの「ただ乗り」PRができるので、今後も機会をとらえてマレーシアをPRしていきたいと思っています。(中略) 私らの経験から言うと、時として撮影やインタビューはうるさいほど熱心で、MM2H促進、取材協力などのモチベーションを持ったボランティアでないと務まらない面もあります。

　互助組織のリーダーは、MM2H促進のためには、新聞や雑誌、テレビの取材協力が大きな影響力をもつため、取材に協力するのは意欲をもつ者であることが求められることを伝えている。このメールの文面からは、メディアでの情報伝達の効果として、テレビ番組を見た人が実際にクアラルンプールへ下見にやってきているという実感を得ていることが読みとれる。

　日本のマスメディアの取材は、KL日本人会でのセカンドホーマーの活動状況を対象とすることも多く、互助組織のメンバーが中心となって取材に協力し、セカンドホーマーのサークル活動やMM2H説明会の様子が撮影された[6]。KL日本人会のセカンドホーマーに対する関心は、日本のマスメディアにかぎらず、

第5章 「定住」志向のセカンドホーマー――クアラルンプールの事例から

現地マレーシアのマスメディアからも寄せられ、2006年以降、RTM（Radio TV Malaysia）、TV3、TV7の生放送に互助組織のメンバーが出演し、MM2Hに参加する日本人高齢者のクアラルンプールでの暮らしぶりやKL日本人会の活動について紹介した。

　KL日本人会を拠点とする互助組織のMM2H促進活動の4点目として、観光省のMM2H促進事業への全面的な協力体制が挙げられる。2006年ごろから、互助組織はMM2Hへの日本人参加者数を増やすために、促進活動を通じた観光省との協働を活発化させた。第3章で述べたとおり、2007年はマレーシア観光年と日馬国交樹立50周年の重なる節目の年であった。観光振興のための大規模なイベントが企画され、観光振興の核となるMM2Hの日本市場へのプロモーション活動が、KL日本人会と互助組織との協働によって精力的に行われた。マレーシア観光省のMM2H担当官は、KL日本人会およびMM2H促進委員会や互助組織のメンバーたちにMM2H促進活動への協力を依頼し、表5-1に挙げたニュースレターや冊子の制作やプロモーションDVDへの出演、マレーシア観光省の各種イベントへの出演などの促進活動を行ってきた。

　マレーシア観光省との協働作業は活発化した。MM2H担当官はセカンドホーマー宅での食事会などにも参加し、互助組織のメンバーたちとの交流も盛んに行い、セカンドホーマーの間では後に「篤姫さん」のニックネームで呼ばれるようになった。篤姫さんは2006年以降、MM2Hプロモーションのために毎年来日し、JATA博やロングステイ博で開催されるセミナーや、マレーシア観光省の主催する地方都市を含む日本巡回セミナーに登壇し、MM2Hへの参加を呼びかけてきた。マレーシア政府観光局のスタッフとともに出展ブースに立ち、日本人来場者からの質問に対応してきた。2007年の独立記念日には、観光省はMM2H促進活動への感謝の意を表し、KL日本人会役員とお助けマンクラブのメンバーを、プトラジャヤでの花火大会を鑑賞するクルージング・ディナーに招待した。翌年2008年には、日本人会が主催する盆踊り大会に観光省幹部を招待した。

　2010年のマレーシアロングステイセミナーでは、観光省の予算で出版したガイドブック、『マレーシアに定住でご褒美人生――体験者150の証言』を参加者に無料配布した（写真5-1）。このガイドブックの著者は阪本恭彦と妻の洋子であり、互助組織「セカンドホームクラブ」のメンバー150人がボランティ

写真 5-1　ガイドブック『マレーシアに定住でご褒美人生——体験者 150 の証言』

アで寄稿している。また、2006 年に出版されたガイドブック『ご褒美人生マレーシア』の改訂版が発売された 2011 年には、10 月のロングステイフェアのマレーシアブースに日本に帰国中の互助組織のメンバーが集まり、ガイドブックの販売と観光省の日本語版プロモーション DVD の配布作業を手伝った。

　KL 日本人会を拠点とした互助組織による MM2H 促進活動とマレーシア政府との協働により、その中心的役割を果たす一部のセカンドホーマーは、観光省の MM2H プログラム統括部署の担当者たちやその他関連省庁の行政官とも親交を深めていった。マレーシア政府との協働関係の構築は、日本人退職者にとって、MM2H プログラム内容の規定や申請条件に関する意見や要望、改正を提案し、交渉するための経路となった。表 5-1 の 3 に示すように、MM2H に関してこれまで 7 つの交渉を行い、マレーシア観光省側にプログラム内容の見直しや申請条件の改正をさせることに成功した。

　第 3 章でも述べたとおり、マレーシア観光省はこれまで、MM2H を外国人

表 5-1　MM2H 互助組織によるマレーシア観光省への協力と交渉
（インフォーマントから提供された情報をもとに筆者作成）

1. マレーシア政府の会議、講演会などへの協力
1) 2004 年日馬経済協議会にマレーシア観光省側のスピーカーとして講演
2) 2006 年朝日新聞主催 MM2H 東京セミナーでの講演
3) 2007 年朝日新聞主催 MM2H 大阪セミナーでの講演
4) 2007 年朝日新聞主催 MM2H クアラルンプールセミナーへの参加
5) 2009 年 JATA 博マレーシアセミナー、マレーシアロングステイフェア
6) 2010 年ロングステイフェアでの講演
7) 2011 年ロングステイフェアでの講演
2. マレーシア政府の刊行物・ウェブ・ビデオ制作の協力
1) 観光省 MM2H ウェブサイトの日本語版（全文和訳）制作と改訂
2) 観光省日本語ニュースレター制作（1 号〜4 号まで発行済）
3) ニュースレターの愛知万博での配布、全国 2400 市町村役場に発送協力
4) 観光省暮らしのハンドブック制作
5) MM2H の日本語版プロモーション DVD 制作（構成・シナリオ・出演・ナレーション・撮影・編集など）
6) 2010 年改訂版 DVD 制作
7) その他情報省制作の MM2H プロモーション DV の日本語版制作のため、日本語訳、ナレーションなどで協力
3. MM2H プログラム内容、申請条件に関する交渉
1) 観光省 MM2H センター受付に日本人スタッフを雇用し常駐させる
2) 定期預金指定 4 行の制限を撤廃
3) MM2H プログラム参加者の親の帯同を許可する（親の MM2H ビザ取得義務を撤廃）
4) MM2H プログラム参加者のパートタイム就労許可（週 20 時間まで）
5) 資産審査で鑑定書つき不動産を収入証明として考慮する
6) 資産収入審査で夫婦の合算を考慮する
7) 資産審査で有価証券を考慮する（大手証券の証明）

　退職者に対し魅力あるプログラムにするべく、業者や参加者から意見を聞く場を設け、プログラムの改良に取り組んできた。したがって、KL 日本人会を拠点とする互助組織の一部の日本人退職者のみが、MM2H に対し意見や要望を提出してきたわけではない。しかし、交渉経路を利用することによって、現地の言葉が不自由な日本人高齢者のために、公的機関である観光省 MM2H センター受付に日本人スタッフを雇用し常駐させることを実現した。さらに、日本人退職者の生活水準や貯蓄に関する詳細な現状説明により、MM2H 申請の障壁となるような指定銀行や資産審査の条件を指摘し、「鑑定付きの不動産を収入証明として考慮する」「資産収入の夫婦合算を考慮する」「（大手証券の）有価証券を考慮する」といった申請条件の代案を提案し、次々にマレーシア観光省側に認めさせてきたことは、ビザ取得件数の増加という結果を生んでいる。「MM2H プログラム参加者の親の帯同を許可する」に関する交渉も、高齢化の進展する日本において、老親の扶養のために日本を離れられないとい

う60代の退職者が抱える事情と、「老老問題」と呼ばれる高齢者介護問題の解決に絡めた日本人退職者のおかれた社会文化的な状況を鑑みての提案である。「MM2Hプログラム参加者のパートタイム就労許可(週20時間まで)」と同様、「MM2Hプログラム参加者の親の帯同を許可する」ことの提案は、長期間にわたり観光省との交渉を重ねた結果、プログラム内容の改定へと至ったのである。

5-2-3 移住サポートビジネスの事業展開

　KL日本人会を拠点とするMM2H促進活動と新規移住者に対し開かれた互助組織の受け入れ体制は、海外で生活した経験のない人々にとって、とりわけクアラルンプール移住の意思決定を促す要因となっている。クアラルンプールを選択した理由を尋ねると、新規移住者の多くは、KL日本人会や互助組織という「受け皿」があることを理由に挙げる。互助組織の設立以前は、MM2Hビザの申請やマレーシアでの長期滞在を計画する人々が「頼れる」のは、マレーシア国内で創業しているMM2Hビザ申請代理業者（ビザ業者）であり、顧客として料金を払い、必要なサービスを受けていた。セカンドホーマーの支援をビジネスとして扱うビザ業者にとって、ボランティア活動とビジネスをどのように線引きするか、たびたび議論された。以下のクアラルンプール市内のビザ業者Aの事例は、互助組織との協働関係の有無が、ビザ業者の事業を左右していることを示している。

事例5-1　ビザ業者Aの事業不振

　クアラルンプールで日本人を対象にするビザ業者のなかでは他社に比べると創業が早かった業者Aは、マレーシア観光省がオフィスを構えるプトラワールドトレードセンター（PWTC）周辺で開業し、観光省のMM2H担当部署と連携しつつ、MM2Hの日本人向けビザ業務を行ってきた。KL日本人会を拠点とした互助組織のMM2H促進活動が活発化した2005年以降も、メンバーからの呼びかけに応じず、互助組織には参加しなかった。また、顧客に対しても、「せっかくマレーシアに来たのだから、日本人ばかりと付き合うのではなく、マレーシア人と友達になって、マレーシアでの生活を楽しんでほしい」と、日本人会の会員になることを積極的に薦めなかった。業者Aが日本人会から距離をおく姿勢をとり続けている間

> に、日本人会内に開設した新規事業者やその他の同業者がクアラルンプールで事業を展開し、日本人会を拠点とするボランティアとの協働関係を構築して新規顧客を獲得するようになった。業者Ａは日本人会を敬遠し互助組織にも参加しなかったことから、年間の日本人顧客のビザ申請実績が2、3組に減少し、共同経営者（華人）とのパートナーシップを解消することとなった[7]。

　以上の事例からは、ビザ業者にとって、日本人会との関係がビジネスを行ううえで非常に重要な要因となっていることがわかる。ビザ業者はおのおのの顧客に対し現地生活でのサポートや情報提供をビザ取得業務の一部として行っており、ビザ取得後の生活に関わるサービスに関しては、料金制の会員サロンとして有料サービスを提供している業者もある。しかし、KL日本人会を拠点とするMM2H促進活動の互助組織との協働関係は、ビザ業者のビジネスにとって顧客獲得の経路を確保すると同時に、顧客からの信頼を得るうえで重要な役割を果たすようになった。

　マレーシアでの生活経験のない人が大多数のなか、海外旅行の経験に乏しい退職移住者も次第に増加し、移住者の生活支援事業が次々に企画、開始された。日本人退職移住者の増加は、国際結婚や現地就労でマレーシアに定住する日本人にとっては、日本人を対象とするエスニック・ビジネスの契機となり、生活サポートを業務内容とするさまざまなサービスが商品化された。たとえば、MM2H促進小委員会主催、互助組織共催で、マレーシアの現地語講座を企画し、マレーシアで通じる英語とマレー語を日本人講師が教える「ビギナーのための現地語（ローカル英語・マレー語）講座」を開設した。新規の移住関連ビジネス以外でも、若い世代の結婚移住者や自発的移住者の手がけるビジネスが、増加する高齢の退職移住者のニーズを取り込むことによって顧客を拡大していった。たとえば、有機野菜食材の販売、ヘルスケア（陶板浴、指圧）、不動産賃貸業[8]、オーガニック石鹸の製造・販売、エコ製品の販売といった日常生活に関する商品やサービスは、退職移住者の間で消費が増大した。

　退職移住者たちはまた、長期居住するうえで「あると便利な」ビジネスをローカルや日本人の事業者に提案し、次々に事業化していった。たとえば、マレーシア国内の病院で治療を受けたさいに日本の国民保険に治療代を請求する

写真 5-2　KL日本人会が開催したセカンドホームクラブ講座「暮らしの専科」
毎回多くのセカンドホーマーが参加した。(2008年6月20日、筆者撮影)

ための海外療養費代理申請サービス、MM2H参加者が死亡したさいにマレーシアの銀行預金を遺族が引き出すことができるように、資産について遺言 (will) を作成するサービスが、マレーシア人弁護士と互助組織メンバーの日本人によって開始された。このような移住サポートビジネスは、先述のような野菜やエコ製品のような生活必需品から、現地語講座や遺言書作成のような現地で生きていくために必要な言葉や法律の知識、定住志向を反映した不動産売買や投資、さらには次章で詳述する日本人介護施設、ケア労働者養成・派遣事業、葬儀、散骨といった、「老い」や「死」を対象としたビジネスの検討や企画へと拡大していった。

　退職移住者は移住サポート事業の企画や事業化に加担するだけでなく、それらの事業を紹介すると同時に、なぜそれらのサービスがクアラルンプールでの生活において必要となるのかをセカンドホーマーを中心とした長期居住者と共有し、相互学習する場として、「暮らしの専科」と称する無料講座をKL日本人会で開催した。表5-2に示すとおり、暮らしの専科の内容は、上述の遺言や不動産といったビジネスに関わるものから、大使館職員による安全に関する講義、マレーシア日本商工会議所理事による経済に関する講義、日本大使による

表5-2　セカンドホームクラブ講座「暮らしの専科」講義内容一覧
（筆者作成）

第1回	「健康保険」（講師：マレーシア・イスラム系保険業者タカフル（TAKAFURU）社の社員）
第2回	「遺言」（講師：遺言作成業者）
第3回	「セカンドホーマーと法律問題」（講師：日系法務コンサルタント）
第4回	「住宅の賃貸と売買」（講師：日系ビザ取得代理業者／不動産販売業者、マレーシア人法律事務所代表）
第5回	「セカンドホーマーと健康」（講師：クアラルンプール民間病院日本人通訳、看護師）
第6回	「セカンドホーマーと健康」──「歌と健康」（講師：合唱指揮者） 「抗酸化と健康」（講師：エコ製品販売者） 「日本式指圧と健康」（講師：指圧師）
第7回	「セカンドホーマーと安全」（講師：日本大使館職員）
第8回	「マレーシア経済とリンギ」（講師：マレーシア日本商工会議所理事、日系銀行顧問）
第9回	「マレーシアの政治的安定と中国人」（講師：日本公使）
第10回	「セカンドホーマーと住宅──賃貸、購入、投資」（講師：日系ビザ取得代理業者、不動産販売業者）
第11回	「日本とマレーシア、そしてASEAN」（講師：日本大使）
第12回	「マレーシア日本人滞在者の医療、新型インフルエンザ」（講師：日本人医師）
第13回	「遺言」（講師：遺言作成業者）
第16回	「高齢者住宅とナーシングホーム」（講師：セカンドホーマー）

　マレーシア政治に関する講義など、非営利目的の講義も含まれた。たとえば遺言に関する講義のように、営利目的の移住サポートサービスを紹介する内容であっても、遺言を作成しなければ、セカンドホーマーが死亡した場合、マレーシアの国内法に沿って財産分割が行われることや、本人以外による銀行預貯金の引き出しに係る手続きをはじめ、マレーシアにもち込んだ資産や銀行預金、不動産物件などの個人資産を守るために必要なことなど、マレーシアの法律知識の伝達と相互学習にその意義があった。「暮らしの専科」には毎回100人程度の参加があり、そのほとんどがセカンドホーマーの高齢者であった。

　このように移住者たちは、次々にビザ申請しクアラルンプールにやってくる新規退職移住者の多くがそうであるように、海外生活に不慣れな者でも英語に自信のない者でもクアラルンプールでの新しい生活を開始し、日常生活に不便のない環境を整備できるように、移住サポートビジネスを次々に企画・事業化した。このような新規の移住サポート事業は、マレーシア（クアラルンプール）に永住または定住する国際結婚移住者や現地就労者といった、自発的移住者とのつながりを強化するだけでなく、起業や就労の機会を創出している。

　サービスの消費者である退職移住者は、移住生活を送るうえであると便利な新しいサービスの考案者となり、現地事業者に事業化するよう働きかけること

によって、「退職移住」産業を成立させる主体としての役割を担っている。さらに、新規事業が持続可能であるようにネットワークを活用することで、コミュニティ内部でサービスの消費を促進するファシリテーターとして顧客開拓も担っている。互助組織の会員専用のオンラインコミュニティでは、過去の講演内容や質疑応答の内容の記録が掲載され、閲覧可能になっている。情報や知識を集積し、共有するためにネットワークが活用されている。退職移住者の間には、現地に関する知識や情報を共有し、行動規範を相互学習する過程において、緩やかな互酬的ネットワークが形成されている。

以下ではお助けマンクラブからセカンドホームクラブへの移行の過程にみられる、セカンドホーマーのコミュニティのネットワーク化についてみていく。

5-2-4　ネットワーク化するセカンドホーマーの「コミュニティ」

オーストラリアにおける日本人「新移民」の出現による日本人コミュニティの変容について論じた長友［2008a, 2008b, 2013］の研究は、エスニック・グループの居住に特定の場所への地理的依存性がみられないこと、組織ではなく個人的ネットワークにもとづくネットワーク型コミュニティを形成していることを指摘し、これらの特徴を有するオーストラリアの日本人コミュニティを「脱領土化されたコミュニティ」［2008a: 188］として捉えている。また、永住権を取得しても市民権を取得する傾向が低いのは、日本が二重国籍を認めない点に加え、移住後も帰国の選択肢や年金などの制度的保障による制度的・心理的安定性を保持することによって移住先のライフスタイルを享受している点を指摘する［長友 2008b：174］。長友が指摘するように、マレーシアの退職移住者の場合も、互助組織お助けマンクラブの活動は KL 日本人会を拠点にしつつも、顔が見える活動のみにとどまらず、ウェブサイトやメーリングリストを利用したネットワーク化の進展がみられる。しかしながら、マレーシアのセカンドホーマーのコミュニティの場合は、個別の類型としての組織型からネットワーク型へコミュニティの類型が移行したとされるオーストラリアの事例とは異なり、組織化の進展とネットワーク化に相互補完性がみられる。

マレーシアの場合、クアラルンプールのセカンドホーマーのコミュニティは、2006 年ころまでは KL 日本人会の会員である人々を中心とした 30 人程度の規模であった。日本人退職者が居住する地区は、タマン・デサ地区、プトラ・ワー

ルドトレードセンター（PWTC）周辺、TTDI 地区、アンパン地区など、クアラルンプール周辺に分散しており、KL 日本人会やクアラルンプール市内での懇親会で顔を合わせる以外の交流は、互助組織のウェブサイトや掲示板、メーリングリストを情報交換手段としていた。次に示すのは、互助組織のメーリングリストにおけるやりとりである。なお、事例中の人物を指す固有名詞は、オンラインコミュニティと実生活の両方で使用されるセカンドホーマーのニックネーム（仮）と固有名詞（仮名）で表記している。

事例 5-2　メーリングリストのやりとりにみられるハラール食品についての学び

　60 代の男性セカンドホーマーであるボンドさんは、50 人の客にふるまうタルトを購入するにあたり、美味しいタルト屋を知らないか、メーリングリストでメンバーに尋ねた。知人から、日本語のフリーペーパー『パノーラ』の紙面で紹介されていたトンキーというタルト屋を薦められているのだという。すると、50 代の女性で現地就労するマリコさんが返信し、職場の近くにタルト屋があり、美味しいと回答した。その回答に対し、ボンドさんは次回の小委員会のさいに味見をしたいので、委員会の人数分を買ってきてほしいと頼んだ。すると、マリコさんは同僚のローカルの女の子に聞いたら、やっぱりあそこのエッグタルトが美味しいと言ったと返信した。ボンドさんとマリコさんのやりとりの後、今度はイルカさんがそのタルト屋の情報を、SNS のグルメ情報のコーナーに掲載してほしいと要請した（イルカさんはこのような生活に関する情報集積の場として SNS の機能を重視している人物である）。すると、現地の華人と結婚し、永住権も取得した田中さんが、タルトにはエッグタルトやパイナップルタルトなど多くの種類があることを指摘し、エッグタルトにはラードが使用されるものが多いので、ムスリムに出す場合は注意するよう促した。そのうえで、スーパー JUSCO のノン・ハラール売り場で販売されているハラール食品ではないエッグタルトが美味しいと薦めた。華人と結婚し 30 年以上マレーシアに定住する田中さんによる情報提供を最後に、質問者であるボンドさんは、田中さんの薦めたエッグタルトも今度味見をしてみる、と話を終えた。

以上の事例では、エスニック・ペーパーという媒体の伝える情報を提示し、その信頼性を仲間に問うことに始まって、ローカルの（若い）女性の承認をともなう現地の口コミ情報、そして宗教的・文化的な食習慣への配慮を促しつつ個人的な知識を提供する教示的な情報の共有へと発展している。エッグタルトを1つ買うにしても、どの店の品物がよいとされるのか、現地の人びとの声も含めてその実際の評価はどうか、イスラム教徒に対してふるまうならばハラール食品かどうかという点を十分配慮したうえでのもてなしなのかなど、生活情報から現地の食品に関する知識や宗教的な知識をふまえたもてなしの作法まで、現地でのライフスタイルを相互に学習しつつ身につけていく過程がみてとれる。つまり、ネットワーク型のコミュニティが構築されることで、日本人会といった組織を基盤としない日本人がコミュニティに参加することが可能となり、より広い情報の共有、相互学習、さらには他者のスタイルの模倣にとどまらず、ライフスタイルの生産と再生産が行われている〔Ono 2015a, 2015b, 2015c〕。

　マレーシアの事例では、日本に在住する潜在移住者や短期滞在で往来をくり返す滞在スタイルの人々や、世代の異なる自発的移住者へとメンバーシップが拡大化、ネットワーク化することにより、脱領域的な（トランスナショナルな）セカンドホーマーのコミュニティが生成している。日系企業の駐在員を主流とする在留日本人社会において、「労働力」ではなく企業組織に属さない少数派である日本人退職移住者が、同じく少数派であるマレーシア人との国際結婚により定住する日本人（とその子供）や、自営業や現地採用で労働し定住する日本人とのあいだで築く協働関係は、さまざまな場面でみられ、マレーシアでの長期的な居住に向けて互助システムを構築する活動が展開されている。以下は、30代で早期退職し、家族とともにマレーシアに家族移住した男性が、セカンドホーマーと親交を深めていった経緯についての事例である。

事例5-3　セカンドホーマーとの交流により新規事業の機会を得た自発的移住者

　日本で勤めていたIT関連の会社を早期退職し、マレーシアに移住した40代の神田さんは、IT技術を活かし、セカンドホーマーのためのソーシャルネットワークシステム（SNS）の構築とそのメンテナンスを担当している。定年退職後の世代が大多数のセカンドホーマーの集団に、若い世代の神田

さんが仲間入りした理由を、「セカンドホーマーの輪に入ったのは、脱ひきこもりのためでした。『外こもり』っていうでしょ？　会社を辞めてマレーシアに来て、社会との接点がなくなって、これじゃいけないなと思い、手打ち蕎麦道場に通うようになって、日本人会に入り、お助けマンになりました」と語った。神田さんは MM2H ビザの取得者ではなく、日本語教師として現地就労する妻と就学中の娘の4人でマレーシアに移住し、オーガニック石鹸の製造販売会社の経営で生計を立てているが、脱外こもりの契機となったセカンドホーマーのコミュニティとの付き合い以降、MM2H ビザ業者とともに新たに不動産投資の事業を開始した[9]。

　上記の事例からは、早期退職によって脱会社型のライフスタイルを選択した就労年齢の自発的移住者にとって、定年退職後の高齢者がおもな世代であるセカンドホーマーのコミュニティとの交流は、自己の再社会化の手段であることが読みとれる。非企業型の自発的移住者としての意識を共有している高齢の退職者のコミュニティづくりの一環として、MM2H 促進活動に協力する若い世代の自発的移住者が、IT 技術者としての専門を活かしてセカンドホーマーのコミュニティのネットワーク化に加担することによって、セカンドホーマーのコミュニティはより開かれ、日本在住の潜在的移住者である新規加入者を大量に獲得することで、コミュニティの規模を拡大した。さらに、セカンドホーマーのコミュニティへの参加は、就労年齢の若い世代の自発的移住者にとって、顧客獲得といった事業上の利益につながるだけでなく、不動産投資という新たな事業機会の契機となった。

　2005 年 8 月に結成されたお助けマンクラブは、2007 年 11 月の SNS の創設と同時に「セカンドホームクラブ」と改名され、クアラルンプール居住者が中心となってきたお助けマンクラブから、日本に住む移住準備中の潜在的移住者や、ペナンやキャメロンハイランドなど、ほかの地域や国に居住する人々へとメンバーシップが広がった。SNS の管理者によると、お助けマンクラブのメーリングリストの会員数が 45 名であったのに対し、SNS（セカンドホームクラブ）の参加者は 2012 年 4 月には 2000 名を超えるまでに増加し、コミュニティの規模は拡大している。そのうちの 8〜9 割が日本でこれから MM2H ビザを申請しようという人たちである。移住準備段階の人々にとって、SNS は情報源であると

同時に、社会関係資本を構築するうえで重要なメディアである。潜在的移住者が実際に移住するのをクアラルンプールの先住者が「待ち遠しい」と感じたり、実際初めて会うさいに「初めて会ったのに、初めての気がしない」と感じたりするほど、移住前にSNSで親交が深められた。健全なコミュニティ構築をめざすという目的のもと、管理人は実名を公表し、顔のわかる写真を掲載することを会員に条件づけるようになった。2012年10月にはSNS開設5周年を記念し、互助組織のボランティア活動としてロイヤルセランゴールゴルフクラブのクラブハウスで毎週日曜日に行う夕食会「ロイヤル会」で記念パーティーを開催し、クアラルンプール在住のセカンドホーマーを中心に、150人が参加した[10]。

　前章では、日本人高齢者が老後を海外で暮らすことをライフスタイルの選択肢とするとき、海外移住前の生活世界における親戚や会社の同僚、隣人あるいは地縁的な人間関係といった、すでに蓄積された社会関係資本を「しがらみ」、すなわち生活や自己実現において否定的な要因であるとみなし、しがらみから逃れることが海外暮らしを選択する動機となることを示した。しかしその一方で、海外移住を実践するための新たな社会関係資本の蓄積を否定せず、海外移住のための市民サークルやNPOといった互助組織に参加し、入念かつ熱心に社会関係資本の獲得に励むことを指摘した。クアラルンプールにセカンドホーマーのコミュニティをつくることは、キャメロンハイランドの事例と同じく、海外移住を実践するための新たな社会関係資本を蓄積する契機となる。海外移住を成功させるために新たな社会関係資本を蓄積することは、逃れてきたしがらみを新たに蓄積するという、パラドキシカルな結果を招いているのではないか。セカンドホーマーたちは、コミュニティの生成のパラドックスをどう認識しているのだろうか。

事例5-4　KLのセカンドホーマーのしがらみから逃れて生活する

　東京で会社を経営していた橋本さんは、50代半ばでリタイヤし、資産運用をしながら生活していた。テレビで放送された退職者のマレーシア移住を紹介する番組を見て、下見滞在にマレーシアを訪問し、長期滞在することに決めた。帰国してビザ取得の準備をして、再びクアラルンプールに戻りビザを取得して、移住生活を開始した。下見滞在では、生活開始当初、セカンドホーマーのボランティア活動としてのゴルフ会や食事会に参加

し、先住セカンドホーマーとの交流活動に参加していたが、途中から姿を見せなくなった。「セカンドホーマーは全国から出てきていて、田舎者が多い。東京出身の人間じゃないから、田舎の付き合い方をする。こっちのほうがしがらみがあるよ」という。日本人のセカンドホーマーの食事会やゴルフ会にたびたび顔を出していたが、途中から日本人と付き合うのが嫌になり、日本人との付き合いをしなくなった。「いいよ、ここは。企業の偉い人が少しいるだけで、日本人はぜんぜんいないから。会員はみんなダトー（Dato、男性に与えられるマレーシアの称号）ばっかりだから」と得意げに話す。あえて、日本人セカンドホーマーの会員が少ない、クアラルンプール近郊では会員権がRM9万（約270万円）ともっとも高額なゴルフコースの会員になり、妻と2人で毎日のようにゴルフに出かける。ゴルフ場では、ローカル（マレーシア人）の会員がいっしょに回ろうと誘ってくれるそうで、マレー人とコースを回った後に、テー・タレッ（練乳の入った甘いインド紅茶）を飲みながら会話を楽しみ、その後妻と2人で昼食の食べ歩きをするのが日課なのだという[11]。

橋本さんのように、移住当初はセカンドホーマーのコミュニティの一員となったものの、人間関係を煩わしく感じ、けっきょく疎遠になる人もいる。前章で述べたとおり、キャメロンハイランドでは、「小さな日本人社会」が住みやすさを損ねる一因になる。人間関係の軋轢が生じた場合、小さな高原リゾート町ではほかの町に転出しないかぎり、顔を合わせず暮らすことはほぼ不可能だからだ。しかしクアラルンプールの場合、セカンドホーマーは車で移動し、コンドミニアムの選択肢も多く、会員権の高いゴルフ場の会員になれば、必然的にほかのセカンドホーマーと顔を合わせることなく暮らすことができる。

セカンドホーマーのコミュニティが前提とする「お助けられマンから始まり、お助けマンになる」という互酬関係を築くことなく、情報やボランタリーなサポートを受け取るのみで、コミュニティの一員として協働するという意識をまったくもたない移住者もいる。

事例5-5　税金対策のためのビザ取得
　外資系企業に勤務していた西田さん（仮名）は、サウジアラビアやアメ

リカに駐在員として長期滞在した経験がある。そのため、年金など海外からの送金が複数あり、複数の国の銀行に分配貯蓄をしている。すでにMM2Hビザを申請済みで、その目的を「税金対策」だと説明する。セカンドホーマーの食事会に参加したさい、ほかの参加者やベテランの長期滞在者たちと自己紹介を交えつつ住居に関する情報を得たり、現地の生活全般について質問したりしていた。1週間後に開かれたKL日本人会での無料セミナーにも参加し、税金に関する詳細な情報について質問し、熱心に情報収集を行っていた。滞在先は、旅行会社が下見ツアーで利用する長期滞在が可能なホテルであった。その後KL日本人会やその他のレジャー活動や食事会で西田さんの姿を見かけることは一度もなく、けっきょくクアラルンプールに居住しているのか、あるいは日本かその他の国に居住しているのかはわからない。

西田さんのように、あくまで情報収集の目的のためだけに日本人会やボランティアの説明会や食事会に参加し、必要な情報を入手した後は連絡をとることもなく、コミュニティのメンバーとなり活動に参加することのない人もいる。そもそも、ビザ取得の動機がマレーシアでの老後の移住生活ではなく、ビザを取得しマレーシアに銀行口座を開設することによって金融資産を管理し投資することを目的としている人も、ビザ申請者数のなかに含まれている。

さらに、セカンドホーマーのなかにも、同世代で同じ滞在資格であるにもかかわらず、増加するMM2Hの日本人と距離をおいており、セカンドホーマーの暮らし方に関して批判的な意見をもち、積極的に付き合わない人もいる。

事例5-6　元駐在員としての自尊心

　70代の黒沢さんは、商事会社に勤務していた現役時代に、中東地域やマレーシアの支社に単身赴任で駐在をくり返し、マレーシアでの駐在を最後に定年退職した。その後、マレーシアの現地法人に再就職し、就労ビザで顧問という肩書でセミ・リタイヤの期間を経てMM2Hビザに切り替えた。東京で暮らす妻や結婚して独立した子供と離れて、クアラルンプールの中心地の外資系ホテルのレジデンスに暮らしている。大学の同窓会にも出席し、50代後半から60代の日系企業の支社長などの現役駐在員や現地

第5章 「定住」志向のセカンドホーマー──クアラルンプールの事例から

写真 5-3　セカンドホーマーが暮らす外資系ホテルのレジデンス
（筆者撮影）

で自営業を営む日本人経営者がゴルフやカラオケ仲間であり、セカンド
ホーマーに対する訓戒的な記事を書く日系新聞社の社長とも仲がよい。「僕
はね、セカンドホームの人たちと付き合わない。僕は企業戦士として、こ
れまでマレーシアに税金だってちゃんと納めてきたし、遊び友達はみんな
現役の人だから。税金も払ってない人が安く生活させてもらっているんだ
から、こっちで女の子の2人くらい生活の面倒をみてあげられるくらい豊
かに生活しないと。来る人は、マレーシアの物価が安いから来てるんだか
ら、見栄張るなといいたい」という[12]。

　黒沢さんの事例からは、同じセカンドホーマーでも、現役時代に大企業の駐
在員としてマレーシアで生活していた退職者の場合、「日本人のセカンドホー
マー」という集合的なアイデンティティの共有を拒む様子がみてとれる。
　セカンドホーマーのなかには、同じくセカンドホーマーでサークル活動をと
もにする仲間の男性が、クアラルンプール郊外のショッピングモールの日本食
レストランで夕方になると半額で売られる弁当をよく購入していることを話題

にし、「高価な日本食を現地の人に食べてもらうために安く売られているのに、現地の人に混じって見切り品の弁当を買うのは恥ずかしい」と批難する。この男性は独身であり、KL 日本人会にも近く、クアラルンプールでは利便性のよいクアラルンプール郊外のペタリンジャヤのコンドミニアムで 1 人暮らしをしている。弁当を販売しているのは、コンドミニアムに併設されたショッピングモールのなかの日本食レストランであり、歩いて買い物に行ける場所にある。海外で暮らす単身の高齢男性にとって、手軽でお得な日本食の弁当が割安で手に入るのならば、割引になる時間を見計らって買い物に出かけるリピーターになる気持ちは理解できる。

　弁当が現地の人のために安売りされているという解釈や、現地の人に交じって見切り品を買う行為を「恥ずかしい」と感じることは、日本人であるセカンドホーマーが現地の人々に対して一方的に抱く優越意識にほかならないが、この事例が示すとおり、セカンドホーマーの「質素」な暮らしぶりに対する相互監視は厳しい。その一因としては、「年金で安く生活できる」というロングステイの決まり文句の流布のせいで、第 2 章でも述べたように「経済難民」や「国際ホームレス」といった言葉が一部メディアの論調となっているため、経済的にゆとりのない暮らしぶりの日本人退職者の存在は、そうではない人々にとっては嫌悪の対象となり、日本人総体の評価を下げる迷惑な存在とみなされたのではないかと考えられる。

　セカンドホーマーの暮らしぶりに関しては、6 万円で生活できるか否かをめぐり、大きな議論が交わされた。マレーシア政府観光局の担当者は、「実際（マレーシアに）行っているのは、（日本に）戻れる人。戻れる程度に裕福な人」と説明する。2006 年ごろよりマレーシア政府観光局には、「年金で生活できる」「6 万円で暮らせる」といったテレビ番組の報道を視聴した人たち、なかでも生活保護世帯の人からの問い合わせなども相次いだのだという[13]。これらの事例が示すのは、クアラルンプールのセカンドホーマーのコミュニティは、MM2H 参加者にかぎらず、異なった種類の自発的移住者や現地に住んでいない者をも含む緩やかなネットワークであり、海外移住に求めるライフスタイル像、経済力、コミュニティへの関わりの度合いも多様である。メンバーの意見も多様であり、同じビザで滞在する人々に対する否定的なまなざしや、親しい付き合いを望んでいないというコミュニティへの距離感もみられる。しかしながら、ソー

シャルネットワークサービスやメーリングリスト、あるいはインフォーマルな人間関係で線的につながった人々であり、セカンドホーマーのコミュニティとして1つの面を形成している。否定的な意見を述べつつも、線的なつながりを保ち、情報共有のためにもコミュニティの存在には意義があるという価値観が共有されており、結果としてコミュニティの存在が保たれているのである。

5-3　高齢者夫婦のクアラルンプール移住

5-3-1　グローバルな生活戦略

『ご褒美人生マレーシア』の著者の阪本恭彦は、「マレーシアの3つのミラクル」として、1）1億円の余裕、2）女性の解放、3）老人介護、の3点を挙げている［阪本 2010: 26-27, 2011］。1点目の「1億円の余裕」とは、年金などの収入が月20万円の夫婦の場合、マレーシアではその3倍の60万円の購買力をもつ。マレーシアで暮らせば、その差額として月に約40万円、年間約500万円の豊かさが経済的余裕として付加されることになり、老後の20年間をマレーシアに住むことによって1億円の余裕が生まれることを意味する［阪本 2011: 16］。2点目の「女性の解放」とは、マレーシアに住めば、家事労働者（メイド）を雇うことにより、一生家事から解放されない女性を解放することができることを意味する［ibid.: 107］。3点目の「老人介護」とは、労働力に加え住居費が安価なマレーシアでは、家事労働者（メイド）を雇うことによって在宅介護が可能となるため、妻や子供（とその嫁）に介護の負担をかけることなく、自分が受給する年金の範囲で両親と自分の介護が可能だというのである［ibid.: 156］。60代の高齢者が定年退職後に20年間マレーシアに居住することによって1億円の余裕のある生活を送り、仮に80代になってマレーシアで要介護になったとしても、日本に帰国せずマレーシアで介護を受けながら生活することが年金の範囲で可能であることを、マレーシア移住のインセンティブと捉え、日本国内の移住希望者に対してインターネットや出版物、MM2H促進セミナーの講演でくり返し説明している。とくに、マレーシアでの介護が可能なことをアピールすることによって、老親の介護のため日本を離れることができない人たちにも老後の海外移住が可能であると主張している。

2012年5月現在、MM2Hプログラムへの日本人参加者数（ビザ取得件数）の

合計は1902人であるが、MM2Hビザ申請時期によって異なる資産条件でビザ取得の審査が行われている。申請時の資産条件の設定が低かった2002年までのシルバーヘア・プログラム実施期間と、MM2Hプログラムが始まった2002年から2007年3月までにビザを取得した者の場合、単身者のビザ申請に必要な資産条件は300万円相当の銀行預金のみであった。マレーシア政府はこれまでにMM2Hの申請条件と内容をたびたび改定し、資産などの条件（金額）を徐々に上げることによって、経済面での選別を厳しくしてきた。とくに、2007年4月の条件改正では、マレーシア国内の銀行預金に加え、1700万円相当の銀行残高証明の提示が必要となった。その結果、以降のプログラム参加者は、経済的ゆとりのある層がビザを取得している。したがって、2007年4月の申請条件改定の前後で、ビザ取得者の資産や経済力に大きな差があることが推察される。さらに、2008年9月に起こった金融危機（リーマンショック）以降、為替変動によって円高が進行し、海外移住の経済的効果が増大した。

事例5-7　為替の変動によってセカンドホーマーが得る経済効果

　2007年1月にMM2Hのビザ申請の後、5月よりクアラルンプールでの生活を開始した東京都出身の夫婦は、当初のRM1＝35円からRM1＝25円へと為替レートの変動を経験した。夫は、「税金対策のためには、何が何でも来ないと。年金には税金がかかる。今円高だから、先月は（年金額が）家賃の分くらい違う」と述べ、マレーシアの銀行口座に送金される年金が家賃分RM2500に相当する約6万2500円増であったことを明かした。1か月の生活費は、RM1＝35円の計算で28～29万円程度であり、夫婦の年金収入は経営者年金、企業共済、国民年金基金、基礎年金など複数あり、1か月の合計は約22万円である[14]。

夫の述べたとおり、RM1＝35円ならば22万円は約RM6286、RM1＝25円ならば約RM8800であり、RM2514の差額となる。1か月の生活費28～29万円は、RM1＝35円ならば約RM8000～8286、RM1＝25円ならば約RM11 200～11 600に相当し、1か月の生活費も約RM3300増大する計算となる。日本とマレーシア間には二重課税防止協定があり、1年のうち半分以上滞在する国に所得税の課税権がある。しかし、マレーシアの税法では年金収入は非課税と

なるうえ、MM2H の恩恵として、その他の不労所得（金利、配当、家賃収入）も所得税免除となっている［阪本 2006: 30-32］。したがって、事例の夫婦のように、マレーシアで暮らすことによって、年金が非課税となるうえ、為替の変動によって年金収入が増大するという二重の経済的利点がある。

　税金面や物価といった経済的利点は国境を越えた移動による海外移住の恩恵であり、家計戦略となる。しかし、資産面や不労所得の有無により、移住者の生活水準は異なる。娯楽に関する支出は価値観や志向によって異なる。個々の移住者や世帯の生活水準は価値観を反映しており、住まい（エリア、物件）、ゴルフ場の会員権[15]、車の所持や購入に現れる。2005 年よりクアラルンプールで生活している夫婦は、郊外のマンションを購入して以来、互助組織の活動を控えることによって日本人との付き合いを減らし、親しいセカンドホーマー夫婦との海外旅行や趣味の活動に専念するようになった。妻は、「生活が合わない人とは付き合えない」という。また、2007 年に下見滞在した後 2008 年にマレーシアに移住した夫婦は、住居を決めるさい、下見滞在のさいに親しくなった夫婦が先に入居しているコンドミニアムに住みたいと言った妻に対し、夫は「あそこのコンドミニアムは、永住する人ばかりが集まっているから、話が合わないんじゃないかと思って、やめようって言った」という。けっきょく、セカンドホーマーの多い別のコンドミニアムに住むことに決めた。夫婦どうしの付き合いになると、お互いの夫とお互いの妻の折り合いがよくないと、付き合いが続かない。

5-3-2　家事労働の軽減

　阪本の挙げる「マレーシアの 3 つのミラクル」の 2 点目である女性の解放に関しては、阪本に代わり妻による体験談が、セミナーや講演会で解説を加えている。下見で KL 日本人会を訪れた日本人に対し、夫の阪本が「お金の問題を解決するとしたら、絶対マレーシアです」とお決まりのひととおりの説明をする。「……以上が、私がマレーシアに永住することを決めた理由です」と話を締めると、今度は、妻の洋子が、家事労働者を雇うことで家事から解放された日常生活を、以下のように話す。

　　私は、夫に「拉致」されて嫌々ながらマレーシアに来ました。最初は、

道はわからない、言葉は通じない、屋台は汚い、と思っていたけれど、4〜5か月たったころから、気候がビューティフル、スコールが1日1回世界をきれいにしてくれるし、年中泳げる、ゴルフ天国と、（マレーシアを）すっかり気に入ってしまい、4年くらい前（2004年ごろ）からマレーシアにいらっしゃいとお勧めする立場になりました。今では、ここが私の世界です。日本じゃないと自分らしく生きられないって次元を超えてしまった。女性は、日本でけっしてありえないメイドが雇えますからね。掃除、洗濯、炊事を丸投げできる。うちは料理以外、アイロンがけからベッドメイキングまで、すべてやってもらう。老人介護もやらせればできる。自分の時間が欲しいなら、自分の仕事をだれかに分担してもらえるってことができる。解放されて人生で初めて、主婦がどれだけ家事に苦しめられていたかがわかる。今では「拉致犯」（夫のこと）に感謝しています[16]。

　妻は、通いのインドネシア人家事労働者を週2回（毎回4〜5時間）、RM400（約12 000円）で雇うことによって、互助組織のMM2H促進活動や趣味のゴルフに加え、KL日本人会のサークル活動に参加し、マレー語や中国語、ラインダンス、和太鼓、日本舞踊、コーラスなどを習っている。『ご褒美人生マレーシア』を片手にクアラルンプールに下見に来て、セミナーを受けた後、実際MM2Hビザを取得してクアラルンプールで生活を開始するセカンドホーマーを「阪本学校の生徒」と呼び、ボランティア活動であるMM2H促進活動の成果として、「生徒」の増加を喜んでいる。阪本夫婦のまわりには、テレビ番組やセミナーの体験談で聞いた話に感銘を受けた新規移住者が集まり、夫婦のライフスタイルを模倣し、家事労働者（メイド）を雇い、ゴルフやサークル活動などの余暇活動に専念する女性移住者がみられた。

　前章で取り上げたキャメロンハイランドの場合、夫婦連れではなく、1人で来ている男性ロングステイ滞在者が顕著にみられた。しかし、キャメロンハイランドに1人で滞在する男性ロングステイ滞在者は既婚者が圧倒的に多く、必ずしも高齢世代の非婚を反映した現象であるとはいえない。日本において、40歳までに一度でも結婚した経験のある人の割合をさす累積婚姻率がほぼ100％に近くなる「全員結婚社会」が成立したのは1960年代半ばであり、その時期に結婚した人たちに相当する60代（2009年現在）は、男性で配偶者がいる割合

がもっとも高い［上野 2009: 14］。つまり、キャメロンハイランドに 1 人で来る男性ロングステイ滞在者の多くは、妻を同伴していない既婚者であり、夫といっしょにキャメロンハイランドに長期滞在することに対する妻の関心の低さを示しているといえる。日本に居住し、ロングステイ団体の男性仲間とともにキャメロンハイランドやチェンマイでの 2 週間～ 1 か月間程度の短期滞在をくり返している 70 代の男性は、「ロングステイしたいけれど、『奥さんビザ』が下りない」という[17]。つまり、男性自身はビザを取得してマレーシアやタイに定住する生活スタイルを希望しているが、妻の同意を意味する「奥さんビザ」が得られず、同じような境遇の男性といっしょに短期間の滞在をくり返しているのである。

　キャメロンハイランドやペナンに比べると、クアラルンプールは公共交通機関が発達しており、車を運転しなくても女性 1 人で行動できる範囲が広く、余暇消費の選択肢も多い。キャメロンハイランドではゴルフ目的の男性が圧倒的に多いのに比べ、クアラルンプールは夫婦が多い。つまり、キャメロンハイランドに来る女性は少なく、クアラルンプールには多くの女性が長期滞在または移住していることを意味する。クアラルンプールは、駐在員を中心とする在留邦人社会の規模がほかの都市と比べて大きく、食や娯楽に関する情報も豊富である。マレーシアのロングステイ下見ツアーを企画・販売し、2006 年 8 月までに延べ 130 人のツアー客に添乗したという旅行代理店の担当者の話では、クアラルンプールの人気が高まったのは 2006 年以降であるという[18]。ツアーに申し込んでくるのは、半分が夫婦、もう半分は「乗り気ではない妻を説得するために、まずは現地視察に来た」という既婚の男性であり、そのほかに若干数の独身女性の参加があるという[19]。

　独身女性がクアラルンプールに退職移住する場合、離婚した独身者、寡婦、生涯未婚の独身者の 3 種類が想定される。筆者の行ったクアラルンプール現地調査では、再婚や離婚、あるいは配偶者の死別を経験し、MM2H のビザ取得と移住を、新たな環境を求め「人生の再出発を図る」契機とする日本人退職者の事例が複数確認された。なかには、高齢寡婦の海外移住が含まれる。高齢寡婦（子供はすでに独立している）の移住者 2 名へのインタビューでは、移住したばかりの寡婦は「1 人になってすごく寂しかった。海外生活は、1 人でいる寂しさを癒してくれた。もし主人が生きていたら、海外に来ることは選択しなかっ

ただろう」と語る。一方、人生の再出発のために持ち物はアルバムも含めてすべて処分し、スーツケース1つで移住してきたというもう1人の寡婦は、2年間のクアラルンプールでの生活の後、MM2Hビザも解約し日本に帰国することを決めた。夫婦での移住者の多いクアラルンプールでは居心地がよくなかったようで、「やっぱり、夫婦で来ている人ばかりだから、女1人だと肩身が狭いのよね」という。帰国後は子供のいる地元に戻らず、1人暮らしの姉が住む関東に行くことにしている。「子供といると、いろいろなしがらみがある。1人も心地いい」という。ビザは解約し、日本には帰国しても、次の生活拠点は新たな移住先である。またマレーシアに来ようという気持ちもあるうえ、次の海外移住先としてチェンマイも候補の1つに考えている[20]。

上述のような高齢寡婦の場合、死別した夫の遺産や遺族年金をビザ申請にかかる費用などの移住資金や生活資金に充当できるが、生涯未婚の高齢女性の場合、状況は異なる。以下の事例では、生涯未婚の高齢女性のクアラルンプール移住の事例をみてみよう。

事例5-8　独身高齢女性の生活戦略としてのマレーシア移住

68歳の澤田さん（仮名）は、女性単独移住者である。男性嫌いで、結婚したいと思ったことがなく、生涯独身を貫いているのだそうだ。できれば、日本とマレーシアを行ったり来たりする生活がよかったが、経済的理由からマレーシアでの生活に比重をおくため、2007年にMM2Hビザを取得してマレーシアに移住した。当時、単身者のMM2Hビザ申請条件は、300万円相当の銀行預金のみであった。

澤田さんは、『ご褒美人生マレーシア』をモデルにして、1か月の予算は年金額6万円で暮らしている。年金の受給が始まったからマレーシアに来ることができたのであり、6万円の予算内で収まるようにしなければ、マレーシアでの生活を継続することができない。航空券を購入する資金を稼ぐために、移住前にアルバイトもしたという。

澤田さんの住まいは、クアラルンプール市内で安宿として知られる1か月の滞在費がRM800（約24 000円）のホテルの一室である。1日の生活費はRM10（約300円）と決めており、鉄道を利用し、往復RM2（約60円）で日系スーパーに買い出しに行く。ショッピングモールの一角にある社

第 5 章 「定住」志向のセカンドホーマー——クアラルンプールの事例から

写真 5-4 大型ショッピングモールの経済飯店
魚、肉、野菜、スープ、揚げ物、炒め物などさまざまなおかずが並べられており、ご飯のうえに選んだ品をのせて持ち帰りができる。(2008 年 8 月 20 日、筆者撮影)

員食堂の経済飯（economic rice）店で、RM3.5（約 105 円）のお弁当と RM1（約 30 円）のビニール袋入りのテー・タレッ（ミルク入りインド紅茶）を買う。健康維持のために、玉ねぎと人参とジャガイモは毎日必ず食べるようにしている。「日本にいようがマレーシアにいようが生活が苦しいのに変わりはないが、マレーシアのほうが少し贅沢できる」のだという。日本に帰国するときは、飲食店（スナック）の清掃などのアルバイトで生活費を稼いでいる。マレーシアに移住した理由の 1 つは、マレーシアでは料理や掃除などの家事をする必要がないことだった。

　澤田さんは読書が好きで、図書館で本を借りるために KL 日本人会に入会しているが、お金がかかるので日本人とは付き合わない。「(日本人との付き合いは) 自分のレベルではないし、ついていけないところがある」と感じているというのだ。「運転手やメイドを雇って優雅に暮らすためにマレーシアに来たのではないし、自分はみんなとは違う」と認識している。日本人に誘われたら、「私には差がありますから」と最初に断るようにし

ている。日本人の友達が必要だと思わない。暮らしているホテルの受付の人が話し相手なので友達はいらないし、日本に住む弟とは週に1回、電話で連絡をとり合っているのだそうだ。澤田さんは今後の生活について、以下のように考えている。

> 不安は、日本にいてもマレーシアにいても変わらないが、これだとやっていけると感じている。ただ、認知症になったらどうしよう、という恐怖がある。(中略)できるだけマレーシアにいたいと考えており、ぜひ日本で死にたいという希望もない。どこで死のうが関係ない。贅沢できるのはマレーシア、条件が同じならこっちでいい。ずっと1人できたから、死に際に誰かそばにいてもらいたいとは思わない。お墓にもこだわりがない。こちらでは火葬の火力が強くて骨が残らないそうなので、それだったらそれでもいいかと思っている[21]。

　上記の事例からは、結婚している女性だけでなく、独身高齢女性にとっても、家事労働の負担がないマレーシアの生活は移住を決定する要因となることがわかる。また、日本人との交流がなくても、セカンドホーマーの移住テキストである『ご褒美人生マレーシア』をモデルに、クアラルンプールでのライフスタイルを設計していることがわかる。年金で生活するためにマレーシアに移住しているため、さらに高齢になって認知症を発症した場合などを想定し、不安を感じている。しかし、死を迎えるときに1人でいることや葬儀や墓に関しては、場所のこだわりもなく、日本にいる家族に看取ってもらいたいという要望ももってはいない。
　以下では、上記の澤田さんとは対照的な、夫も子供もいる高齢女性を取り上げる。クアラルンプールでの生活に慣れるにつれて、次第にクアラルンプールを中心に今後の生活を考えるようになった心境の変化についての事例である。

事例5-9　主婦の定年
　夫がマレーシアに来たいというので、しぶしぶついてきたという60代のえみさん(仮名)は、「夫についてくる代わりに贅沢をさせてもらっている」という。えみさんは、クアラルンプール中心部のホテルのレジデン

スに暮らしている[22]。月の家賃は RM3.5 万（約 105 000 円）で、毎朝ホテルのビュッフェで朝食をとる。毎日朝食をつくらなくてすむようにホテル暮らしをすることが、妻のクアラルンプール移住の条件だった。夫は、「ホテル暮らしは、嫁はんのため。嫁はんにいい思いしてもらわんと。そのためにマレーシアに来とるっちゅうこと」と、自分だけではなく妻に満足してもらうためにもマレーシアに来ていると説明する。えみさんは、夫の定年退職前後で以下のような生活の変化が生じたと述べた。

　主婦には定年なしっていうでしょう？　必ず 3 食つくるし、出かけるにも許可が必要。家事の負担は変わらない。現役のときは、週末くらいしかいっしょにいないけど、退職したら 1 日中ずっといっしょにいなければならなくなる。それが原因で鬱になりかけた。

　クアラルンプールの生活では、夫婦が別々に過ごす時間をもつことができるのが最大の魅力である、とえみさんは述べる。夫が毎日車でゴルフに出かけている間にえみさんが 1 人で行動できるように、モノレールや鉄道など公共交通の利便性がよく、歩いてショッピングに出かけられるクアラルンプール中心部に住居を決めた。平日は、英語学校で週 3 回の中級レベルのコースを受講し、週 2 回のバティック教室に通い、ボランティアや絵画部の活動のために KL 日本人会にも通う。夫の通うスポーツジムの会員になり、健康と美容のためにスパにも通う。たまには近隣のホテルのビュッフェに朝食に出かけたり、日本人やマレーシア人の女友達との昼食会に参加したり、オーダーメイドで仕立てたバティックのワンピースやサリーを着て出かけたりする。手洗いの必要なもの以外の洗濯は、すべてホテルのランドリーサービスを利用する。家事の負担を軽減するためにさまざまなサービスを消費しているが、えみさんは毎週夫が麻雀仲間を自宅に招く日には、手料理に腕をふるい、昼食と夕食を準備する。夫の仲間にも、料理上手の奥さんと評判がよいのだ。
　移住当初は、日本とマレーシアを行ったり来たりする 2 か所居住を考えていたが、英語の語学学校に通いスポーツクラブの会員を続けるとなると、マレーシアと日本の両方で学費や会費を支払うことになるため、けっきょ

くは生活拠点を1つに絞ることになり、クアラルンプールを生活拠点にした。「最初はマレーシアにはまったく興味なかったけれど、徐々に好きになった」というえみさんは、「日本よりゴージャスな老後が過ごせるので、クアラルンプールでの生活を気に入っている。ずっといてもいいと思っている」と述べた。しばらくして、えみさんは「帰りたくない」というようになり、自身の意識の変化について、以下のように説明した。

> 帰りたくない。もし夫が日本に帰るっていったって、私1人ここに残る。だって、生活しやすいもん。安いし、お金ないもん。(夫が)来るっていうからついてきて、それならって一念発起して勉強したかった英語を頑張って、ボランティアもやって、友達も一からつくって、やっと慣れたころにさあ帰ろうと言われても……。頑張って上がってきた階段をいきなり外される感じ。いまさら日本に帰って、ご飯つくるのはいや。ここなら、外食できるから、毎食のことを考えなくてもいいけれど、日本だとそういうわけにはいかない。同じことをやろうとしたら、お金に羽が生えて飛んでいく[23]。

> 一方、ゴルフが毎日できるとマレーシア移住を強く希望した夫は、ずっとこっちにいようと約束していた夫妻が急に帰国したせいで、「兄貴」と慕うもっとも親しいゴルフ・麻雀仲間を失い、「ずっとこっちにいようって言ってたのに、何の挨拶もなしに帰国した。兄貴が買えっていったから麻雀台だって買ったのに」と落胆ぎみである[24]。

以上、えみさん夫婦の事例には、夫が決めたマレーシア移住に乗り気ではなかった妻に生じた意識の変化が表れている。そもそも、乗り気ではなかったマレーシア移住にしぶしぶついてきた妻ではあるが、クアラルンプールの中心地のホテルで快適に暮らすことで、料理や洗濯といった妻の家事労働の負担を軽減することが可能となった。語学学校へ通うことは、就学による自己実現と社会生活の機会を妻に与えている。日本では実現できない生活スタイルを手に入れたことに、夫婦ともに満足している様子がみてとれる。さらに、マレーシアでの暮らしを自ら主体的に構成すること、すなわち英語を学び、マレーシア人

の友達をつくり、ボランティア活動に励んできたことは、妻のなかに「1人マレーシアに残る」という意識を芽生えさせている。この事例からは、退職移住の過程において、ロングステイから定住化、そして永住の意識の萌芽という意識の変化がみられることを示している。

前述の2つの事例からは、独身高齢女性にとっても既婚高齢女性にとっても、生活水準の格差にかかわらず、家事労働者を雇用しないで生活したとしても、クアラルンプールでの生活では炊事や洗濯といった家事労働が軽減されることが、高齢女性にとってマレーシア移住のインセンティブであることがわかる。以下の事例は、熟年再婚を機にマレーシアに移住した高齢夫婦を取り上げる。

> 事例5-10　熟年再婚夫婦によるマレーシア移住
> 　伊藤さん（仮名）夫婦はお互い離婚を経験しており、数年前に再婚した。マレーシアに移住を決意したのは、新しい土地で、新しい人間関係をいっしょに築き、共通の価値観をつくっていくためであったという。夫婦はそれぞれ東京に自宅があり、再婚後は夫が所有していた軽井沢の別荘で暮らしていた。MM2Hビザを取得し、クアラルンプールに移住した当初は、

写真5-5　伊藤さんが購入したコンドミニアム
クアラルンプールの高級住宅地モントキアラにある。（2012年3月9日、筆者撮影）

軽井沢と東京の 2 か所を生活拠点としていたが、軽井沢の別荘を売却してクアラルンプール 1 か所に絞り、2 年後にコンドミニアムを購入した。家の購入は永住する決意であると、妻は述べた。将来夫婦のいずれかが要介護になった場合、家事労働者を雇用して自宅で介護することを念頭におきつつ、家事労働者を雇うことによって日常生活の家事労働の負担を軽減している。妻は、義理の娘の世話にはなりたくないと思っており、アンダマン海に散骨してほしいとよく口にしている。

上述の事例では、熟年再婚夫婦が、要介護状態になってもクアラルンプールで生活することを最初から念頭において、クアラルンプールに移住したことが読みとれる。また、日本で死を迎えることは想定しておらず、散骨を希望して

表 5-3　クアラルンプール日本人会墓地年表
(2012 年 3 月 4 日、KL 日本人会日本人墓地春季彼岸法要の配布資料をもとに筆者作成)

年（月日）	内容
1897（明治 30）年 8 月 13 日	セランゴール政庁より墓地としての土地使用正式許可取得
1899（明 32）年	「大日本帝国臣民の墓」開設
1901（明 34）年	慰霊堂（吉隆寺）建立
1916（大正 5）年	セランゴール州日本人会が結成され墓地管理を行う
1941 ～ 1945（昭和 16 ～ 20）年	第二次世界大戦
1948 ～ 1964（昭和 23 ～ 39）年	邦人永住者の森敬湖氏*が墓地管理を行う
1959（昭和 34）年	墓地管理についての日本政府からの補助が始まる
1961（昭和 36）年	セレンバン、バツウ・パハット、アロ・スター、コタ・バルの 4 墓地から移葬
1963（昭和 38）年	クアラルンプール日本人会発足
1965（昭和 40）年	クアラルンプール日本人会が墓地管理を引き継ぐ
1969（昭和 44）年	同墓地管理について日本大使館とクアラルンプール日本人会の間で契約書を交わす
1980（昭和 55）年	クアラルンプール日本人学校生徒による墓地清掃開始
1983（昭和 58）年	日航機 JA8051 号遭難者慰霊碑建立
1986（昭和 61）年	彼岸墓参開始、現在に至る
1990（平成 2）年	日本人墓地改修完了
1991（平成 3）年	クラン墓地より 5 基 6 人の墓を移葬
2004（平成 16）年 4 月	慰霊堂の老朽化にともない、新慰霊堂建設決定
2004（平成 16）年 9 月 15 日	ラウブ市で発見された日本人の墓碑および 3 つの骨壺を移葬
2005（平成 17）年 9 月 18 日	慰霊堂の完成を記念し、秋の法要とあわせて落慶を祝う**

*「からゆきさん」として来馬し、当地に在住する婦人方が墓地清掃を行っていた。1955 年前半ごろまでは、20 ～ 30 名（の婦人）が存命であった。
** 2012 年 3 月 4 日現在、405 基の墓石・墓標がある

いることから、葬式に関しても日本式へのこだわりをもっている様子はみられない。

　筆者が2009年9月に行ったKL日本人会事務局長への聞き取りによると、2008年には100組、2009年には150組程度のセカンドホーマーがKL日本人会に所属しているという。日本人墓地に関する問い合わせも寄せられるようになったため、今後の需要を予想し、セカンドホーマー用の区画を整備することも検討されているのだそうだ（日本人墓地については、表5-3の年表を参照されたい）。日本人墓地への埋葬は、KL日本人会の会員であることが条件である。なかには、「（日本で墓地が不足しているため、生きているうちに）墓を確保したい」「マレーシアで先祖墓を建てるために日本人墓地の区画を保したい」といった内容の問い合わせも寄せられているという[25]。このように、クアラルンプールに移住する者のなかには、クアラルンプールで死を迎えることや、散骨や埋葬を念頭に入れている人もいることがわかる。重要なのは、死を迎え葬送される場所としてクアラルンプールを選ぶというよりも、日本で死を迎えることにこだわっていないといえるのではないだろうか。

5-4　セカンドホーマーのライフスタイルの創造力

　クアラルンプールの日本人退職者の事例からは、老後の過ごし方として提案された余暇としての海外長期滞在であるロングステイを実践する日本人高齢者のなかに、ごく一部ではあるものの永住を希望する人々も含め、「定住」志向の人々が存在することを指摘した。さらに、定住志向の人々が永住可能な生活環境を整備しつつMM2H促進活動に加担することにより、日本人高齢者の退職移住者のなかに「定住」志向をもつ人々が徐々に拡大していく過程を民族誌的に明らかにした。

　スペインのイギリス人退職移住者に関する研究を行ったマリア・エンジェルス・カサド＝ディアス（Maria Angeles Casado-Diaz）によると、余暇活動は、退職移住者が社会関係資本を蓄積するうえで重要な活動であり、コミュニティの横のつながり、すなわちロバート・パットナム（Robert D. Putnam）[2006]がいう「結束型の社会関係資本」を構築すると指摘している［Casado-Diaz 2009］[26]。本書が対象とする日本人高齢者の国際退職移住の事例からは、移住前の生活における

社会関係は「しがらみ」として否定的に捉えられ、よりよい場所を求めて移動することのプッシュ要因となることが明らかとなった。さらに、越境による家計戦略の側面だけでなく、子供と離れて生活することを意識しているケースや、夫婦が国内と国外に離れて暮らすケースなど、家族の空間的再編成を積極的に行う手段としての退職移住の側面が明らかとなった。一方で、退職移住者は移住生活を開始するにあたり、セカンドホーマーのコミュニティのネットワークに参加し、「これからの生活」に向けて新たな社会関係を構築し、精力的に情報収集を行う。しかし、パットナムが「コミュニティは自由を制約し、不寛容性を促進する」と「社会関係資本の暗黒面(ダークサイド)」を指摘するとおり［パットナム 2006: 433］、社会関係資本は自由や寛容さと相いれない。したがって、コミュニティの一員となり精力的に活動しても、コミュニティの方針に沿った活動を維持するとはかぎらない。MM2Hビザの取得や移住生活開始のために必要な情報やサポートを得るのみで、次第にコミュニティと距離をおく者や、数年間のマレーシア居住の後、日本へ帰国した者も多い。このように、実態としてのセカンドホーマーのコミュニティは流動的かつ選択的であるものの、帰国したり付き合いが疎遠になったりしてもなお、ネットワーク上のつながりを保持している。

これまでみてきたように、クアラルンプールでは更新可能とされるMM2Hビザで永住する意思表明をしている一部のセカンドホーマーが中心となって、日本人退職者のコミュニティづくりが進められてきた。その中核を担ってきた一部の人々は、観光省のプロモーションDVDへの出演や、日本の各種メディアの新聞や雑誌のインタビュー記事やテレビ番組への出演、個人のブログやウェブサイトでの日常生活を綴った日記の公開など、多様な媒体によって日本の視聴者や読者にそのライフスタイルを伝えた。日本で生活している人々は、まず最初に、テレビや雑誌でそのライフスタイルのイメージに触れる。次に、マレーシアでの退職移住を解説したガイドブックの読者や、テレビ番組の視聴者は、旅行代理店やビザ業者、ロングステイ財団やマレーシア観光省が日本各地で開催するセミナーに参加する。セミナーに参加した後、現地の下見に足を運び、ついにビザを取得しクアラルンプールでの生活を開始する。「老後を暖かい南国で暮らしたい」というライフスタイルのイメージは、移住前の段階から開かれているセカンドホーマーのネットワーク・コミュニティに参加するこ

とにより獲得される、具体的な情報と行動をともなうことによって実践される。マレーシアにおける生活情報や社会文化に関する知識、および近隣諸国の情報の蓄積と共有は、コミュニティにとって共通の資本となる。

　KL 日本人会を拠点とした互助組織と、そのメンバーであるセカンドホーマー自身による MM2H 促進活動のミクロな実践からは、マレーシア政府に対し MM2H 観光政策の成功のために協働するだけではなく、「パート就労の許可」や「親の帯同の許可」といった入国管理に関わる条件改正を提案し交渉するという、政策立案者に対する働きかけを行う主体としての側面がみてとれる。観光行政との協力と交渉のかけ引きは、MM2H という観光政策をめぐるホストとゲストの互酬関係ともいえるだろう。ホストとゲストの互酬関係が成立するのは、退職移住という「労働力を目的としない人」の移動が、市民権や国籍といった権利要求をともなう移民ではなく、あくまで収入や貯蓄額といった経済的基準を満たす消費者（投資家）でありつづけるという、退職移住の「脱政治化された客体性」に依拠する。日本政府や日本の民間から支給される年金は、国境を利用することにより、客人の恩恵として税金を免除される。クアラルンプールを拠点とするセカンドホーマーは、マレーシアにおいては退職移住者、つまり消費者（あるいは投資家）であり、ゲストである自己の「客体性」を戦略的に利用し、政府への働きかけを行うことによって、ロングステイからさらに定住を可能にする生活環境を整備していった［Ono 2015c］。

　「なぜ日本人退職者はクアラルンプールを選ぶのか？」という問いに対する1 つの解答は、KL 日本人会を拠点としたセカンドホーマーの互助組織とその MM2H 促進活動が、マレーシア政府に対しある種の「政治力」を発揮することによって、退職移住のライフスタイルを拡大することが可能であるという、ライフスタイル創造の可能性にある。移住者たちは、旅行会社のロングステイ下見ツアーのパンフレット、雑誌や書籍、テレビ番組のつくるロングステイのイメージを超えたところに展開していく、ロングステイの「その後」のシナリオを、クアラルンプールで暮らすセカンドホーマーの日常生活のなかにみているのである。近隣諸国から流入する安価な労働力を含むマレーシアのもつ環境や資源を巧みに利用し、新たな生き方を創造していく力は、閉塞感のある日本で暮らす高齢者に「ここで生きてみよう」と思わせる説得力をもつ。マレーシア政府や産業に働きかけることにより住環境を整備する移住者のエージェ

シー（行為主体性）は、老後の生き方のシナリオを刷新しつづける。クアラルンプールに続々と集まってくる新規退職移住者たちは、ロングステイから定住へとライフスタイル移住の展開を描いていくクアラルンプールのセカンドホーマーの動態的日常のなかに、自己の新しい生き方の可能性を見いだすのである。

　本章では、定住志向の退職移住者が集まるクアラルンプールの都市部において、駐在員を中心とする在留邦人社会への統合により形成された退職者コミュニティとその互助ネットワークの組織化が、退職者の移住生活をサポートするさまざまなビジネスを生み出し、暮らしやすい環境がつくられていく過程を分析した。また、このような業者を取り込んだ互助ネットワークが、観光省に承認を得て、制度への要求や部分的な就労の許可といった政治的な権利要求を行うようになり、移住者と観光省が協力関係を構築しつつ移住環境を整備している点を指摘した。

　さらに、高齢者の国際移動においては、介護や死を迎えるときのことなど、老後の「先」をどのように迎えるかについて意識しつつ、移住の選択をしていることがわかった。介護や死に関する心構えやライフスタイルの設計は、クアラルンプールでの生活のなかで、また、まわりの退職移住者の生き方の選択や創造力との相互行為のなかでつくられていくものであるといえるだろう。MM2H促進のためのボランティア活動への参加は、自分が結果として選択しない生き方であったとしても、新しい生き方を実現することに能動的に関わることが、セカンドホーマーにとって新しい生き方の実践そのものなのではないだろうか。

　　註
　1　サバ州コタキナバルは、東マレーシアとは異なった入国管理審査を行っている。したがって、MM2Hプログラムへの審査も独自で行っている。長期滞在する日本人高齢者は、ダイバーや芸術家、生物学者など、ボルネオ島という地理や環境における明確な活動目的をもって移住地を選択している事例が多くみられた［2004年8月、フィールド調査］。
　2　筆者は促進小委員会のオブザーバーとして2006年10月〜2009年1月まで参与観察を継続した。クアラルンプールのセカンドホーマーの互助組織のメンバーとしてMM2H促進活動を行う男性（70代）は、2004年当時の日本公使がMM2H促進活動を開始しようと提案したのは、「こんないいところに老後住めることを、日本の高齢者に知ってもらいたい」という本人の個人的意向が発端であったと述べた［2012年4月、

第 5 章 「定住」志向のセカンドホーマー──クアラルンプールの事例から

クアラルンプールで交わしたインフォーマントの会話から］。
3 　インタビュー、2008 年 1 月 23 日。
4 　たとえば、NNA 社「ご褒美人生：セカンドライフ in マレーシアのすすめ」毎週連載で 96 回、ヤフー社「Yahoo セカンドライフ」にマレーシア・マイ・セカンドホームをテーマに月 2 回連載（全 22 回）のようなインターネット新聞への執筆協力が挙げられる。
5 　ウェブサイトには、組織の概要や会則、ビザの手続きや車の輸入（ビザ取得者は 1 台に限り無税でもち込むことが認められている）に関する手続きといった制度に関する情報や、マレーシアの生活文化に関する情報に加え、役職者の担当と氏名、電話番号、メールアドレスを電話連絡帳として任意で公開している。
6 　マスメディアへの取材協力の実績は、第 3 章の表 3-1 を参照されたい。たとえば、テレビ朝日 TV 特集取材 MM2H・KL 日本人会［2005 年］、NHK ロケ取材マレーシア・マイセカンドホームと日本人会［2006 年］、読売テレビ桂ざこば落語公演（KL 日本人会）定年インタビュー番組［2006 年］。
7 　業者 A は創業を 2001 年としているが、マレーシア政府が MM2H を開始したのは 2002 年である。2003 年には、マレーシアの新聞社による業者 A へのインタビュー記事が掲載されている。インタビュー、2007 年 1 月 2 日および 2009 年 1 月某日。
8 　マレーシアの MM2H ビザ業者の多くは、ロングステイ財団の賛助会員となり、海外サロンとして指定を受けている。日本の旅行会社とおのおの代理店契約を結んでいる。ビザ業者のなかには、不動産物件を所有し、ビザ申請や下見の長期滞在客に宿泊施設として賃貸している会社もある。
9 　インタビュー、2009 年 12 月 23 日。
10 　マレーシア・マイ・セカンドホーム SNS「ご褒美人生の泉」、http://www.gohobi.com.my/?m=pc&a=page_o_login、2012 年 10 月 10 日参照。
11 　インタビュー、2008 年 10 月某日。
12 　インタビュー、2008 年 11 月 20 日。
13 　インタビュー、2006 年 7 月 27 日。
14 　インタビュー、2008 年 12 月 2 日。
15 　クアラルンプール近郊のゴルフ会員権は、たとえばスンガイブロウは 1 万 RM、カジャンヒルは 2 万 RM、トロピカーナやテンプラパークは 4 万～ 5 万 RM が相場とされる。
16 　日本人会における MM2H セミナーでの発言、2008 年 1 月 18 日。
17 　インタビュー、2004 年 8 月某日。
18 　インタビュー、2006 年 7 月 20 日。
19 　インタビュー、2008 年 4 月 13 日。
20 　インタビュー、2008 年 6 月 28 日～ 7 月 5 日。
21 　インタビュー、2008 年 8 月 13 日、8 月 18 日。
22 　ホテルのレジデンスは、宿泊用の客室とは異なり、台所やリビングルーム、寝室のついた居住施設である。
23 　インタビュー、2008 年 10 月 5 日。
24 　インタビュー、2009 年 9 月某日。
25 　インタビュー、2009 年 9 月某日。

26 パットナムによると、社会関係資本は結束型（あるいは排他型）と橋渡し型（包含型）に分けられる［2006: 431-433］。

第6章
ケアの越境化

　本書では、少子高齢社会を背景に進展する日本人高齢者の国際退職移住を取り上げ、「労働を目的としない」自発的な国際移住をライフスタイルとして選択する退職者や高齢者の、脱領土的な自己構築と国際移動の実践を捉えるべく論を進めてきた。2004年に初めてマレーシア（ペナンとコタキナバル）での予備調査を実施してからこれまでの研究の過程では、フィールドにおいて以下の2つの変化がみられた。1点目は、日本人高齢者の国際退職移住における移住期間の長期化および「定住化」の傾向である。観光を主要産業とするアジア諸国（とくにマレーシア、タイ、フィリピン）では、「定住化」を促進する制度的枠組みである退職者ビザの発給に加えて、メディカルツーリズム（医療観光）振興による外国人患者や退職者の長期居住のための制度面の整備が、国家主導で包括的に進められている。

　その結果、2点目の変化として、受け入れ国の医療産業によるメディカルツーリズムの事業化の進展、および外国人高齢者介護の事業化への展開がみられた。また、日本人高齢者の間にも、介護施設や在宅ケアへの関心の高まりがみられる。マレーシアのメディカルツーリズムに関する研究を行ったJは、メディカルツーリズムとMM2Hという2つの観光政策の関連を否定しているが［Chee 2007］、以上2点をふまえると、MM2Hで流入する外国人高齢者とメディカルツーリズム振興の相関関係とそのケアの越境化を促進させる側面が指摘できる。

　本章では、日本人退職者に含まれる、ケア（医療および介護）を求めて国際移動する高齢者について考察する。欧米の先進事例と比べ、アジアの国際退職移住は、医療や介護を求めた国際移動、つまりケア・マイグレーションの要素が

みられることが特徴的である。このような中高年の退職移住者の増加により、マレーシアの医療機関で治療を受ける日本人患者の総数も増加しており、日本は主要なマーケットとみなされている。グローバル化する医療を背景に、日本人の高齢者や退職者の海外移住から、新たなニーズとしてケアを求めた国際移動が生成する過程を考察する。

6-1　ケアの消費者の国際移動

6-1-1　労働力を必要とする人の移動——患者、要介護者

　日本と東南アジア諸国の経済連携協定（EPA: Economic Partnership Agreement）の締結により、インドネシアやフィリピンからの看護・介護労働者の受け入れが2008年に開始されて以来、日本で訓練を受けた外国人看護師や介護士の動向が注目されている[1]。その一方で、前期高齢者である多くの日本人退職者が海外に長期滞在・居住することが日本人の老後のライフスタイルとして選択される傾向にあり、それにともなう要介護者の帯同移住がみられる。また、退職後、海外駐在や結婚移住で海外に居住する子との近居を目的に海外移住・長期滞在する日本人高齢者は、従来の国内において一般的であった子が親との近居・同居を目的に故郷へ帰還移動するUターンとは逆の人口移動の軌道をなしている。ニュージーランドへの日本人高齢者の退職移住の事例では、ニュージーランドで生活する成人子との近居のために、退職した親がニュージーランドに長期滞在するケースが報告されている［篠崎2009］。

　ケアの越境化に関する先行研究は、おもに途上国から先進国への移民労働者に関する研究によって進められてきた。再生産労働の越境的連鎖を指摘する「グローバルケアチェーン」［Hochschild 2000, Parreñas 2001］の議論によって、看護師やケア労働者の国際移動の発生にともなう不平等なケア分配の構造が明らかにされた。しかし、ケアの越境化をケア労働者の先進国への国際移動の側面から捉えるケアチェーンの議論は、ケアの受け手である患者・要介護者もまたケアを求めて国際移動するという点を見過ごしてきた。また、医療や高齢者介護の施される「場」が国民国家の域内で完結することを自明視しており、ケアをめぐる人とサービス、資本のネオリベラルな動態の解明はなされていない。

　高齢化の進展するアジア域内において、ケアの越境化は4つの国際移動に

第 6 章　ケアの越境化

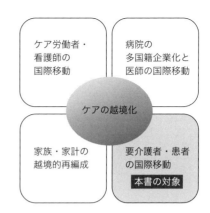

図 6-1　ケアの越境化をめぐる 4 つの国際移動
（筆者作成）

よって展開していると整理できよう（図 6-1）。ケアの越境化を人の国際移動の観点から整理すると、4 つのフェーズにおける国際移動によって複合的に展開している。すなわち、

1) 家事労働者を含むケア労働者・看護師の国際移動
2) グローバル化する高度人材・技術という点から、病院の多国籍企業化と医師の国際移動
3) 家族・家計戦略としての海外移住、国際結婚、養子縁組を含む、家族・家計の越境的再編成
4) 本研究の対象であるケアの客体（ケアテイカー）である患者・要介護者の国際移動

である。2) はとりわけ、ケアの越境化を発展させる要因となり、4) は医療産業・観光産業の介在によって進展する患者・要介護者の国際移動の市場化を示すものである。したがって、これまで個別の事象として研究されてきた 4 つの国際移動の結節点に、ケアの越境化を捉えなおす作業が必要となる。

医療のグローバル化にともなう近年の東南アジア諸国における急速なメディカルツーリズムの政策的展開は、1997 年のアジア通貨危機以降に生じた傾向であった。フィリピンの場合は、外国人永住者の招致を開始しており、観光を主たる産業とする当該諸国では、外国人患者や退職移住者の自国への招致に向けて国家主導の促進活動が行われている。人口構造が少子高齢化に転じていないこれらの地域では、現地社会においては家族介護が主流であるため、高齢者介護の産業化は未発達である。観光産業と医療産業の協働により現地社会に生

成する「外国人患者・要介護者のケア」という新たな産業の発展、および外国人患者・要介護者の長期間にわたる居住や永住は、現地社会にどのような社会文化的変容をもたらすだろうか。

　本章では、日本人高齢者のマレーシア移住後の日常生活におけるケア消費から、ケアの越境化を考察する。ケアの越境化をケア労働者の国際移動のみに回収せず、医師（高度人材）、多国籍化する医療産業（資本）、および外国人患者・要介護者（消費者）の間での相互行為を民族誌的に描くことにより、ミクロな生活世界に生きる患者・要介護者がもつマクロな構造へ働きかける行為者としての側面を明らかにする。患者や要介護者の国際移動へと多様化するライフスタイル移住および国際退職移住が、グローバルなケアの連鎖へと回収される経路を解明し、ケアの越境化の過程においてケアの客体となるべく国際移動する患者や要介護者の能動的な主体の果たす役割を明らかにする。

6-1-2　ロングステイからケア・マイグレーションへ

　ロングステイ財団の調査報告によれば、世代別の希望滞在国は、70代では1位から順にマレーシア、タイ、フィリピンとなっており、東南アジア諸国がとくに60〜80代の高齢者に希望滞在国として支持を得ている［ロングステイ財団 2011: 21］。1990年代後半より日本人の国際観光のトレンドとして発展してきたロングステイツーリズムおよび国際退職移住は、従来の欧米志向から退職者ビザの整備を進めるアジア圏の滞在国へと関心が徐々に拡大していくなかで、ロングステイ概念が多様化していることがみてとれる。なかには、子供の教育や子育ての環境、働き方の見直しなど、老後の生き方のみならず、さまざまなライフステージの人々が日本から海外に移住することによって得られる新しいライフスタイルが提案されている。本章で取り上げるのは、「生きがい」を求めた老後の「余暇活動」としてのロングステイから、「ケア」を求めた国際移動（ケア・マイグレーション）への展開である。

　ロングステイ財団の出版物をみると、1992年の財団設立当時の海外滞在型余暇（ロングステイ）の定義には含まれていなかった医療や介護といった「ケア」の概念を含めたライフスタイルや余暇の提案が2000年代後半から顕著となっている。表6-1のとおり、ロングステイ財団が毎年発行している調査統計『ロングステイ調査統計』の2006年度版には、「治療を受ける国」としてのロング

表6-1 『ロングステイ調査統計』におけるケアに関する記述
(筆者作成)

年度	ケアに関する記述
2006	「治療を受ける国」 「気候・風土の違う国でのロングステイは健康維持効果を得られる場合もある」
2008	「気候・風土の違う国でのロングステイは健康維持効果を得られる場合も多い」
2009	「老々介護の軽減にもロングステイ」
2010	「要介護の家族と一緒にロングステイ」 「気候・風土の違う国でのロングステイは健康維持効果を得られる」

ステイ滞在地の選択や、退職後の高齢者にとって「気候・風土の違う国でのロングステイは健康維持効果を得られる場合もある」(傍点筆者)[2006: 5-6] といった、高齢者の海外長期滞在が健康へもたらす効果の可能性を示した記述がみられる。また、2008年版では、同項目が「……健康維持効果を得られる場合も多い」(傍点筆者)[2008: 6]、2010年では「健康促進、維持という効果が得られる」(傍点筆者)[2010a: 9] となり、ロングステイの健康効果を断定する表現が用いられるようになっている。

このようなロングステイの効果として健康促進を示唆する記述はまた、介護の領域に拡大していった。2009年版にはロングステイの提言という項目に「老々介護の軽減にもロングステイ」[2009: 9-10] が加えられ、2010年版には同項目が「要介護の家族と一緒にロングステイ」[2010a: 10-11] とされた。このように、ロングステイによる健康効果は可能性から断定へと変化し、高齢者介護の方策としてロングステイを促すに至っている。

高齢化の進展する日本社会において、老親の介護は50～70代の人々の多くが抱える問題である。さらには、50～60代の人々にとって、介護はいずれはやってくる自分自身の問題でもある。ロングステイ財団は、現代の日本社会が抱える高齢者介護という社会問題に対する個人の解決策として、要介護の家族(老親)とともに海外に居住することを奨励している。先述の『ロングステイ調査統計2010』(2010年10月15日発行) のロングステイへの提言のなかの「要介護の家族と一緒にロングステイ」の項目は、介護に関して以下のような提案を行っている。

　　アジア各国の看護師・介護士の方々が来日し、活躍中である。これらの人的資源を最安値で享受する方法は、彼らの母国でロングステイをし、

サービスを受けることである。ロングステイの間、24時間介護生活を送り、またその家族は介護労働から解放されることは家族の精神衛生上の観点からも大いに期待したい。［ロングステイ財団 2010a: 10-11］

近年日本と東南アジア諸国の経済連携協定（EPA）の締結によって日本が受け入れを開始したインドネシアやフィリピンからの看護師と介護士に言及しつつ、「その人的資源を最安値で享受する方法」として示されているのは、看護師と介護士の母国であるアジア各国に居住し、現地の人的資源を利用し24時間介護を行うことによって、家族を介護から解放するというライフスタイルである。

　第2章でも述べたとおり、シルバーコロンビア計画が発表された翌年（1987年）、「老人輸出」や「姥捨て山」と国内外から厳しい批判を受けたことにより、高齢者海外居住計画は軌道修正を余儀なくされた。その後「高齢者」の「海外居住」という国内外の批判を招いた要素を排除し、幅広い世代の人々を対象に生活の源泉を日本におくという前提で、「ロングステイ」（海外滞在型余暇）という海外旅行と暮らしを融合させた新たなライフスタイルとして提案することにより、民間主導で普及していった20年間の過程において、逆に患者や要介護の高齢者の国際移動を再度提案するに至っている。

6-1-3　東南アジア諸国への日本人高齢者のケアを求めた国際移動
　ロングステイ財団が発行する季刊誌『LONGSTAY』2010年夏号は、タイのバンコクにあるクルワイナムタイ病院の老人向け施設を紹介している。この病院が取り上げられた背景には、日本からの要介護者の受け入れを新規サービスとして事業化したいという病院側の意向があり、病院から財団へのコンタクトがあったとされる。また、要介護の母親を連れて兄弟でタイのチェンライに移り住み、2人の住み込み家事労働者（お手伝いさん）と5人暮らしをする中高年の独身男性が執筆した、「ご近所からサワディーカ！　老母の介護をチェンライで」という記事を掲載している［ロングステイ財団 2010b: 8-9］。

　　　日本に東南アジアの看護師、介護士を招請する政策があるのなら、コストと受けられるサービスの質を考え、こちらから東南アジアに行って介護

を受けるという方法も、グローバリゼーションの世の中、当然のことではないでしょうか。［ibid.］

　以上のような、日本国内におけるロングステイ財団とその関連産業の動向と、東南アジアに移住し介護を受けることに対する肯定的な世論形成の動きに並行し、滞在先となる国においても長期滞在者の受け入れ体制が徐々に整備されてきた。受け入れ国側では、これまで国際移動の主体となってきた外国人労働者（労働力となる人々）を受け入れる制度的枠組みとは異なり、必ずしも移民の受け入れを担う行政機関が、労働力とならない、あるいは労働を目的としない退職者や長期滞在者の受け入れの主たる管轄ではない。もちろん、ビザの発給は移民や入国管理の担当行政機関が行うが、タイやマレーシアの場合は観光省、フィリピンの場合は退職庁といったように、移民や入国管理を担う行政機関以外が、退職者をはじめとする労働を目的としない長期滞在者の制度化や促進活動を担当している。つまり、滞在国側は観光やサービスの消費者として、外国人退職者の受け入れ制度を体系化しているのである。

　以下では、ケアを求めた人の国際移動を分類し、受け入れ国側がどのように、ケアの客体となる人の国際移動を受け入れる体制を整備してきたのかを整理する。

　越境化するケアは、図 6-2 に示すとおり、大きく 3 つの類型に分けられる。まず 1 つは、健康促進（health care）や美容目的の旅行者・消費者の国際移動であり、「ヘルスツーリズム」と呼ばれる領域である。ヘルスツーリズムとは、リゾートや温泉、スパ施設で受けるヘルスケアや美容サービスを求めた観光行為をさす用語である。アジアにおいては、たとえばインドやスリランカのアーユールヴェーダ療法、タイの古式マッサージやハーブ療法、中国漢方から派生した韓

図 6-2　越境化するケアの 3 類型
（筆者作成）

医学などを求めたヘルスツーリズムが盛んである。マレーシアでは、ボルネオ島の先住民カダザンが代々受け継いできた秘伝の技や、マレー王朝伝承とされる手技を取り入れたマッサージが「マレー式」とされ、政府の観光促進活動に取り上げられている[2]。さらに、ヘルスツーリズムでは後発の国とされるフィリピンにおいても、「ヒロット」と呼ばれるマッサージが伝統的美容法として、フィリピン政府観光局のヘルス・メディカルツーリズムの観光促進活動に取り上げられている。滞在国側は、近代西洋医学の対概念となるアジアの伝統医療を商品化することによって、滞在先（デスティネーション）としての自らの差異化を図り、独自の価値を生み出している。さらに、このような伝統医療は日本の美容業界でも商品化が顕著であり、日本においても広く普及しつつある[3]。ヘルスツーリズムの促進によって、滞在国の伝統医療は真性な文化として「再発見」され、高度技術として商品化されると同時に、滞在地には「癒し」(healing) といった審美的な付加価値が与えられる。

　2つ目の分類として、「メディカルツーリズム」(medical tourism) と呼ばれる、治療 (medical care) を求めた患者の国際移動がある。医療のグローバル化［真野 2009］にともない、近年東南アジア諸国で急速に展開しているメディカルツーリズムは、1997年に始まったアジア金融危機の経済復興策として戦略的に開始された［Chee 2007, 豊田 2007］。とくにシンガポールとタイは、東南アジアのメディカルツーリズム先進国に位置づけられている。タイのメディカルツーリズムが観光資源やタイマッサージなど地域資源と組み合わさることで、ヘルスツーリズムの延長として発展したのに対し、シンガポールは最先端の医療機器を用いた高度な医療技術サービス（放射線治療や外科手術など）を外国人患者に提供することで差異化を図っている［安里 2009: 321, 豊田 2011: 34］[4]。現状では、日本の患者が海外の病院へ渡航し治療や外科手術を受けるメディカルツーリズムは、日本人観光客の海外のスパやリゾートでの休暇を目的としたヘルスツーリズムに比べ一般的ではない。しかしながら、ロングステイ財団評議員を務める医師の溝尾朗は、日本の医療制度が変わらないかぎり、医療目的で海外渡航する日本人は今後増加するとの見解を示している[5]。瀬尾によると、日本では新しい治療や新薬の承認に時間がかかり、必ずしも最先端の医療を受けられないため、日本で認可されていない最先端の医療を受けたい人や、日本では限られている統合医療を受けたい人などが、実際に海外へ渡航している［ロングス

テイ財団 2008: 14-15]。このような、日本と海外の医療技術格差を指摘する専門家の意見は、アジア新興国におけるメディカルツーリズム促進と外国人患者の受け入れを行う民間病院を紹介する内容とともに、ロングステイ財団の機関誌やセミナーの講演で取り上げられてきた。実際、2011 年 9 月 25 日の朝日新聞の記事は、日本で認可されていない医療技術に含まれる「男女産み分け」をめざしタイへ渡航する日本人夫婦が急増しており、日本人患者が多い 2 施設にかかる日本人夫婦は年に約 30 組いることを報じている［朝日新聞 2011］。

　一方で、美容や健康増進を目的とするヘルスツーリズムと近代西洋医学の治療を目的とするメディカルツーリズムを融合させる、「医療スパ」と呼ばれるサービスの提供が新たな動向としてみられる。医療スパはメディカルツーリズム振興の活発なタイでの展開が顕著である。アジアで最初とされる統合医療スパ（integrated medical spa）は、2001 年にタイのセント・カルロス病院（1994 年創業）内に開設された[6]。以降、2005 年には同じくタイのナコーントン病院内に西洋医学とタイの伝統医学を併用した医療スパや、皮膚科、婦人科、精神科といった西洋医学を専門とする医師が常駐するスパ施設であるＳメディカル・スパが開設し、両施設とも日本語が話せる従業員を常駐させている[7]。このように、近代西洋医学の治療を行う病院（あるいは医師）が伝統医療、東洋医学を併用する統合医療の商品化が、観光客にとって新たな呼び水となっているのである。

　3 つ目の分類は、高齢者の介護（nursing care）を求める国際移動である。フィリピンはロングステイツーリズムの発展初期から、「介護移住」の地として関心が寄せられてきた。フィリピン退職庁が発表した統計資料によると、1987 年から 2010 年 6 月 18 日までの特別退職者ビザ SRRV（Special Resident Retiree's Visa）の総取得数は 22 192 であり、日本は 1890 で 4 位であった［ロングステイ財団 2010a］。外国人退職者を永住者として受け入れているフィリピンには、フィリピン初の外国人介護施設として、日本人経営者によって 1996 年に開設されたルソン島ラグナ州のローズプリンセスホームと、同じくルソン島中部に日本人の経営者が日本人の高齢者向けに建てた 2 つの老人ホームがあるとされ、外国人介護施設に居住する日本人高齢者の事例がすでに報告されている［槌谷 2006, 小川 2009, 細田 2014］。さらに、日本の介護施設を出てフィリピンに永住し、住み込みのケア労働者の介護によって自立生活を続けている重度の障害者の事例が、本人である寺本一伸［2008］の著書『アイ！サラマッポ』（上・下巻）の

出版にみられる。フィリピン退職庁が主導する外国人退職者の永住受け入れ政策は、現地において介護施設のような越境的「退職産業」(transnational "retirement industry")［Toyota and Xiang 2012］を発展させ、国内に外国人退職者を対象とした新たなビジネスの契機を生んでいる。

　また、タイも、ロングステイビザ（ノンイミグラントビザ-O-A）（満50歳以上）および年金ビザ（ノンイミグラントビザ-O）（満60歳以上）の外国人の長期滞在を受け入れており、観光政策としてロングステイツーリズムを積極的に誘致する国の1つである[8]。タイ国内の在留邦人数は、1975年の5952人以降一貫して増加し、2010年には47251人に達しており[9]、東南アジアではもっとも在留邦人が多い。在京タイ王国大使館領事部によると、ロングステイビザの取得者数の統計資料は非公開とされているが、1999年5月に開始したロングステイビザの取得者数がもっとも多かったのは2004年であり、（日本国内に開設された東京と大阪の2つの事務所のうち）東京事務所に申請されたビザの発給数は「60前後」であったという[10]。ロングステイの日本人が相対的に多いとされるチェンマイの事例では、在チェンマイ日本国総領事館の統計によると、在留邦人数は2007年以降50代が約半数を占め、在留邦人数全体の過去5年間の伸び率が80.9%なのに対し146.7%も上昇しており、2008年の在留邦人数2881人中50歳以上は1399人であった［河原2010］。つまり、ロングステイビザを取得しタイに長期居住する者に比べ、観光ビザで長期滞在する者のほうが相対的に多い。日本の介護事業者リエイは2003年からタイのクルアイナムタイ病院と提携して看護師養成を開始し、バンコク市内に日本人用のケアワーカーつき介護施設を開設したが、けっきょくは需要が伸びず施設を閉鎖した。しかしながら、2010年10月6日にはタイと日本の民間病院の間の介護士養成に係る技術協力関係締結調印式が行われ[11]、クルアイナムタイ病院における介護士養成は継続している。日本人向けの大型の介護施設は閉鎖されたものの、家事労働者を雇い家族介護をする家族の事例はメディアで取り上げられることも多い。タイで現地のタイ人をヘルパーとして雇い、老親の介護を行った飯田光孝［2009］が著書『タイあたりターミナルケア』を出版しているほか、インターネット上には同様に海外における自らの介護生活を綴ったブログが散見される。

　また、退職者にビザを発給するインドネシアには、バリ島のウブドにバリアフリーに対応したヴィラ（宿泊施設）があり、車いす生活者であった日本人女

性の大村しげ［1999］の長期間滞在の体験記である『京都・バリ島——車椅子往来』が出版された。このヴィラは、もともと外国人高齢者や障害者の長期滞在用にバリアフリー施設として建設されたわけではなく、この日本人女性のニーズに合わせて改築されたのだが、現在でもその部屋は日本人高齢者の長期滞在用施設として利用されている[12]。また、日本で持病の治療のために多くの薬を常用していた高齢の女性が、バリ島で生活することによって「薬漬けの生活から脱出」し、元気を取り戻した事例が報告されている［山下 2009: 60］。つまり、高齢者の海外移住には、過度な投薬や高度医療から逃れるという側面もあるのである。

　このように、国際退職移住は、経済活動を行わない「労働力にはならない」「労働力を目的としない」人の国際移動であるだけでなく、家事労働、医療や介護の面でケアに関する「労働力を必要とする」人の移動なのである［小野 2007, Ono 2008］。このような高齢者の国際移動における「労働力を求める」側面は、安価な労働力が確保できる国や地域への高齢者の国際移動の展開を特徴づける点であり、従来の移民研究や人の国際移動が明らかにしてきた労働力の国際移動の対流をなす、カウンターマイグレーションだといえるだろう。

　東南アジア諸国における退職者や長期滞在者の誘致にともなう患者・要介護の高齢者のケアの事業化は、現地で生活しているごく一部の人々のケアのニーズを取り込む小規模ビジネスとして展開する場合が多い。さらに、ケアの越境化は、近代的な医療・ケア施設への大規模な入居というよりは、家事労働者の雇用や現地での婚姻関係、および内縁関係を含めた個人的な契約関係等、私的領域において徐々に浸透しているといえよう。

6-1-4　患者・要介護者の誘致政策

　第 3 章でも述べたとおり、シンガポールやタイと同様に、マレーシア政府も 1997 年のアジア通貨危機以降、メディカルツーリズムに着手した［Chee 2007, 豊田 2007］。マレーシアの経済発展により、民間病院にかかる中間層の患者が増加したが、通貨危機によって治療費が高額な民間病院から公立病院へと患者が流れたため、海外からの患者を受け入れることで、危機を乗り越えることが狙いであった。マレーシア民間病院協会（APHM: Association of Private Hospitals of Malaysia）[13] および協会に所属する医師たちは、このような政府の指針に沿っ

写真 6-1　マレーシアの医療とメディカルツーリズムに関する広告
クアラルンプール国際空港内の手荷物受取所付近に掲示されていた。(2012 年 4 月 3 日、筆者撮影)

て、マレーシア保健省や観光省とともにメディカルツーリズムの促進活動と受け入れのための準備を続けてきた[14]。マレーシア保健省は、2009 年 7 月 3 日にヘルスツーリズムとメディカルツーリズムの開発と促進活動を担う機関としてマレーシア医療観光協会（MHTC: Malaysia Healthcare Travel Council）を設立し、メディカルツーリズムの提携先 35 病院の情報を掲載している[15]。空港にも、メディカルツーリズムの広告が各所に掲示されている（写真 6-1）［Ono 2017a, 2019a］。

　マレーシアに流入する外国人患者は、従来インドネシアをはじめとする医療水準の低い近隣諸国からの中間層、富裕層の患者渡航者が多数を占め、心臓や循環器系の外科手術や成人病の治療など、高度な医療技術と設備を要する治療をおもな目的としてきた。しかし近年では、オーストラリアや欧米からの休暇を兼ねた健康診断や美容整形手術を受ける患者や、(2001 年 9 月 11 日の同時多発テロ以降) 中東諸国からの長期的滞在型の家族連れの患者も増加している。家族連れの患者の場合、たとえば夫が治療を受ける間、妻とその子供は観光や買い物に出かけて過ごす。受け入れる病院側でも、外国人患者専用の国際病棟の新設など、設備投資が活発である[16]。また、顧客の生活スタイルやニーズに沿っ

て家政婦用の部屋を完備した個室をつくることで、家政婦を含む同伴家族がいっしょに宿泊することが可能な病室や、病院内に航空券の手配などのサービスを行う部署を設置するなど、いわば「病院の観光化」現象がみられる。

　メディカルツーリズムは日本語では「医療ツーリズム」や「医療観光」と訳される場合が多く、医療や治療、あるいは患者と海外旅行とを結びつけることに違和感は否めない。とはいえ、病院（hospital）とホテル（hotel）、およびホスピタリティ（hospitality）はすべて、語源をたどると「客人の保護者」を原義とするラテン語 hospes の形容詞形で、「歓迎する、手厚い、客を厚遇する」という意味をもつラテン語 hospitalis から派生した言葉である［服部 2004：94-95］。受け入れ側の病院は、海外からの患者を保護し治療を施すにあたり、患者を客人、つまり消費者として迎えるためのさまざまなサービスを提供しているのである。また、現地旅行会社はこのような民間病院と共同でメディカルツーリズムの商品開発やマーケティングを行い、メディカルツーリズム市場拡大の一翼を担っている。また、マレーシア観光省は2009年にクアラルンプールで開催された国際ヘルスケア学会展示会に、メディカルツーリズムのガイドブックである『メディカルツーリズム──国境を越える患者たち』（*Patients Beyond Borders*）［ウッドマン 2008］の著者ジョセフ・ウッドマン（Josef Woodman）を招き、マレーシア版（The Malaysia Edition）の発売を開始した。さらに、同じく2009年にはマインズ・リゾートシティ（Mines Resort City）が、健康診断の設備を備えた予防医学のための医療・健診施設を開設し、ゴルフ料金と宿泊費用に健康診断を加えたパッケージを商品化している。

　メディカルツーリズムはマレーシア政府の重要な政策となり、官民一体で振興に取り組んでいる。メディカルツーリズムを受け入れている病院は株式会社として上場し資本をグローバルに蓄積する「株式会社病院」で、国際的な医療認証機関（JCI: Joint Commission International）の認証を取得している病院が多い［真野 2009: 67］。クアラルンプール市内の富裕層や欧米人の外国人駐在員の居住者の多い高級住宅街であるバンサー地区にあるパンタイ・メディカルセンターが、2007年9月に国際病棟を新設したさいの祝賀会には、当時観光大臣を務めていたアドナン観光相も出席し、メディカルツーリズムが国内経済のための重要な産業であると訴えた。パンタイ・メディカルセンターには、東京医科大学で医学博士号を取得したマレーシア人医師がクリニックを開設しており、日本人

患者の診察の多い病院であることから、日本人会の会員の一部にも祝賀会への招待があり、国際病棟の見学会が催され、食事がふるまわれた。日本人患者および日本人長期滞在者は、1つの病院にとってのみならず、マレーシアのメディカルツーリズム促進にとって重要な市場とみなされていることがみてとれる。

マレーシアの病院で医療サービスを受ける外国人患者には、パッケージ化されて旅行商品化されるメディカルツーリズムの消費者だけではなく、日常生活のなかで病気やけがで病院の診療を受けている長期滞在する外国人も含まれる。クアラルンプール市内には、日本の大学の医学部で教育を受けたマレーシア人医師が経営する内科クリニック（大手民間病院のテナント）と心臓外科クリニックがあり、日本語を話せる医師による診療と治療は、これまで在留邦人の医療ニーズを満たしてきた。また、メディカルツーリズムを受け入れる各病院は、それぞれ国際結婚や就労目的でマレーシアに居住する日本人（おもに女性）を日本語通訳として雇用しており、患者が必要とする場合は患者側が診療費とは別途料金の通訳代を負担することで、コミュニケーションの補助が受けられる。同じく、マレーシアでは韓国人の長期滞在者や居住者が増加しており、大手民間病院のなかには日本人通訳と同様に、韓国人通訳を雇用するところもある。また、マレーシアには複数の日本の保険会社が支店を開設しており、海外旅行保険に加入していればキャッシュレスで診療が受けられる。

MM2H参加者でクアラルンプールに在住する高齢者は、ほかの在留邦人と同様に、外国人患者を受け入れるサービスや施設を完備した大手の民間病院や日本人経営のクリニックを利用している。また、美容・健康関連の商品化にともなう消費が活発である。先述のような高級スパを利用する者や美容整形の施術を受ける者、ローカル医師が診療と施術を行うカイロプラクティッククリニックや、タイ古式マッサージ（たとえばデサ・スリハタマス地区のマッサージ店の場合、料金は1時間RM53）、リフレクソロジー（足つぼマッサージ）のような手ごろな価格の健康増進のためのマッサージなどのサービスの消費者も多い。また、日本から「輸入」されたサービスとして、岩盤浴に類似した陶盤浴のスパが開店しており、日本人長期滞在者の利用が盛んである。クアラルンプール市内で、ホテルのスパや陶盤浴をひんぱんに利用するセカンドホーマーの夫婦（60代の妻と70代の夫）は、審美的理由からクアラルンプール市内のクリニックで瞼の整形手術を受けたことをSNSで公開し、友人のセカンドホーマーの

妻（60代）が後に続いて整形手術を行うなど、美容整形を含む健康や美容に関連する消費行動は男女ともに高齢者の間で活発にみられた。いずれの日本人も、MM2Hで5年以上長期滞在する高齢の退職者であり、地元のマレーシア人の友人から美容や健康に関する商業施設やクリニックの情報を収集しており、ケアを消費する場は、大手の民間病院にかぎらない。海外駐在員として現地に暮らす日本人とその家族、マレーシア人と国際結婚して定住する日本人（おもに女性）、現地就労する単身日本人（年齢層はおもに20代後半から40代）、単身で現地就労する20～30代の女性もセカンドホーマーである日本人高齢者と同様に、余暇時間におけるヘルスケアや美容に関わる消費行動が活発である。

　ロングステイが展開している東南アジア諸国におけるケアの消費は、旅行会社が企画した旅行商品で訪問する観光客だけではなく、日本人の事例にみられるように、流動的な外国人長期滞在者の日常生活のなかにも活発にみられるのである。

6-2　日本人専用高齢者介護施設をつくる

6-2-1　「老人介護天国」構想

　2005年からマレーシアで暮らし始めた里見さん（仮名）は、1年半暮らしたペナン島に飽きてしまい、2007年にクアラルンプールに引っ越した。マレーシア暮らしが5年目になり、MM2Hビザの更新を行ったばかりである。ペナン時代に親交のあった日本人退職者のうち、夫婦3組は日本に帰国し、1人（独身男性）は現地のマレーシア人女性と再婚してペナンに住み続けており、もう1人（独身男性）はペナンからイポーへ移り、その後も転居をくり返しているという。

> 　具合の悪い人は日本に帰る。日本人は元気な人はこっちにいるけど、8割の人は具合が悪くなると日本に帰る。（中略）あの人も帰った。この人も帰った、という感じ。だいたい3年で帰る人が5割かな。70歳過ぎるとそろそろ……。こっちで骨を埋めようという人は1割いるかいないか[17]。

　里見さんが述べるように、マレーシアに長期滞在する日本人高齢者のなかで、

マレーシアに永住するつもりでいる人はごく一部である。ただし筆者は、「日本には帰りたくない」「ずっとこっちにいたい」「（パートナーが亡くなり）1人になっても当分はここにいるつもり」というように、国際退職移住者として定住し、現地での暮らしが長期化する過程で、マレーシア、とりわけクアラルンプールに住み続けたいという希望する声が少なくないことは、国際退職移住の特徴ではないかと考える。つまり、「留まること」と「移動すること」、あるいは「帰還すること」はあらかじめ移住者にとって自明なのではなく、むしろあらゆる選択可能性に対して開かれていることが指摘できるのではないか。

最初から1～2年の予定で長期滞在をする人もいれば、マレーシアでの生活がなじまなかった人もいる。遊んで暮らすのに飽きてしまい、再度働こうと70代の夫と帰国した50代の女性もいた。とうとう老親が病気で入院し要介護になってしまって帰国した男性のように、夫婦のうちのいずれかが病気を発症し本格的な治療が必要なために帰国したという話はよく聞いた。なかには、マレーシアに夫婦で移住するさいに連れてきた犬が老衰し、最期は日本で迎えさせてやりたいと帰国したケースもあり、帰国の理由は個人によってさまざまである。個人的な理由によってある一定期間のマレーシア居住の後に帰国していくのが大多数であるが、ごく一部の人々はマレーシアに永住したいと考えている。しかし、永住したいと考えるごく一部の人は、永住する決意を固めて日本を離れたわけではなく、日本に帰ることもまたいつでも可能な人々である。もちろん、日本国籍を有する以上、日本に帰国し再定住することができない制度的な理由があるわけではない。ここで「永住する人」といいきれない理由は、マレーシア側の制度的な要因からくる。日本国籍を有する日本人の場合、マレーシアに永住するためには、永住権を取得する必要がある。本書が対象とする日本人退職移住者の大部分はMM2H参加者である。そもそも、MM2Hに参加する者が取得できるのは、最長10年間の数次エントリービザ（multiple entry visa）であり、フィリピンのように永住を許可するものではない。したがって、永住を希望する日本人退職移住者は、PR（Permanent Residency、永住資格）を取得する以外には、最長10年間の数次エントリービザを更新し続けるしか方法はない。

マレーシアで暮らす日本人退職移住者の大多数が「最期は日本で」と考えて移住生活を開始するなか、クアラルンプールに永住する意向を公言している日本人退職移住者を中心に、長期居住のための日本人退職者コミュニティづくり

第6章　ケアの越境化

に向けた活動が 2000 年代中期ごろから活発化した。MM2H の前身であるシルバーヘア・プログラムのころにビザを取得し、2000 年よりクアラルンプールで暮らし始めた先駆的移住者である阪本恭彦は、2005 年 7 月に自身が開設したインターネットのウェブサイトに「マレーシアを老人介護天国にしよう」と呼びかける記事を掲載した[18]。その後、サイトの内容は書籍『ご褒美人生マレーシア』にまとめられ、マレーシアへの退職移住のガイドブックとして 2006 年 2 月に出版された［阪本 2006］。以後、阪本は妻とともに、クアラルンプールおよびマレーシアの日本人高齢者の「顔」としてマレーシア観光省に協力し、MM2H の事実上の広告塔として促進活動を続けている。

　阪本［ibid.］によると、マレーシアが老人介護に適している理由は以下の 4 点である。
　1) マレーシア・マイ・セカンドホーム（MM2H）により長期滞在でき、更新することで永住も可能であること
　2) 冬がなく 1 年中暖かいこと
　3) 物価が安く、経済的なメリットがあること
　4) 家事労働者の賃金が安く、24 時間自宅介護が可能であること

つまり、制度面、気候面、経済面、介護面からみて、マレーシアには日本よりもよい介護環境があるというのである［阪本 2006: 153-167］。また、第 10 章のタイトルは「ここから天国へ——葬儀と墓地」［ibid: 161-167］であり、マレーシアで亡くなったさいの手続きや葬儀、日本人墓地の利用について詳しく説明している。さらに改訂版では、高齢者の介護問題が深刻化し、要介護状態の高齢者が施設に入居できない日本の状況を「半姥捨て山状態」と描写している［阪本 2011: 156］。

　第 5 章で述べたとおり、2000 年以降クアラルンプール在住のセカンドホーマー、つまり MM2H 参加者である日本人退職者の間では、KL 日本人会をおもな活動の場とする互助組織やネットワーク化によるコミュニティが発展してきた。その初期の互助組織であった「お助けマンクラブ」のメンバーを中心に、MM2H 促進活動の 1 つとして日本人向けの高齢者介護施設の開設をめざした活動が 2004 年ごろから開始された。その主たる活動として、2007 年に「老人介護研究会」が発足し、月に 1 回日本人会で開催される研究会では、クアラルンプールに住むセカンドホーマーで元看護師と元介護士の女性が講師を務め、

介護に関する講義や介護の受け方・施し方の実技訓練が行われた。さらに、老人介護研究会のメンバーは、日本人高齢者の受け入れ先となる施設があるかどうか、クアラルンプール近郊にある介護施設の見学を開始した。現地にある介護施設に入居するのではなく、「日本人が住める」場所として、日本人専用の介護施設をつくるという発想であった。

　お助けマンクラブのキャプテンを務め、老人介護研究会を企画し、日本人専用の介護施設開設を目標に精力的に活動していた阪本のもとには、現地や日本の大手デベロッパーや外国人患者を診療するクアラルンプール市内の民間病院から、日本人専用の高齢者介護施設の建設計画に関する話がひんぱんにもちかけられた。だが、阪本や互助組織のメンバーは、高級な介護施設ではなく現地の介護施設と同じ料金水準の施設にこだわり、大手への協力には消極的だった。計26件の施設を訪問した結果、日本人高齢者の受け入れに関心をもつ介護施設経営者に出会った[19]。

　華人のタン医師（仮名）は、クアラルンプール市内でマレーシア人向けの介護施設3軒を経営する内科医である。タン医師は、阪本をはじめとするクアラルンプール在住の日本人高齢者たちのもつ、日本人専用の老人介護施設をつくりたいという意向に賛同し、介護施設開設に向けた意見交換や協力体制の整備が開始された。KL日本人会では、タン医師と互助組織のメンバーで、日本人専用の高齢者介護施設の開設に向けた会議が重ねられた。

6-2-2　ケア労働の担い手——日本人結婚移住者と移住家事労働者

　第2章でも述べたように、おもに20代から30代で独身の日本人女性の自発的な国際移動に関する研究は、よりよい仕事や職場、あるいはキャリアアップを求めて日本を離れる女性の実態を明らかにした［Sakai 2003］。1990年代には、香港やシンガポールのようなアジアの国々の都市部にも拡大した[20]。マレーシアでも、自発的な国際移住を経てマレーシア人と結婚し定住する日本人が1990年代から増加したが、その多くは女性であった。

　KL日本人会での活動を通じ、セカンドホーマーの高齢者たちは、マレーシア人と結婚した日本人女性と交流を深めていった。そのなかで高齢者たちは、出産から幼児期を専業主婦として子育てをし、子供に手がかからなくなった40代の日本人女性が、働きたくても雇用機会が非常に限られている状況に

直面しているという事実を知る。阪本と互助組織のメンバーは、仕事を求める結婚移住者の日本人女性に介護について学んでもらい、将来的には日本人専用の介護施設で介護人材として働いてもらうというアイデアを考案した。とくに、マレーシアにおける将来的な日本人の介護需要の高まりに対する準備として、結婚移住者である日本人女性の潜在的なマンパワーは重要な人的資源となると期待されるようになった。また、日本人退職者たちは、自分の息子や娘と同じ世代に相当する日本人結婚移住者の女性たちが、日本人高齢者を介護するためにマレーシアに出稼ぎに来て「メイド」として働くインドネシア人やフィリピン人移住家事労働者を訓練する役割を担う人材となることを期待した。老人介護研究会には、日本人結婚移住者の互助組織から毎回4〜5人の参加がある。介護に関連する分野としてマッサージの技術をもつ者やマレーシアの食材や有機野菜に関するビジネスを行う者が老人介護研究会の講師を務め、マレーシアの現地情報を高齢移住者に提供する講習会も実施された。老人介護研究会の活動を理解し協働に参加した日本人結婚移住者は、セカンドホーマーから信頼を寄せられ、観光省のMM2Hセンターの日本人スタッフとしての仕事や介護施設でのパート就労の機会を得た。

　日本人結婚移住者たちが老人介護研究会に参加し、日本人専用の介護施設で働くために介護の訓練を受けるのは、パートタイムの就労機会を得るという経済的要因だけではなかった。彼女たちは、マレーシアに日本人専用の高齢者介護施設が必要であると考え、退職者たちに賛同したのである。なかには、将来自分の親を呼び寄せて介護する場合や自分自身が要介護になった場合に必要な場所とみなし、マレーシアで初となる日本人専用の高齢者介護施設の開設を願う声もあった。華人と結婚し、3人の子供とクアラルンプールに住む40代女性は、介護施設や墓について以下のように述べた。

　　マレチャイ（華人）と結婚しているけど、日本人だから年とったら日本食が食べたいし、ローカル経営の介護施設には入りたくないよ。お墓だって、旦那といっしょにチャイニーズの墓に入れられるのは絶対いやだし、日本人墓地に入れてもらいたい[21]。

　この40代の結婚移住者の語りが示すように、自分自身の介護や墓に「日本式」

を求める意識は、マレーシアでの生活期間の短い高齢の退職移住者にかぎらず、永住することを前提としてマレーシアに居住する「若い」日本人にもあることがみてとれる。また、日本人専用の介護施設が開設しても満室になって入れなくなったら困ると、自分が要介護になったときに優先的に日本人専用の介護施設に入居させてもらえるよう、今のうちから手伝って貢献しておきたいといった意向をもつ40代の女性結婚移住者もいた。このように、結婚移住によって「トランスナショナル」な家族を形成している人にも、介護や墓に対する文化的に「ナショナル」な志向がみられ、生活様式に対するトランスナショナルな志向とナショナルな志向がライフステージによって交錯している。国際結婚で移住した若い世代の日本人女性たちも、いつか訪れる「老後」に対し漠然と不安を抱いており、自発的移住者である高齢者と同様、結婚移住者にも日本人向けの介護施設の潜在的な需要がみられた。

6-2-3　ナースロッジ日本

　日本人高齢者や結婚移住者を含む自発的移住者との協働関係を構築したタン医師は、2007年5月1日に日本人専用介護施設「ナースロッジ日本」(以下、ナースロッジと表記)をクアラルンプール郊外のペタリンジャヤに開設した。当施設は、家主の華人が新築2階建ての3世帯住宅の2世帯分をタン医師に賃貸している(写真6-2)。介護施設としての機能だけでなく、介護施設に体験ステイができる宿泊施設でもあることから、ナーシングホームとロッジを掛け合わせ、「ナースロッジ」と名づけられた。ナースロッジは入居資格として、KL日本人会会員になってから1年以上であること、または個別審査を実施すること、さらに、入居時に保証人を要することが条件づけられた。入居費用は、入会金なしで預託金は3か月分、月費用は

1) 要介護者の場合、RM2750 (相部屋、1名、3食付き)
2) 要介護者と健康者のペア(夫婦)の個室利用の場合、RM4950 (1部屋、3食付き)
3) 下見や体験ステイの健康者や介護を必要としない要支援相当の者の個室利用の場合、RM2200 (簡単な朝食付き)

のように設定された。1世帯あたり、トイレとシャワー付きの寝室が3部屋と、共有スペースのリビング・ダイニングホール、キッチンの間取りとなっている。NHK放送の番組が見られるテレビ、冷蔵庫、電子レンジがあり、キッチンは

第 6 章　ケアの越境化

写真 6-2　ペタリンジャヤの住宅街に開設されたナースロッジの外観
(2007 年 4 月 29 日、筆者撮影)

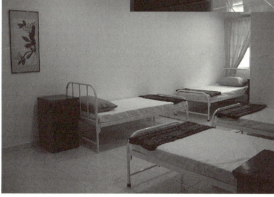

写真 6-3　要介護入居者用の個室（上）と相部屋（左）
個室には要介護者と健康者の夫婦が入居できる。この部屋に後述の白樺さんと楓さんが入居した。
(2007 年 4 月 29 日、筆者撮影)

自由に利用できた。別料金で食事の注文ができ、出前の取り寄せも可能であった。

　ナースロッジ開設を記念したオープニングパーティには、互助組織のメンバーであり、ボランティアとしてナースロッジに関わった日本人退職移住者や結婚移住者たちがおおぜい集まり、念願のマレーシア初の日本人専用高齢者介護施設の開設を祝った。ところが、「クアラルンプールに日本人向けの介護施設があるといいな」と思う人は多くても、すぐに入居を希望する人が現れるわけではなく、開設後、要介護の入居者のいない時期が続いた。マレーシアに長期滞在する日本人高齢者の多くは60代であり、介護が必要になってくる年齢には達していないため、潜在的な需要はあるものの、すぐに入居を希望する要介護の日本人がいるわけではなかった。

　そこでタン医師とボランティアのメンバーは、空室を稼働させるために、介護施設への体験ステイの対象者として、長期滞在の下見やビザ申請手続きのためにマレーシアを訪問する短期滞在者の宿泊を受け入れることにした。クアラルンプール市内のホテルに比べ、1泊の宿泊料金がRM110（約3300円）、1週間RM660（約19 800円）と低価格なナースロッジは、体験ステイの者どうしが同宿し情報交換や仲間づくりのできる場として活用され、次第に利用客が増加した[22]。日本からの下見訪問者だけでなく、ペナンやキャメロンハイランドから見学にやってくる人、ニューヨークから下見にやってきたという長期宿泊客も含まれた。「這ってでも自分の力で生きたい」といったキャメロンハイランドの柚木さんも、「いざとなったときには私も入居することになるかもしれない」と、ナースロッジへの1泊2日の体験ステイにやってきた[23]。

　ナースロッジでは、住み込みのフィリピン人家事労働者1人（女性）とガードマンのフィリピン人（男性）1人が常駐する以外には、通いのインドネシア人女性家事労働者が2名、日本女性人スタッフ2名が交代で当施設での仕事を行っていた。ケア労働者とガードマンはすべて、タン医師が経営するほかの介護施設で働いているスタッフで、インドネシア人の2人は忙しいときにのみナースロッジを手伝いに来た。ナースロッジはKL日本人会から車で20分程の距離にあり、ボランティアとして施設の運営を手伝うセカンドホーマーが日々訪問していた。

　日本人スタッフ2名のうち、正規のスタッフとして雇用されたゆりえさん（仮名）は、華人と結婚しクアラルンプールに住む40代の女性で、小学生の娘の

母である。もう 1 人のスタッフは、マレー人と結婚しクアラルンプールに住む同じく 40 代のちかこさん（仮名）で、入居者が増加するまではゆりえさんの補佐として、ボランティアで仕事を分担した。ゆりえさんとちかこさんはともに、日本人結婚移住者の互助組織「まじゃ会」のメンバーであり、老人介護研究会に参加し介護の訓練を受け、ナースロッジの仕事を得た。ナースロッジで介護と家事全般を担当する 30 代のフィリピン人女性マリア（仮名）は、フィリピンのルソン島出身の出稼ぎ労働者であり、家族（夫、子供、親）をルソン島に残し、タン医師の介護施設で住み込みのメイドとして働いている。マレーシアに来る前は台湾に出稼ぎに行った経験があり、3 年半の間、住み込みで精神疾患のある台湾人の介護をしていた。マリアとともにナースロッジで住み込みのガードマンとして働くフィリピンのビサヤ地方出身の男性ニック（仮名）は、介護も分担している。2 人は空き部屋を寝室にしているが、2 床ある介護ベッドは使用せず、タイル張りの床に薄いタオルケットを 1 枚敷いて、その上で寝ている。

　ナースロッジは開設から 5 か月が過ぎたころ最初の要介護入居者を受け入れ、2008 年の暮れには要介護の入居者 3 名が生活する介護施設となった。要介護入居者の生活は、はじめは日本人スタッフやボランティアがつける日誌によって管理されていたが、途中から限定メンバーのみがアクセス可能なオンラインコミュニティを利用し、正式にスタッフとして雇われた結婚移住者のゆりえさんと日替わりでナースロッジを訪問するセカンドホーマーのボランティアによって情報共有された。オンラインコミュニティでは、メンバーは各自ニックネームを使用しており、要介護の入居者にも同様にニックネームがつけられた。

　ナースロッジの最初の要介護入居者となったのは、80 代男性の「白樺さん」で、東京都出身である。山歩きが好きということからこのニックネームが名づけられた。後に 2 人目の入居者になったのは、白樺さんの妻（78 歳）であり、楓のように指が長く綺麗な手をしていることから「楓さん」と呼ばれることになった。3 人目の要介護入居者は、四国の宇和島で生まれ育った「真珠さん」女性（80 代）である。80 代で認知症を患う白樺さんと楓さん夫婦は 2 人部屋の個室に入居し、真珠さんは 3 床の相部屋に入居して、窓際のベッドを使用している。以下では、最初の要介護入居者となった白樺さんのナースロッジでの様子をみてみよう。

事例 6-1　最初の要介護入居者──白樺さん

　ある日（2017年11月13日）、筆者が午後4時ごろナースロッジを訪問すると、マリアは夕食の支度の最中で、リビングダイニングには美味しそうなカレーの匂いがしていた。挨拶をした後、リビングのソファに座り、白樺さんといっしょにテレビの相撲中継を見ていると、白樺さんは財布を何度も確認し、お札の数を数え始めた。すると、突然立ち上がりリビングの引き出しを開けて、中のものをチェックしている。白樺さんは筆者に「財布からRM50が1枚なくなったから、あんちゃんにちょっと聞いてくれないか」と尋ねるので、私がニックに「白樺さんのお財布からお金がなくなったそうだけど、知らない？」と聞くと、「いつも夜中になると起きて部屋から出てきて、リビングやキッチンの棚や引き出しにお金がないかチェックする。いつものことさ」と、白樺さんが夜中に徘徊する様子を説明する。マリアが寝室として使う部屋の引き出しをチェックもしているというのだ。
　今度はニックに直接「お金がなくなったんだけど、知らないか？」と尋ねる白樺さんに、ニックは「心配しないで。探してみます」と英語で答え、ソファーに座るように促す。再び、筆者のとなりで静かに相撲中継を見ていたのだが、「困ったなあ、どこへ行ったらいいものか……」とくり返し始めた。「ちょっと聞いてみてもらえませんかね？」と筆者に尋ねてくるので、どう返答したらよいかと考えていると、次はキッチンに立つマリアさんのところへ歩いて行って、「どこか住めるところはないかねえ」と日本語で尋ねる。マリアによれば、毎度の食事のさいに、代金を支払おうとするのだそうだ。
　マリアに話しかけた後、白樺さんは、庭に面した大きなガラス戸から外を眺め、「向いの家にどうにか潜り込めないかな」と筆者に聞いた。「ここがありますよ？」と答えると、「どこかに潜り込めば、お金がかからないから」と言い、しばらく外を眺めた後、「暗くならないうちに、早くお帰りなさい」と筆者に言った。
　認知症を患い片言の英語を話す楓さんの夫と、日本語をまったく話せないフィリピン人のニックの間には、言語によるコミュニケーションは成り立たないものの、介護する者とされる者の間の身体的なケアのスムーズな

> やりとりの様子が観察された。ニックを「あんちゃん」と呼ぶ白樺さんは、午後にナースロッジを訪問するときは決まってニックといっしょにリビングのソファーに座り、お互い会話することもなしに NHK の相撲中継を観賞している。ニックによると、白樺さんは食事や洗濯で忙しく働くマリアを手伝おうと、キッチンに立とうとすることもあるという。2 週間ほど遅れてナースロッジに入居した楓さんに、「ナースロッジでの生活はどうですか？」と尋ねると、「言葉が通じないくらいのほうが、かえって気が楽」と、楓さんは笑って返えた。

　KL 日本人会のメンバーで介護に関する専門的知識のあるボランティアのサポート以外に、グリークラブのメンバーがナースロッジを慰問し、クリスマスコンサートを開催した。要介護の入居者は、数は 3 名と少なかったが、日本人会を中心とする互助組織がセカンドホーマーの今後の暮らしのうえで必要とみなす日本人専用の高齢者介護施設の最初の入居者であったため、多くの人々が施設に協力した。クアラルンプール以外の町に住むセカンドホーマーや駐在員家族や結婚移住者を含む、幅広い在留邦人の関心を集めた。

　ナースロッジへの日本人中高年の関心と訪問滞在者の受け入れが盛況であることから、需要増加を予測して施設を拡大した結果、経営に行き詰ってしまったタン医師夫妻は、開設から 2 年後の 2008 年 9 月末に当施設を閉鎖した。わずか 2 年の間ではあったが、体験ステイの訪問滞在者が多数宿泊し、5 人の要介護者（入居者 3 人、体験入居 2 人）、3 人の要介護入居者がナースロッジで生活した。ナースロッジ自体は閉鎖したものの、ナースロッジの開設をめぐりマレーシアに居住・長期滞在する日本人高齢者、および長期滞在を計画する日本在住の中高年の潜在的な介護需要が浮き彫りとなった。ナースロッジの開設は、マレーシアでの退職移住がケアを求めた国際移動へと展開する転機となった。

　下見やビザ申請の手続きのためにナースロッジに滞在する「元気」な日本人高齢者のなかには、海外に長期居住するにあたり、要介護状態になったときのことも念頭に入れて移住先を選定する人もいる。

> 事例 6-2　ナースロッジの下見滞在者
> 　再婚を機に、一生マレーシアで生活するつもりで移住を決めたという

> 60代夫婦は、2度目のマレーシア訪問でビザ取得の準備を開始し、住居を見つけるまでの間、ナースロッジに滞在していた。以下は、ナースロッジに滞在中に夫婦と筆者が交わした会話である。
>
> 妻　こういうのはどうかしらって考えがあるの。たとえば、ミャンマーの貧しい家庭の子と養子縁組をして、ちゃんと養育費を払って大学まで出してあげる。その代わりに、私たちが不自由になったときには、介護とか面倒を見てもらうってやり方。あなたは、こういう方法をどう思う？
> 筆者　そうですね…人身売買とか、そういう社会的な問題もありますから……。批判も浴びるでしょうし、慎重に考えたほうがいいのではないでしょうか。
> 妻　いや、でも、ちゃんと養育して大学まで出してあげるんだから
> 夫　いけないよ。そういう、若い人の将来の芽を摘むようなことを考えちゃ。それは、……だめだめ[24]。

　この夫婦と筆者との会話からは、マレーシア移住にさいし、とくに妻が要介護になったときのことを念頭においていることがわかる。ナースロッジに下見滞在を行い、今後、クアラルンプールで生活していくなかで、夫よりも年の若い妻がいずれ1人になったとき、ナースロッジに入居することを1つの選択肢に、そして、ミャンマー人を養子にして介護を受けることをもう1つの選択肢として考えている。つまり、将来、日本に帰国する以外の生き方が可能であるかどうかを考慮する様子が読みとれる。

6-3　要介護高齢者の海外移住

6-3-1　介護移住の意思決定

　ナースロッジで生活した要介護入居者は、体験ステイの訪問滞在者に比べ少数であったが、ロングステイヤーやセカンドホーマーのMM2Hビザ申請者が50代後半から60代の若い高齢者である一方で、要介護入居者の年齢が80代前後であることを考慮すると、若い高齢者の関心の高さと、実際の要介護移住

第6章 ケアの越境化

がまだごく少数であることがわかる。それでは、そのごく少数の事例であるナースロッジの入居者は、どのような経緯でマレーシアで介護を受けることになったのか。以下では、2007年5月のナースロッジ開業以降の現場における参与観察と、介護移住者本人およびスタッフやオーナー、ボランティアなど関係者との会話から、白樺さんと楓さん、および真珠さんの介護移住に至る意思決定のプロセスをみてみよう。

事例6-3 要介護夫婦の介護施設入居——白樺さんと楓さん

　80代の白樺さんと78歳の楓さん夫婦は、2年前にMM2Hビザを取得し、クアラルンプール市内のコンドミニアムで暮らしていた。夫婦は、日本で生活していたころに人間関係で苦労があったことから、マレーシアに移住後も日本人と付き合いたくないという考えをもっていたが、クアラルンプールで出会った日本人に親切にしてもらい、日本人嫌いという考えは薄れたという。しかし、日本人居住者の多い地区にあるにもかかわらず日本人住民のいないコンドミニアムに暮らしており、KL日本人会や日本人どうしの付き合いにも参加しないことから、夫婦を知る日本人はごく一部であった。

　そのなかで、楓さんとは電話で話すこともあったというセカンドホーマーの女性は、ナースロッジが開設されたさい、白樺さんと楓さんにも、オープニングパーティに参加するように呼びかけていた。ナースロッジの最初の入居者となるのは、白樺さん楓さん夫婦になるのではないかと考えていたのだ。ナースロッジを初めて訪問した夫婦に関心があるかと尋ねると、「私たちにはまだまだ先の話」と楓さんは答えたのだそうだ。

　ナースロッジが開業して5か月が経過したころ、ある日突然予告なしに身元保証人であるビザ業者のスタッフが、白樺さんを「引き取ってほしい」とナースロッジに連れてきた。同じコンドミニアムに住むインド系マレーシア人の隣人が、自宅で倒れている楓さんと白樺さんを発見し、ビザ業者に連絡を入れたのだという。先に倒れたのは楓さんで、倒れた楓さんとその横で衰弱していた白樺さんは、電話に出ないのを心配した隣人が玄関のドアをこじ開けて部屋に入ったことで発見されたのだ。

　白樺さんを保護したナースロッジの関係者は、楓さんはクアラルンプー

229

ル市内の民間病院に即入院し、認知症を患う白樺さんは、当座ナースロッジに滞在し、楓さんの退院を待つことになった。倒れていた夫婦を救出したインド系マレーシア人の隣人は、ナースロッジに滞在している白樺さんと入院中の楓さんをそれぞれ見舞い、ナースロッジの関係者に夫婦の入居を強く勧めた。緊急手術が必要だった楓さんのために、日本にいる息子に連絡を入れたボランティアのセカンドホーマーは、すぐにクアラルンプールに来ることはできないと言った息子の代わりに、手術に立ち会うことにした。

　仕事の休みをとって息子がクアラルンプールの両親を訪れたのは、緊急手術から1か月半後のことであった。4日間の滞在期間にナースロッジの契約書へのサインを済ませ、ビザ業者と白樺さんをナースロッジに引きとって以来、緊急手術の立会いをはじめ、白樺さんと楓さんのことを引き受けてきたセカンドホーマーとビザ業者に「よろしくお願いします」と頭を下げ、日本に帰国した。彼らの話によると、夫婦は息子たちに面倒をみてもらいたくないという理由で、日本からマレーシアに夫婦2人で移住してきたということだった。

　以上が、白樺さんと楓さんが日本人専用高齢者介護施設であるナースロッジの最初の要介護入居者となった経緯である。白樺さんと楓さんの事例からは、
1）（親子関係のよし悪しにかかわらず）子に頼らず夫婦で自立した生き方を実践するために、後期高齢者の夫婦が海外移住の意思決定をしていること
2）マレーシアに移住したときの健康状態にかかわらず、急病や健康状態の悪化により、自立した生活を送ることが困難になり、要介護状態になるといった生活スタイルの変化を余儀なくされる事態が生じること

という2点が明らかとなった。介護施設への入居を勧め、白樺さんと楓さんの意思決定に働きかけたのは、マレーシア人の隣人や身元保証人であるビザ業者、介護施設関係者や互助組織のボランティアなど、周囲の支援者たちである。白樺さんと楓さんは現地でのコミュニケーションに不自由があるなりにも、インド系マレーシア人の隣人との近所付き合いをしていたことで、外国での「孤独死」を回避することができた。また、身元保証人であるビザ業者のスタッフがMM2H促進のための互助組織に参加していたことでナースロッジにつなが

り、ナースロッジとそれを支える互助組織が、樺さんと楓さんのセーフティネットとして機能した。周囲の支援者たちは、楓さんの退院後再びコンドミニアムでの2人暮らしを続行するのではなく、日本人専用の高齢者介護施設で暮らすことを夫婦に勧め、夫婦もそれに応じることで介護施設への入居が決定された。日本に住む親族（長男）は、親である夫婦の意思決定に従い、移住先の周囲の支援者の勧めるとおり、介護施設との契約を結ぶことで、海外移住だけでなく二次的移動となる介護施設への入居、つまり事実上の永住の意思決定を受け入れている。

6-3-2　寝たきり患者の介護移住

次に、ナースロッジへの要介護入居を決定したとき、すでにMM2Hビザを取得しマレーシアに移住していた白樺さんと楓さんとは異なり、「寝たきり」状態で暮らしていた日本の介護施設から、ナースロッジに入居するためにマレーシアに移住した介護移住者である真珠さんについて、詳しくみてみよう。

> **事例6-4　寝たきり要介護患者の海外移住──真珠さん**
>
> 「残された人生を娘と孫のそばで過ごしたい」とクアラルンプールに住む娘との近居を望み、2007年にMM2Hビザを取得した81歳の真珠さんは、飛行機に乗ることも海外渡航も人生で初めて経験し、マレーシアに移住した。寝たきり状態の入院患者だった真珠さんは、日本の病院から飛行機でマレーシアに移送され、空港からただちにクアラルンプールの病院に移動し、数日間の入院を経てナースロッジでの生活を開始した。寝たきりで流動食の真珠さんの移送には、娘の夫とマレーシアの入院予定の病院のスタッフが付き添った。
>
> 真珠さんの娘は、日本で就労していたパキスタン人と結婚してムスリムに改宗し、息子を育てる40代の母親である。家族3人で首都圏に生活していたが、教育やハラール食材といったムスリムの生活環境が十分ではなく、不便を感じていた。ムスリムとして息子を育てるために、よりよい環境を求めて移住できないかと候補となる国を探していたころ、マレーシアが長期居住の可能なMM2Hビザを発給することを知った。MM2Hビザを取得し、日本で会社を経営しているパキスタン人の夫は日本とマレーシア

を行き来することにして、真珠さんの娘は息子と2人でクアラルンプールに移住した。娘は、KL日本人会で配布していたナースロッジのビラを見て日本人専用高齢者介護施設が開業したことを知り、互助組織のボランティアに連絡を入れて下見をした後、真珠さんをナースロッジに呼び寄せることを決めた。

　真珠さんは数年間流動食をとる寝たきり患者であり、入院先の主治医はマレーシア移住に反対したという。看護師からは「あなたは一生チューブよ」と嫌味を言われたり、危険だからと眼鏡を没収され本や新聞が読めなくなったりして、入院生活に満足していなかった。寝たきり状態になった真珠さんに対し、真珠さんの夫は「自分で自分の面倒をみてほしい。離婚してほしい」と言ったという。しかし、真珠さんは「絶対、ハンコは押さない」と決めて、夫の離婚の要求には応じず、入院生活を続けていた。娘からのマレーシア移住の提案に対し、最初は「亜熱帯気候になんか住めない」とマレーシア移住に乗り気ではなかった真珠さんだが、次第に「私は寿命が縮まっても、娘のそばに行きたい」と強い希望をもつようになった。

写真6-4　マリアのつくるナースロッジの日本食──ある日の真珠さんの夕食
（2007年12月30日、筆者撮影）

マレーシアに渡航後に空港から向かった病院では、入院直後に担当医師に手術を勧められた。真珠さんは手術を受けると決め、すぐに手術が行われた。その結果、長年食べることのできなかった普通食が食べられるようになったのである。真珠さんに、マリアのつくる日本食について感想を聞くと、「魚の味付けに唐辛子を使用するので魚が辛い」と、日本食といえども食材や味付けに多少違和感がある様子であったが、入居後日を追うごとに回復し、「美味しい」という言葉を聞く機会が増えた。また、自分の足で立ち、歩けるようにもなった。真珠さんは、ガードマンのニックを「ニック先生」と呼び、排泄や入浴の介助を受ける。寝室内のトイレに行くときは、ニックは真珠さんの手を引いてゆっくりと歩き、トイレの中まで付き添う。快復していることに自信をもつようになった様子がうかがえ、まわりのことにも関心を示すようになった。

　ある日の夕方、真珠さんの部屋で話をしていると、窓から南国らしい生暖かい風が入ってきた。窓辺に吊るした風鈴の音に誘われるように外を見ると、庭に咲いたブーゲンビリアが鮮やかである。「窓から見えるあの建物は何なのかなと思って、娘に聞いた」と、真珠さんは窓際のベッドから見えるペトロナスツインタワーのほうを見ている。「ツインタワーですね。今クリスマスシーズンなので、タワーのなかに大きなツリーを飾っているんですよ」と言うと、「来年は孫とそれを見に行くのがね、今の目標」と答えた。

　真珠さんの訃報は突然のことだった。年末年始はマリアのつくる年越しそばとおせち料理で祝い、ますます食欲を回復していた真珠さんは、「ハンバーグが食べたい」とマリアにリクエストした。そのハンバーグをのどに詰まらせてしまい、真珠さんは亡くなったのだ。連絡を受けてナースロッジに向かうと、泣きはらした目のマリアが状況を説明してくれた。ニックも悲しそうな表情で、「(真珠さんが) 亡くなった日は、真珠さんのベッドで眠った」と言った。クアラルンプールで行われた葬式には、マリアと楓さん、タン医師の妻などナースロッジの関係者をはじめ、MM2H促進活動の互助組織のメンバーやセカンドホーマーなど31名が参列した。在マレーシア日本大使館からは大使の名前で献花があり、領事担当官が参列した。娘の夫と息子と夫の友人は、パキスタン式の白い衣服姿で真珠さんを

> 見送った。喪主を務めた真珠さんの娘は、「母はマレーシアで過ごした時間が人生でもっとも幸せだったと自信をもって言いたい」とスピーチで語り、関係者への感謝の言葉を述べた。
> 　火葬された真珠さんはクアラルンプール日本人墓地に埋葬された。生前に、日本人墓地に入ることに真珠さんは同意していたのだ。娘は今後もクアラルンプールに住み続ける予定であり、遠く日本に埋葬するよりも、自分と息子がお墓参りに行けるところにお墓を建てたかったというのが娘の思いだった。

真珠さんの事例からは、
1) 母子および母子孫の国際移動の連鎖
2) 母とその孫の両方の扶養者である子（娘）が、海外移住の発案や提案を行い、要介護者の意思決定に働きかける

という2点が明らかになった。要介護の高齢者自身が自発的に移住することを考えるというよりは、扶養者である子の生活に連動している。真珠さんの場合、娘が子の教育のために海外移住しており、扶養者である娘を媒介とした子と孫のライフスタイル移住の連鎖移住であることがわかる。

真珠さんの娘と孫の移住は、パキスタン人との国際結婚により改宗した妻とムスリムの息子の教育のための国際移動という、特殊な事例である[25]。しかし、真珠さんの娘と孫の暮らすコンドミニアムには、バングラデシュ人と国際結婚した日本人女性と子の2家族が同様の理由で、MM2Hビザを取得しマレーシアに移住しており、ムスリムの妻と子による母子移住者どうしの交流をしている。さらに、子供の教育のためにMM2Hビザを取得し、夫を日本に残した母子移住や家族移住も次第に増加している状況が、現地において観察された。マレーシア観光省はMM2H振興の新たな市場として、子の教育のための移住を奨励している。マレーシア政府観光局担当者によると、2011年の東日本大震災後には、地震や放射線から子供を守りたいという若い世代のMM2Hビザ申請が急増したという[26]。ムスリム家族にかぎらず、子育てや子の教育のためにマレーシアに移住する家族が増加する傾向のなか、真珠さんの事例は、マレーシアへの母子孫の3世代のライフスタイル連鎖移住の潜在的ニーズを示唆している。

白樺さんと楓さんの事例、および真珠さんの事例からは、後期高齢者や要介護者に海外移住という選択肢が与えられた場合、当事者が初めての海外生活であろうと、言葉や身体的状態に困難があろうと、本人に意志があり移動可能な経済力やサポートがあれば、海外移住を選択し実践することがわかる。マレーシアにおけるこれら介護移住の先駆的事例は、一見すると特殊な事情を抱えた人々の特殊な生き方にみえる。そのうえ、日本人専用高齢者介護施設もけっきょくのところ、要介護の入居者が増えず閉鎖してしまった。しかし、「特殊な」事情の介護移住者と閉鎖した日本人高齢者介護施設の事例には、3つの含意がある。すなわち、

1) マレーシアで日本人高齢者の介護が可能であることの事実化
2) 要介護の親を呼び寄せ、最期まで介護し、現地で看取ったという介護移住の物語化
3) 高齢者介護施設に関心をもつ高齢者のなかでも比較的「若い」退職移住者の潜在的ニーズの顕在化

である。マレーシアにおいて日本人高齢者を介護した事実を、クアラルンプール日本人会や互助組織をはじめクアラルンプールに暮らす多くの退職移住者が「参与観察」し、介護施設という場をつくるために協働し、構築した人的ネットワークや介護に関する知識と物語が共有されたことによって、新たな要介護者の国際移動が発生し、クアラルンプールへの介護移住の新たなスタイル、すなわち在宅介護型の介護移住へと展開する布石となったのであった。

6-3-3 在宅介護と関係的自己実現

国境を越えることにより、

1) 安価な介護施設に入居すること
2) 安価な家事労働者を雇い、在宅介護を行うこと
3) ケア労働から解放され、自由時間を獲得すること

が可能となる。なかでも在宅介護への関心は高い。

日本人専用高齢者介護施設の閉鎖後も、日本からの介護施設に関する問い合わせは続いた。現地介護施設を利用しつつ、家族介護を実践するという方法である。日本人専用高齢者施設の入居者の真珠さんは、MM2Hビザでマレーシアに暮らす娘の家族であるが、当時のMM2Hの条件では、老親の帯同は認め

られていなかった。したがって、娘は真珠さんのビザ申請のために、条件どおりの銀行預金や資産証明といった手続きをする必要があった。ナースロッジの開設と真珠さんの呼び寄せ以降、クアラルンプールの MM2H 促進活動を行う互助組織のメンバーは、第 3 章で述べた観光省との意見交換会などの場において、観光省に扶養家族として親の帯同を認めるよう交渉を重ねた。そして 2009 年には、扶養家族として子供と親の帯同を認めることが発表された。以下では、92 歳で要介護度 4、認知症を患う高齢女性の、扶養家族としてのマレーシア介護移住の事例を考察する。

事例 6-5　現地（マレーシア人向け）介護施設での夜間ケアと在宅介護

　MM2H 参加者の岡田さん夫婦（60 代）は、日本の特別養護老人ホームで生活していた 92 歳の夫の母親を、夫婦の暮らすクアラルンプールに呼び寄せた。岡田さん夫婦は、KL 日本人会を拠点とする MM2H 促進活動の互助組織の立ち上げのころからのメンバーである。介護職の経験者である妻は老人介護研究会で講師を務め、夫婦そろってナースロッジの開設に向けてボランティア活動に参加していた。また、ナースロッジの開設後も、要介護入居者の介護支援を行っていた。

　短大で英文学を専攻した妻は、「いつか海外に住みたい」「人生に残された時間を有意義に使いたい」という思いを抱いていたという。マレーシア移住は妻の希望であったが、夫婦でマレーシアに暮らし始めると、日本の親戚から「親をほったらかしにしている」と批難されることもあり、「法律で決まっているわけでもないのに、長男の嫁に対して厳しい」と妻は感じていた。2006 年 2 月に夫婦でマレーシアに住み始めて以来、日本に残してきた母のことが気がかりで、マレーシアへの呼び寄せについて検討を重ね、移住から約 2 年 10 か月後に、妻の強い希望に夫が応じ、「親孝行する最後のチャンス」と呼び寄せを決意した。

　「おばあちゃん（義理の母）、『（私は）アメリカ行くねん、アメリカ行くねん』って言ってね。アメリカに呼んでくれると思ったみたいで、パスポートをとりに行ったとき、すごく喜んでたんよ」と妻が説明するように、要介護度 4 で特別養護老人ホームに暮らす母親は、実際の行き先がアメリカではなくマレーシアではあったものの、介護施設を出て外国へ行くことを

認識し、呼び寄せを喜んだという。岡田夫婦は、必要となればマレーシアに母親を呼び寄せることを念頭に、車いすでの生活も可能な広いコンドミニアムをクアラルンプール郊外に購入していた。しかし、実際母親を呼び寄せたときには、ナースロッジは閉鎖してしまった後だったので、2008年12月に母親がクアラルンプールに移動してから最初の2か月間は自宅で同居し、夫婦が交代で24時間体制の介護をしていた。状況に応じて日雇いの家事労働者を雇った。

その後、昼間にナースロッジの経営者であったタン先生のマレーシア人向けの介護施設をデイケアとして利用し、夜間は在宅介護することにして、2か月の間週5回、1日5時間だけ母親をタン先生の介護施設に預けた。ところが、夜型の生活になったせいで夫婦が体調を崩してしまった。そこで、夜間ならば母は寝ているだけなので、日本語が通じなくて寂しい思いはしないだろうと、夕方から翌朝までの夜間はタン先生の介護施設に預けて、日中は在宅介護することにした。費用は1か月RM1300（約42 000円）であった。妻は、母親の日常生活を以下のように説明する。

　　昼は、散歩して日光浴、ショッピングセンターで買い物、そのあと外食で1時間半くらいかけてゆっくりとランチをとる。食欲があり、ローカル食だって食べられる。ミー（Mee、麺）なんか、ひと皿ぺろっと平らげる。（中略）半分わかるくらいがちょうどいい。「あれが嫌い」「これがいい」がなく、バランスよく食べられるようになった。

妻は、母はマレーシアに移住して「健康になった」と感じていた。その理由の1つとして、服用する薬が6種類から3種類に減ったことを挙げた。1か月の薬代は、移住当初と比べると、RM500（約15 000円）からRM70（約2100円）に減った。日本で特別養護老人ホームにいたころには、母は睡眠薬や精神安定剤を服用していた。それは認知症患者を集団生活に適応させるために処方されたもので、そのせいで認知症が悪化していたという。

マレーシア移住から約1年半後、母親は老衰のため、タン先生の介護施設で亡くなった。夫婦はクアラルンプールで火葬を行ったあと、日本でも葬式を行い、母の遺骨を日本の墓に埋葬した。母親を看取った後、夫婦は

別のコンドミニアムに引っ越し、クアラルンプールでの暮らしを続けた。夫婦は移住生活をブログで公開しており、母の介護から葬儀までの詳細な記録を日記として掲載している。介護に関する日記の公開には、「日本の親戚に安心してもらうこと」、そして「自分たちのやり方が誰かの役に立てば」という思いが込められていた。ブログ以外にも、夫婦は雑誌のインタビューや書籍の執筆を引き受け、日本人高齢者のマレーシア移住における介護移住の先駆者として、新規移住者の相談に乗った。

上述の事例からは、以下の4点が読みとれる。
1) 認知症を患う要介護度4で認知症を患う母には、息子夫婦の住む海外に行くことはわかっていても、その先がマレーシアであることは理解してはいない。理解してはいなかった一方で、「アメリカ」や「パスポート」に対して母が喜ぶ姿を見て、息子夫婦や周囲の者はマレーシア移住を母が喜んだと解釈している。食べ物に関しても「半分わかるくらいがちょうどいい」とみなしている。
2) 日本人専用高齢者介護施設により構築された現地医療セクターとの社会関係資本がクアラルンプールの日本人退職者が在宅介護を行ううえで活かされ、現地の介護施設を利用しつつ在宅介護するという介護移住のオルタナティブを実践している。
3) 現地の介護施設を利用することと、日本の国民健康保険を利用しつつ医療費の安い海外で診療を受けることによって、高齢者介護と医療費の経済的負担を軽減している。
4) 夫婦は、施設介護を受けていた母はマレーシア移住によって「健康になった」と捉え、呼び寄せから亡くなるまでの経緯をブログや出版物等で公表することにより、自らの「介護ライフスタイル」［春日井2004］として日本社会一般に向けて提示している。

現地の介護施設を部分的に利用する介護スタイルは、新たなライフスタイルの試みであり、日本人専用高齢者介護施設ナースロッジ事業の先行事例である。住み込みあるいは通いの家事労働者（メイド）をケア労働者として雇い、認知症やパーキンソン病を患う老親の在宅介護をする日本人の事例は、クアラルンプールやペナンに比べて日本人コミュニティの規模も小さく、長期滞在者の少

第 6 章　ケアの越境化

図 6-3　マレーシアに要介護の母親を呼び寄せたセカンドホーマーのブログ
（出典：マレーシア青春生活ブログ[27]）

ない西マレーシアのコタキナバルにもみられた［Ono 2008］。さらに、障害のため車いす生活の夫とその妻がクアラルンプールで生活しており、今後も日本に帰国せずビザを更新し、マレーシアに永住することを希望している。

　夫婦でクアラルンプールに移住し、認知症を患う高齢の母親（80代）を呼び寄せていっしょに暮らす長谷川さん夫婦（仮名）は、住み込みのメイドとして家事労働とケア労働を担うフィリピン人女性ドナ（仮名）を雇っている。呼び寄せたことで介護移住者となった母親を在宅介護する事例としては、岡田さん夫婦の事例に類する。マレーシアでの日々の在宅介護の様子や思いを、オンラインコミュニティの日記に綴る。筆者が抵抗はないかと尋ねると、日本から要介護移住者が「どんどん来てくれないと、（クアラルンプールにおける介護の）話が進まない」と述べた[28]。このように、マレーシアに老親を呼び寄せて介護するセカンドホーマーは、自らが介護移住の先駆者であることを自覚し、介護移住に関する情報だけでなく、問題点や解決策、さらに日々の内面的省察などを

239

広く公開することにより、マレーシアにおける介護移住の環境整備に関する日本人の関心を高め、介護移住の環境整備を促進する役割を担っているのである。

　以上の要介護者の海外移住の事例から明らかになるのは、要介護者の海外移住における文化的側面である。前期高齢者といわれる 60 代～ 70 代前半の若く健康な高齢者にとって、介護は自分が果たすべき責任であり、自分自身の自立の問題として立ち現れる。つまり、とくに長男とその嫁にとっては、老親の介護は自分（たち）が果たすべき責任である一方で、自分自身は（将来）子供の世話や負担、迷惑、厄介にはなりたくないという意識をもつのである。事例 6-5 で詳述したとおり、岡田夫婦はマレーシアにおける要介護の母親の介護経験を「マレーシア青春生活」という名称のブログで公開している（図 6-3）。

　マレーシアにおける「青春生活」と「母の最期を看取ること」の両方を実現することこそ、岡田夫婦にとっての自己実現であった。自己を取り巻く他者との関係性やつながりのなかで、自己が構築、あるいは再構築されるのである。子供に面倒をかけたくないという親心から老後の過ごし方を模索する人もいる一方で、親孝行を実践するために国外へ移住するという選択肢を選ぶ人もいる。したがって、要介護者の国際移動は、高度医療や介護の質を求めた移動というよりは、社会的な側面に動機づけられた移動である。高齢の老親は子に迷惑をかけたくない、厄介になりたくないという思いが自律的な自己の構築において強調される。現状として、要介護状態の患者のケア・マイグレーションは、要介護状態の者自身が発案し、実行されるというよりは、老親の扶養義務を負った者の移動にともなう二次的移動として発生する、連鎖移住であることが明らかとなった。

6-3-4　リタイヤメントヴィレッジ計画

　ナースロッジが内科クリニックと介護施設を経営する比較的小規模な個人医師によって手がけられた一方で、2007 ～ 2009 年ごろにかけて、クアラルンプール市内の大手民間病院は日本人患者の取り込みに積極的な動きをみせた。各病院ともに日本人の通訳やスタッフを雇用し、病院施設の見学会などが実施された。第 3 章でも述べたとおり、2007 年 9 月に国際病棟を開設したパンタイ・メディカルセンターは、国際病棟開設の祝賀会に日本人会の会員を招待した。また、プリンスコート病院の開設のさいは、日本大使をはじめとする大使館職員と日

第 6 章　ケアの越境化

本人会会員の高齢者が病院見学に招待され、経営陣や医師たちによる施設の説明が行われた。

　メディカルツーリズムの促進に取り組み、外国人患者の受け入れを積極的に行う大手民間病院のなかには、高齢者の介護サービスの事業化を検討する病院も現れた。HSC メディカルセンター（以下、HSC）は、クアラルンプール郊外の広大な土地を購入し、外国人患者・高齢者の入居も視野に入れた居住施設の建設を進めている。2008 年 4 月、HSC は新規事業としてリタイヤメントヴィレッジ（retirement village）、つまり高齢者向けの居住施設を構想中であり、マレーシアに住む日本人との意見交換を行いたいと、KL 日本人会の会員であるセカンドホーマーに連絡を入れた。

　HSC の共同経営者であり、心臓外科医であるウォン医師（仮名）は、構想中のリタイヤメントヴィレッジは、HSC の開発するマレーシア初のヘルスケアサービス付き多世代共住型居住施設であること、さらに、施設内に内科医のクリニックを開設するか、あるいは 24 時間体制のケアサービスを提供するナースステーションを設置することを検討中であると説明した。日本人と同様に韓国人も潜在的ターゲットと考えるウォン医師は、韓国人コミュニティのパクさんも交えての意見交換も行った。この構想について HSC との意見交換を重ねた一部のセカンドホーマーたちは、「リタイヤメントヴィレッジに日本人入居者を誘致したいのなら、日本人の医師が必要だ」と主張した[29]。

　KL 日本人会のセカンドホーマーたちは以前から、マレーシア（クアラルンプール）に日本人の医師がいれば、日本人高齢者は安心して生活することができ、より多くの日本人が MM2H に参加するだろうという考えをもっていた。ただし、日本人医師がマレーシアで医療行為を行うこと（就業・開業）には規則があり、事実上不可能であった。マレーシアの政党であるマレーシア華人協会（MCA: Malaysian Chinese Association）のリョウ・ティオンライ（Liow Tiong Lai）保健大臣（当時）をよく知るという華人のウォン医師は、日本人医師がマレーシア国内で医療行為を行えるように保健大臣に会いに行こうと呼びかけ、日本人セカンドホーマーとともにマレーシア保健省を訪問することとなった。

　2008 年 7 月 21 日、セカンドホーマー 3 名とともに保健省を訪問したウォン医師は、保健大臣に「MM2H とメディカルツーリズムの振興のために、マレーシアを医療の楽園にしよう」と訴えた。また、セカンドホーマーは、「マレー

241

シアに日本人医師がいれば、より多くの日本人高齢者がMM2Hに参加し、マレーシアに来るだろう」と述べ、シンガポールで就労する日本人医師のガイドラインに関する作成資料とともに、医療ツーリズムとMM2H促進を目的とした、日本人医師のマレーシア招聘に関する提案書を提出した。ウォン医師とセカンドホーマーの要望を聞いたリョウ保健大臣は、「メディカルツーリズムとMM2Hの促進は、マレーシアにとって重要な政策なので、検討したい」と述べた[30]。

　訪問からまもなく、保健省が日本人医師の招聘を前向きに検討していることが伝えられ、ウォン医師とセカンドホーマーとの協働は続いた。保健省は、ウォン医師とセカンドホーマーの提案を受け入れ、日本人患者を診療するという条件で、日本人医師のマレーシア国内における就労を許可することになった。日本大使館はこの交渉には関与せず、医師探しのさいにもセカンドホーマーのネットワークが活用された。2009年8月8日に、HSCはマレーシア初となる日本人医師のクリニック（HSCジャパン・クリニック）を院内に開設した。テープカットには、リョウ・ティオンライ保健相と堀江正彦駐マレーシア日本大使が招かれた。

　日本人医師のマレーシアにおける就労の許可は、メディカルツーリズムとMM2Hの促進につながるという点において、マレーシア保健省にとって合理的な対応であったといえるだろう。HSC側にとっては、リタイヤメントヴィレッジ建設に向けてのステップとなる。また、日本人医師の就労の件でウォン医師と意見交換を重ねた日本人セカンドホーマーは、かねてから検討していた介護士養成事業の準備に着手し、今後もHSCと連携していくこととなった。準備段階ではあるものの、介護士養成事業に対し、日本人退職移住者からの期待は高まっている。

　日本人医師の就労に関するウォン医師とセカンドホーマーの協働に関し、厚生労働省から出向していた在マレーシア日本大使館の担当書記官は、個人的な意見として、以下のように述べた。

　　ボランティアの人たちが草の根で動いてくれることを歓迎している。そのほうが、自分たちが外交問題として取り組むよりも、いろいろなことがスムーズに進む。個人的な見解として、日本人医師がマレーシアに来るこ

第6章　ケアの越境化

とは、邦人社会にとっていいことだと考える[31]。

　このような大手民間病院の動向は、日本人高齢者や長期滞在者の住まい方に少なからず影響を与えている。前章の事例5-9（夫婦の定年）でとり上げた、2005年にMM2Hビザを取得し、クアラルンプールのホテルに暮らす60代のえみさんは、

　　最近、こっちにいてもいいなと思うようになった。夫が亡くなった後に、1人残ったときのことを考えて、ジェニファー（友人の華人）にいろいろ、ローカル（マレーシア人向け）の介護施設の下見に連れて行ってもらっている。ナースロッジも見に行ったけれど、もう少しラグジュアリーな施設を作ってくれたらなあって思う[32]

と述べ、今後もマレーシアに住み続け、いつの日か夫を看取った後にもマレーシアに残り、ゆくゆくはマレーシアで介護を受けることも考え始めている。えみさんは日本に暮らす2人の20代の娘の母親であり、娘たちはクアラルンプールに住む両親をたびたび訪問している。若々しいえみさんと2人の娘は姉妹のように仲がよく、娘が来たときはクアラルンプールのグルメや買い物、スパにいっしょに出かける。そのように良好な関係の娘が2人いても、要介護になったときに自分の力で生きていく方法を自分なりに考え、マレーシアで介護を受けることを選択肢の1つとみるようになったという心境の変化を、えみさんの言葉は表しているのではないだろうか。

　リタイヤメントヴィレッジ計画と日本人医師のクリニック開設の事例が示すとおり、マレーシアにおける外国人の患者や高齢者を対象としたケアの商品化は、ロングステイツーリズム（海外滞在型余暇）の普及と国際退職移住の定住化のなかで進展したといえよう。国際退職移住者の間で新たなニーズとしてケアを求めた国際移動が生成し、さらに患者や要介護者の海外居住へと展開したということには、アジアにおける国際退職移住の帰結をみてとることができるだろう。

　マレーシアで最初の日本人専用の高齢者介護施設であったナースロッジは、閉鎖されるまでの短い期間に、新聞や雑誌記事の報道やテレビ番組で紹介さ

れ、日本在住の視聴者から問い合わせが寄せられた。また、多くの日本人がナースロッジを視察し体験滞在を行った。ナースロッジへの入居数が伸び悩んだ要因の1つをビザ問題（老親の帯同が認められず、別の家計としてビザを申請しなければならないこと）と考えた互助組織のリーダーは、親しい間柄にある観光省のMM2H担当官の篤姫さんに、たびたび老親の帯同を認めるよう制度の見直しを呼びかけた。その結果、現在では制度改定により老親の帯同の場合が認められており、呼び寄せや帯同の場合に新たにビザを申請する必要はない。

　今のところ、マレーシア国内に日本人専用の高齢者施設は新たに開設していない。しかし、ナースロッジが閉鎖した後にも、要介護の親を帯同してマレーシアに移住する日本人高齢者はいる。少数ではあるものの、家事労働者を雇い在宅介護を行っている移住者がクアラルンプール、ペナン、コタキナバルに点在しており、日本人長期滞在者の潜在的な介護ニーズがあることをさし示している。今後、現在マレーシアに暮らしているセカンドホーマー自身が後期高齢者となることや、セカンドホーマーよりも若い世代の自発的移住者が介護問題に直面するようになると、介護移住や在宅介護というライフスタイルを選択する人々が多少なりとも続いていくものと思われる。

　ところで、ナースロッジの開設を主導し、リタイヤメントヴィレッジ計画や日本人医師のクリニック開設のさいにもMM2H促進活動として協力し続けてきた互助組織のリーダーとメンバーたちは、日本人専用の高齢者介護施設の実現を断念したわけではなかった。ナースロッジの閉鎖後も、新しい介護施設の企画はいくつか提案された。たとえば日本人セカンドホーマーの集合住宅（コレハウス）やインド系マレーシア人が経営する介護施設の1フロアを日本人向けに改築するといった計画があった。

事例6-6　ナースロッジ閉鎖後の新しい介護施設開設計画

　日本人退職者の集まるブキジャリル地区に、日本人専用の介護施設を開設する計画が、互助組織のメンバーのなかで検討されている。まず日本人が入居できる施設にして、日系スーパーマーケットを誘致するという案である。日本の葬儀屋とローカルの合弁会社で、介護施設はローカルが担い、葬式だけを日本の葬儀屋が行い、セカンドホームの人が司会を担当するというしくみを考えている。1か月の滞在費はRM4000～5000と予定され

ている。終の棲家となる場所に対して、セカンドホーマーの考えは現在のところ多様ではあるものの、リタイヤメントハウスへの関心は高く、30組が施設の予約権に申し込んだ。

> 団塊の世代のマレーシア移住が本格的に始まり、日本で介護を受けられない人が大量にマレーシアに来る可能性もある。そうなると、ケア労働者の数が必要になる。要介護者がどこかでわっと増えるとしたら、それを吸収できるのはまじゃ会だろうと思う。（日本に住む）自分の親のためにも。心のケアになると、やはり片言（の日本語）では難しい[31]。

前述の事例が示すとおり、日本人セカンドホーマーたちは、ナースロッジが閉鎖になった後にも、クアラルンプールにおける介護環境の確保に高い関心を示していることがみてとれる。日本人医師のクリニック開設とリタイヤメントヴィレッジ計画などHSCの事業推進をサポートした互助組織のメンバーである中村さん（仮名）は、マレーシアに移住する日本人高齢者が要介護になった場合に、ケア労働を担う人材として結婚移住者に期待する気持ちをもちつづけている。中村さんは介護事業（インドネシア人介護士の教育・派遣事業）の開始に向けて準備を行っており、認知症を患う母親とともにマレーシアへ移住してきたセカンドホーマー夫婦をはじめ、クアラルンプールやペナンに住むセカンドホーマーの間で早期の事業開始が期待されている。このように、セカンドホーマーたちはナースロッジという、要介護になったさいの将来的な住処としての1つの可能性が消えたとしても、新たな可能性を模索し、クアラルンプールで生活し続ける方法を手に入れようとしているのである。今のところ「健康な」高齢者も、10年後、20年後には要介護状態の患者になるかもしれない。要介護になること、マレーシアで死を迎えることを、セカンドホーマーたちは、「今ここ」の先に予測しながら、マレーシアにおける日常生活に連続的なものとして捉えていることがわかる。元気なうちに老後を楽しく暮らす場所であったはずの「今ここ」と、要介護になり、やがて死を迎える場所は、日本人退職移住者にとって地続きなのだ。「今ここ」で展開する日常のなかでライフステージが変化していくことを想定し、その対処に備えているのではないだろうか。

6-4　自律的な生き方の企図

　本章では、日本人高齢者のマレーシア移住の事例を、ケアの越境化という視点から検討することによって、国際退職移住が、「健康な」高齢者だけでなく、「要介護者」や「患者」の国際移住の発生という新たな側面を明らかにした。すなわち、身体や健康に問題を抱える人や要介護者を含む「労働力を必要とする人」の国際移動、つまり要介護者や患者のケアを求めた国際移動への展開である。

　温暖なマレーシアへの日本人退職移住者は、花粉症から下半身不随の者までその症状は多岐にわたるが、身体に障害がある車椅子生活者や、健康状態の改善のために転地療養を目的とする移住者を多数含むことが現地調査から明らかとなった。また、要介護の老親の帯同移住者や呼び寄せを行う人々も次第に現れるようになり、マレーシア人医師や民間病院による日本人向け介護施設の事業展開がみられた。これらのケアの現場では、フィリピンやインドネシアからの移住労働者がケアの担い手となっており、国際退職移住が「労働力を必要とする人の移動」の側面をもち、ケアの国際分業を進展させている点を指摘した。自己実現としての老後の海外移住は、高齢期の生きがいや自己構築の側面だけでなく、老親の介護の義務を果たすという文化的実践としての側面もある。しかしながら、家事労働者による高齢者介護は、安里和晃［2007］のいう「親孝行の下請け」の国際分業にほかならない。さらに、アメリカでは介護労働の多くは移民によって担われているが、「自立した個人」という観念が強いことが、ケア労働に従事する移民の存在を不可視化することも指摘されている［cf. 小川 2009］。

　また、医療のグローバル化にともなう国家主導のメディカルツーリズム振興の構造的要因を考察し、ケア労働を担う近隣諸国からの移住労働者と、「労働力を必要とする」患者、すなわち消費者という2つのアクターの流入を操作しつつ国益を生むシステムのなかに、高齢社会から流出する日本人高齢者や要介護者が包摂されていく過程が、フィールドにおける参与観察から民族誌的に明らかとなった。

　マレーシア政府はMM2H参加者を、潜在的なメディカルツーリズム市場の担い手とみなしており、これら2つの観光政策は相互に関連しつつ、マレーシアの成長戦略における重要な役割を担っている。実際、日本人退職移住者の増

加により、マレーシアの医療機関で治療を受ける日本人患者の総数も増加している。マレーシアの日本人中高年の国際退職移住者は、個人が健康で活動的な間に老後を過ごす海外長期滞在が多数派である。しかしながら、老老介護の活路として、あるいは自分自身の介護を念頭におく永住への関心も高まっている。このような消費者の潜在的なニーズは、マレーシアでメディカルツーリズムを手がける民間病院を要介護者や高齢者のケアといった新たなビジネスの構想へと向かわせており、メディカルツーリズムが介護を含む包括的なケアのトランスナショナル化へと展開することが予測される。日本国内にケア労働者を受け入れることがケアチェーンの拡大を図る営為であるならば、日本から患者や要介護者を移動させることは、既存のケアチェーンに患者や要介護者、あるいは自らを組み込むことなのである。

　ナースロッジの最初の入居者となった白樺さんは、ナースロッジで暮らし始めて5か月が経過したころ、しきりに日本に帰りたいと言うようになり、夫婦は突然帰国してしまった。桜のころになくなった白樺さんの父親の命日に、お墓参りに行きたがったからだった。

　2019年1月にフィールドワークを終えた筆者は、その年の秋ごろに楓さんに電話をかけた。電話越しの楓さんは明るい声で、帰国してまもなく入院した白樺さんは亡くなり、楓さんも入退院をくり返しながらも、世田谷の自宅で1人で暮らしているのだといった。楓さんは「マレーシアに行って本当によかった」とくり返し、「お世話になった先生や皆さんに感謝している。どうぞよろしくお伝えください」と電話を切った。白樺さんと楓さんは自らの意思で国際退職移住者となり、介護移住で永住を決意した後、夫婦で日本に帰国し、東京で自立した生活を実践していたのだ。白樺さんと楓さんの国際退職移住の描く軌跡は、2人にとって自律的な生き方の企図とその実践の軌跡そのものではないだろうか。

　介護で他人に面倒をかけ（たく）ないこともまた、1つの自己実現のあり方なのである。移住者の規模はまだ小さいとはいえ、老後の生きがいを求めてマレーシアに移住した日本人高齢者たちが、自らの意思によって介護施設をつくり、マレーシアで生き抜くための環境づくりを行ってきたことは、高齢者の国際移動を考えるうえで重要な含意がある。ライフスタイル移住が生き方の創造であるならば、どのように人生を終えるか、についてのシナリオも、そのなか

に組み込まれるのである。キャメロンハイランドの事例においても、クアラルンプールの事例においても、少数派であるとはいえ、退職移住者たちは、日本以外の場所で人生を終えることを想定している。退職移住者にとって、マレーシアでの日常生活と死は地理的に断絶したものではなく、連続的なものなのである。旅行者でもなく移民でもない流動的な人の暮らし方の帰結は、死を迎える場所、あるいは埋葬される場所を必ずしも特定しない生き方であり、日本人高齢者のライフスタイル移住としての国際退職移住とは、国外で死を迎える環境を自ら創造していくという、新たな生き方の創造のための運動なのではないだろうか。さらに、自らと同じく、マレーシアで老いてゆくであろうセカンドホーマーが、どのように日常を生きるのか、さらにその先に、マレーシアでどのように死を迎えるかを、ほかの移住者の生き方のなかに見いだそうとしているのである。

註

1 EPA による海外からの看護師、介護士の受け入れは、労働力不足を補う目的ではなく、経済協力の強化や、貿易上の人の国際移動の活発化という目的で行われているという見方もある。

2 マレーシア政府観光局『Malaysia Excellent Spa Guide――楽園のスパ』(2005)

3 なかには、マレーシア政府観光局の公式ブログに取り上げられ、商品の宣伝を担う企業もある。たとえば、マレーシア政府観光局公式ブログは、たかの友梨ビューティークリニックの独自の商品である「王妃のバラトリートメント」の新しいコマーシャル (CM) 制作発表に関する記事を掲載している。マレーシア政府観光局公式ブログ (http://blog-tourismmalaysia.jp/archives/51759788.html)、2011 年 11 月 6 日参照。

4 タイはメディカルツーリズム振興による裕福な外国人患者の誘致が盛んな一方で、ミャンマーやカンボジアなどの近隣諸国と国境を接する自治体において、移住労働者や越境患者の医療サービスの需要が増大し、病院による医療費の負担増が問題となっている。移住労働者や越境患者は診療費の支払い能力に問題があるため、当該地域の医療機関が負担することが多い［安里 2008: 320］。

5 日本旅行医学会理事、東京厚生年金病院内科・地域医療部部長（2008 年当時）。

6 セント・カルロス病院公式サイト（http://www.stcarlos.com/Eng/index.php）、2011 年 9 月 10 日参照。

7 タイ国政府観光庁『Thailand Health & Beauty Book 今すぐ行きたい！癒しの王国・タイランド最新スパガイド』［2007: 13-18］。

8 ロングステイビザ（ノンイミグラントビザ -O-A）は、一定額の預金残高および年金収入の条件を満たす満 50 歳以上の外国人に発給される 1 年間有効のビザであり、年金ビザ（ノンイミグラントビザ -O）は、毎月一定額の年金収入の条件を満たす満 60 歳

第 6 章　ケアの越境化

以上の外国人に発給される 3 か月間有効のビザであり、両方ともタイ国内で更新可能である。
9　在京タイ王国大使館ウェブサイト（http://www.th.emb-japan.go.jp/jp/consular/zairyuto.htm# 調査）、2011 年 9 月 12 日参照。
10　2011 年 9 月 13 日に筆者が在京タイ王国大使館領事部へ行ったタイ王国への日本人ロングステイ・年金査証取得件数に関する問い合わせに対する領事部担当者からの回答による。
11　在タイ日本大使館ウェブサイト（http://www.th.emb-japan.go.jp/jp/jis/2010/1032.htm）、2011 年 9 月 10 日参照。
12　2006 年 1 月某日、バリ島ウブドでの筆者のインタビューに基づく。
13　Association of Private Hospitals Malaysia の頭文字をとった APHM の略称が使用される。マレー語では Persatuan Hospital Swasta Malayisa。
14　マレーシアの医師の称号は、米国流の MD（Doctor of Medicine）ではなく、英国流の MBBS（Bachelor of Medicine and Surgery）が使われており、英国流の「国営ではあるが高級な医療を提供しない」といった NHS（National Health Service）の概念が受け継がれているという見方もある［真野 2012］。
15　マレーシア医療観光協会（Malaysia Healthcare Travel Council）ウェブサイト（http://www.myhealthcare.gov.my/en/index.asp）、2011 年 9 月 10 日参照。
16　ジャカルタポスト（*The Jakarta Post*）'Malaysian Hospitals Keep Improving Facilities' 2009 年 2 月 1 日（http://www.thejakartapost.com/news/2009/02/01/malaysian-hospitals-keep-improving-facilities.html-0）、2011 年 9 月 10 日参照。
17　インタビュー、2009 年 10 月某日。
18　Malaysian Penguin & Dabonaze, マレーシア・マイ・セカンドホーム（http://www.geocities.jp/hikosakamotojp/hikofiles.html）、2012 年 12 月 24 日参照。
19　マレーシア政府は、視覚障害、聴覚障害、身体的なハンディキャップ、知的障害の 4 つを、障害者の主たるカテゴリーとして分類している。マレーシアでは、日本の植民地統治により障害者に対する国家の介在の必要性が認識され、第二次世界大戦後に社会福祉の制度的な提供が開始された。マレーシアでは、施設介護は家族に見捨てられた障害者のために、社会福祉局によって提供されてきたサービスであるとみられてきた［ジャヤソーリア 2004: 85-89］。
20　文化人類学者のデビッド・プラース（David Plath）は、就労機会を求めてシンガポールに移住し現地採用で就労する 20 〜 30 代の独身の日本人女性を題材に、*Under the Sun* という題名の民族誌映画を製作している。
21　インタビュー、2007 年 8 月 31 日。
22　たとえば、ロングステイ下見ツアーを実施している旅行社がクアラルンプール市内で宿泊するホテルは、サービスアパートとして長期の割引がある。1 か月宿泊の場合、宿泊費は 1 泊あたり 6500 円である。
23　インタビュー、2008 年 3 月 30 日。
24　インタビュー、2007 年 11 月某日。
25　日本人女性とパキスタン人男性の国際結婚に関する研究は、工藤正子［2008］に詳しい。
26　2011 年 11 月 12 日に開催されたロングステイフェアにおけるマレーシア観光省のセ

ミナーでの、マレーシア政府観光局担当者のプレゼンテーションの聞き取りにもとづく。
27　マレーシア青春生活（http://kmalaysian.exblog.jp/）、2010 年 2 月 6 日参照。
28　インタビュー、2012 年 4 月 6 日。
29　参与観察、2008 年 6 月 12 日。
30　参与観察、2008 年 7 月 21 日。2008 年 4 月以降のウォン医師とセカンドホーマーたちとの意見交換に参加してきた筆者も、保健省への訪問に同行した。
31　インタビュー、2007 年 8 月 14 日。
32　インタビュー、2008 年 2 月某日。
33　インタビュー、2009 年 9 月某日。

第 7 章

結 論

　本書は、日本人高齢者のマレーシアへの国際退職移住を事例に、高齢者の国境を越えた日常生活の営みを民族誌的に記述することにより、移民でもなく旅行者でもない流動的な人々の暮らし方がどのようにつくられていくかを検討した。以下では、本書で論じたことをまとめ、結論を述べる。

7-1　観光と移住の重複領域を捉える

　従来、グローバルな人の国際移動に関する研究は、大きく分けて、定住を前提とする移住労働者を主たる研究対象とする移住研究と、短期的滞在者である旅行者を対象とする観光研究の2つの分野において研究が行われてきた。グローバル化の進展により、国境を越えた人の移動がますます活発化・多様化し、観光と移住の重複領域にある人の移動が現代において顕著にみられるようになった。したがって、移住・移民研究と観光研究という既存の分類を越えて、その中間領域にある、移民でもなく旅行者でもない流動的な人々の暮らし方を捉える分析枠組みを検討する必要が生じた。

　本書は、そのような観光と移住の中間領域にある国境を越えた人の移動の分析枠組みを提示することを目的とし、「労働を目的としない人」の国際移動と「消費者」の国際移動という二重の側面をもつ高齢者の国際移動を焦点化した。

　高齢者の国際移動の先進事例がみられる欧米ではすでに、国際退職移住と呼ばれる退職者の国際移動に関する豊富な研究蓄積がある。学際的なテーマとして、地理学、人類学、社会学、老年学、都市計画などの分野において研究が進

められていくなかで、対象を高齢者に限定せず、より幅広い世代の人々の生活の質の向上を目的とした国際移動を捉える枠組みとして、ライフスタイル移住という概念が登場した。ライフスタイル移住は、移住を移動する主体のライフコースにおいて連続的に捉える視座であり、観光と移住の重複領域にある国境を越えた人の移動に関する近年の研究によって次々に提出された多様化・細分化された移動の類型を包括的に捉える概念であった。

　国際退職移住の先行研究は、退職者の国際移動と消費との関連を指摘してきたが、国際移住の商品化や、「労働を目的としない人」の国際移動に関する市場の役割については明らかにされてこなかった。日本人高齢者のマレーシアへの国際退職移住は、ライフスタイル移住と市場経済との関連性を示す素材であった。マレーシアにおける外国人の長期居住者の受け入れは、政府主導の観光政策の一環として実施されており、経済発展のドライブと位置づけられる。したがって、マレーシア政府が設けた資産条件などを満たす外国人が、選別的に長期滞在を承認される。国際退職移住、すなわち労働を目的としない国際移動は、移動できる「能力」をもつ人々による選択された行為実践である。つまり、国際退職移住の主体となるのは、移動可能な経済力をもつ人、すなわち消費者であり、ここにおいて、ライフスタイル移住と新自由主義との親和性が指摘できるのである。本書では、日本人高齢者の国際退職移住をライフスタイル移住と定位し、観光と移住の重複領域にある退職高齢者の自発的な海外移住が発生するしくみを、消費者の国際移動を発生させる移動産業の視点から分析することにより、ライフスタイル移住の新自由主義的な側面を明らかにした。

　以上のような理論的検討にもとづき、高齢者の国際移動の送り出し国である日本と、受け入れ国マレーシアの双方における政府機関や関連産業（観光、移住）の参与観察から、高齢者の国際退職移住を発生させる海外移住の商品化の過程を分析した。

　日本におけるロングステイツーリズムの登場による国際退職移住の市場化、商品化の過程を時系列に追うと、とくに2000年以降の関連産業による国際退職移住の市場化、商品化の動向と、ガイドブックを含むメディアの世論形成により、老後のマレーシア移住が高齢者の自己実現および家計戦略としてイメージ形成されたことが明らかとなった。1980年代末に日本政府主導で開始された高齢者の海外居住事業が、ロングステイ財団の設立にともない高齢者の海外

居住ではなく、世代を限定しない海外長期滞在余暇（ロングステイ）として再提案され、民間主導で事業化が進められた。

　日本人高齢者の国際移動を発生させる送り出し社会の要因として、少子高齢化の進展にともなう世帯構成の変化や、高齢者の老後の生活に対する不安の増大がある。したがって、物価の安い常夏のアジア諸国での老後の生活は、送り出し社会において高齢者を取り巻く生活不安を背景に、「年金」を活用した「楽園」生活としてイメージ形成された。海外の滞在地は、年金の範囲内で豊かに生きがいのある老後の暮らしが実現する楽園として描かれた。しかしながら、高齢者の国際移動は、必ずしも少子高齢化にともなう老後の不安の増大というネガティブな社会経済的要因のみがプッシュ要因となるわけではない。長寿社会が大量に生み出した健康な前期高齢者の「いきがい」の創出という、高齢者の生に対するポジティブな姿勢を反映した社会文化的要因も同様に、日本人高齢者の国際移動のプッシュ要因となるのである。

　団塊の世代の定年退職が始まった2007年前後の日本社会では、（定年）退職した前期高齢者は退職金や年金を受給する「豊かな」消費の主体とみなされ、退職後の高齢者の「いきがい」の獲得につながる余暇活動が産業の関心を集めていた。なかでも、観光産業は健康で豊かな高齢者の主要な余暇活動であり、ロングステイツーリズム振興では老後の「いきがい」や自己実現といった高齢者の自己アイデンティティの側面が強調された。このように、高齢者をとりまく文化的要因もまた、日本人高齢者の国際退職移住のプッシュ要因として重要な要素となることを指摘した。こうして、1990年代から「健康で」「豊かな」高齢者を対象とした国際退職移住の商品化が進展した。いきがいの創出という文化的要因は、したがって、年金や楽園から想起される海外移住のイメージ形成とともに、移住の商品化の過程において送り出しの論理となるのである。

　地域統合によるEU市民権が、移動の自由を権利として保障しているEUにおける国際退職移住と比較すると、日本人の国際退職移住は、受け入れ国の設けた基準を満たす者のみ居住できる選別的移住制度である。したがって、受け入れ国と移住者の関係では、受け入れ基準を満たした個人と受け入れ国家との間に結ばれた契約関係のうえに移住が成立している。2000年以降、日本人の国際退職移住は、ロングステイツーリズム振興と東南アジア諸国の受け入れ制度の整備とともに発展し、なかでもマレーシア・マイ・セカンドホーム（MM2H）

プログラムを実施しているマレーシアは希望滞在国として、高齢者夫婦から高い関心が寄せられるようになった。

そこで本書は、日本における高齢者の国際移動が商標「ロングステイ」のもとで商品化される過程を分析し、日本人高齢者の国際退職移住を3つの類型に分類した。1つ目は、日本を生活の拠点とし、短期的なロングステイツーリズムをくり返す「渡り鳥」型、2つ目は、国外を生活の拠点とし、年に1～2回日本に帰国する「定住」型、3つ目は、日本から国外に生活の拠点を移す要介護の高齢者の「ケア移住」型（世帯戦略型の一形態としての介護移住型）である。この3つの類型にもとづき、マレーシアにおけるフィールドワークで収集したデータをもとに、おもにキャメロンハイランドとクアラルンプールに長期滞在する日本人退職者たちの日常生活の参与観察から、高齢者が老後の自己実現としてマレーシアでの生活を営むなかで、年金制度や国民年金などの日本の社会保障制度を利用しつつ、現地の生活環境を巧みに利用しつつアドホックに生活拠点を変えて流動的に生活する様子を捉えた。そして日本人高齢者の国際退職移住がライフスタイルとしてつくられていく過程を、民族誌的に明らかにした。

7-2 移動する主体と市場、および国家の相互作用

本書は、国際移動による国境やマクロ構造の利用が高齢者の日常生活にもたらす質的変化を民族誌的に明らかにすることを、主たる目的の1つに設定した。日本とマレーシアの間に立ち現れたトランスナショナルなフィールドの1つとして、消費を切り口に展開する人の移動のマーケットに関与する3つのアクターとして、受け入れ国政府、送り出し国と受け入れ国の移住産業、移住者個人と個人の集合体としての移住者のための互助組織を分類し、海外移住の商品化の過程における、移動する主体と市場および国家の相互作用について考察を行った。

数日間から3か月程度の滞在をくり返す「渡り鳥」型の長期滞在者が集まる、高原リゾートのキャメロンハイランドの事例からは、既存の観光地が日本人高齢者のロングステイ滞在地として成立させる過程を考察した。キャメロンハイランドの日本人高齢者のロングステイツーリズムの発展においては、従来旅行会社が担っていた観光客の国際移動を媒介する役割を、旅行会社に代わり長期

滞在を啓発する互助組織のトランスナショナルな活動が担うことによって、ロングステイツーリズムがNPOや市民サークルといった観光産業以外の任意団体によって組織化されることが明らかとなった。より多くの日本人がキャメロンハイランドにくり返し長期滞在することは、観光を主たる産業とする高原リゾートである地元社会と日本人長期滞在者の双方にとって相互利益となる。したがって、ロングステイツーリズムの場合、ホストとゲストの境界線が曖昧になり、開拓者となった先駆的ロングステイヤーやロングステイ組織などゲスト自身が、ロングステイツーリズムの成立における主要なアクターとなるのである。従来の観光研究では、ホストは演出する側、ゲストは演出された「文化」をまなざし、消費する側と捉えられてきた。しかし、ロングステイツーリズムの場合、ゲスト側のホスト側への積極的な働きかけが指摘でき、ゲストがホストと共犯関係を築くことによってロングステイツーリズムが成立している。キャメロンハイランドにおける日本人高齢者のロングステイツーリズムの事例からは、人の国際移動のマーケットにおいて、ロングステイの互助組織が、旅行会社に代わり観光地の産業と人の国際移動を媒介する新たなアクターとしての役割を担うことを解明した。ロングステイヤーは、新たに商品化された観光のたんなる消費者であるだけではなく、自らの手で観光を組織化し、創造していく主体でもあるのだ。

　「渡り鳥」型の集まるキャメロンハイランドとは対照的に、「定住」志向の退職移住者が集まる首都クアラルンプールの事例では、1990年代末から2000年初期にクアラルンプールで暮らし始めた先駆的退職移住者自身が、クアラルンプールを老後の暮らしの場として整備していく活動を主導する様子が観察された。クアラルンプールでは、日本人会や日本大使館の協力といった、駐在員を中心とする在留邦人社会を基盤に、結婚移住者や日本人事業者、および地元のマレーシア人を取り込んだ互助組織によって、日本人退職移任者を増加させるための長期滞在の啓発や情報提供など、長期居住が可能となるビザ取得を奨励するMM2H促進活動が行われた。当初クアラルンプール日本人会という場所を中心に退職者の互助組織が形成されたが、インターネットを利用したネットワークへと移行することで、日本やその他の国々やマレーシア国内の別の地域に居住する日本人高齢者を含む、越境的なネットワーク型コミュニティへと変容した。退職者のネットワーク型コミュニティ内部では、マレーシアで暮らす

ための知識や情報を共有する相互学習の場として機能するだけでなく、ライフスタイルや生き方自体が創造されていく過程がみてとれた。

「定住」環境を整備していく過程において、クアラルンプールの日本人高齢移住者たちは、マレーシア政府（おもに観光省）のMM2H促進活動に全面的に協力し、日本人高齢者の誘致のためにさまざまな活動を行った。クアラルンプール日本人会を拠点とした互助組織とそのメンバーであるセカンドホーマー自身によるMM2H促進活動のミクロな実践からは、マレーシア政府に対しMM2H観光政策の成功のために協働するだけではなく、「パート就労の許可」や「親の帯同の許可」といった入国管理に関わる条件改正を提案し交渉するという、政策立案者に対する働きかけを行うエージェントとしての側面がみてとれた。つまり、受け入れ国の観光行政と長期居住する日本人高齢者の間には、ホストの制度面でのゲストの促進活動への全面的協力を引き換えにホスト側は制度面の条件改定が徐々に行われていったことから、ホストとゲストの互酬関係が成立していることを指摘した。クアラルンプールを拠点とするセカンドホーマーは、マレーシアにおいて退職移住者、すなわち消費者（あるいは投資家）であり、ゲストである自己の「客体性」を戦略的に利用し、政府への働きかけを行うことによって、ロングステイから定住を可能とさせる生活環境を整備していった。クアラルンプールのセカンドホーマーの事例からは、労働を目的としない外国人高齢者および長期滞在者の受け入れ政策をめぐり、エスニックな紐帯としての在留邦人社会を基盤として、高齢者の移住・定住環境が整備されていく過程が明らかとなった。

日本人高齢者の移住機関の長期化、「定住」化傾向がみられたクアラルンプールの事例からは、日本人高齢者の退職移住が「労働を目的としない」人の移動の側面のみならず、「労働力を必要とする」人の移動をともなう介護移住という高齢者の国際移動の新たな展開がみられた。マレーシアでは、MM2Hに加えてメディカルツーリズム振興により外国人患者や退職者の長期居住のための制度面の整備が包括的に進められており、医療セクターによる外国人高齢者介護の事業化への関心が高まっていた。また、日本人高齢者の間でも、長期居住を念頭に介護環境に対する高い関心が寄せられていた。以上2点をふまえると、MM2Hで流入する外国人高齢者とメディカルツーリズム振興の相関関係とそのケアの越境化を促進させる側面が指摘できる。

第7章 結論

　欧米の国際退職移住と比較すると、アジアの国際退職移住は、医療や介護を求めた国際移動、つまり労働力を必要とする人の国際移動の側面があることが明らかとなった。日本人向け高齢者介護施設や民間病院における参与観察から、医療産業と潜在的消費者である日本人退職移住の協働関係によって、マレーシアの医療行政に働きかけることにより、日本人専用の介護施設や日本人医師の医療施設の開設が実現した。日本人退職者がグローバル化する医療や家事労働者（ケア労働者）という、マレーシアに流入する人やサービスを生むマクロな構造を利用し、自らの将来の介護に備えた環境整備の過程を追い、移動する主体である高齢者の生活が同じく移動する労働者を必要とし、重層的なマクロ構造の利用のうえに労働を必要とする人の移動が生成していることを解明された。

　以上のように、送り出し国および受け入れ国における長期間の参与観察から明らかになったのは、国境を越えて移動する人々自身が、移住を発生させるシステムに大きく関与しているということであった。また、観光政策として外国人退職者の受け入れ制度を設けているマレーシア政府に視点を移すと、外国人長期居住（滞在）の選別的受け入れ制度であるMM2Hプログラムの形成の過程に、ゲストである日本人高齢者が大きく関与していることがみてとれた。国家の経済成長のアクターとして外国人退職者や患者を受け入れる政府主導の観光開発にみられる、ホスト国マレーシアの外国人長期居住者受け入れの選別化に、移動する主体であり選別される側であるゲストもまた加担しているのであった。選別化の基準や条件設定に加担することは、マレーシアおよび自らが構築しつつある日本人高齢者の流動的な「老いのコミュニティ」にとって望ましいメンバーを選別する基準づくりに加担することでもあるのだ。

　従来のトランスナショナリズム論においては、資本主義やグローバル化といった「上から」のトランスナショナリズムへの対抗文化として、「下から」のトランスナショナリズムが論じられてきた。しかしながら、本書が消費者である高齢者の国際移動を焦点化することによって明らかにしたのは、対抗文化とみなされてきた「下から」のトランスナショナリズムが、人の国際移動の商品化を担う産業や、受け入れ国の受け入れ政策を担当する政府機関（観光行政など）と共犯関係を構築することにより、上からのトランスナショナリズムと下からのトランスナショナリズムの相関を促進していたことである。上からのトランスナショナリズムと交渉し、操作するさまであった。日本とマレーシア

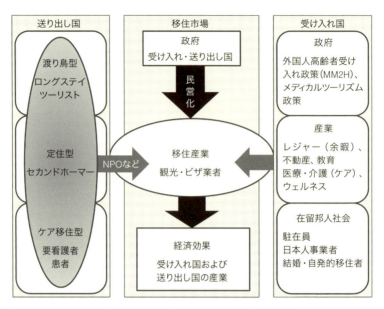

図7-1　国際退職移住をめぐる移動する主体、市場、および国家の相関関係
（筆者作成）

でのフィールドワークから明らかになったのは、移動を発生させる4つのレベル、政府、民間（市場）、移住の互助組織（NPOなど）および個人の相関関係を繋ぐ役割を担っていたのが、移動する主体である日本人高齢者たち自身であったということである。

　本書は、消費の対象としてライフスタイル移住を発生させる人の国際移動のマーケット（市場）において、国際移動する主体による国境やマクロ構造の利用という側面と、越境移動が高齢者の生活にもたらす質的変化を民族誌的に明らかにした。その結果、トランスナショナリズム論が扱ってこなかった消費者としての人の国際移住の市場性を捉え、外国人誘致政策を実施する国家、国際移動の商品化を担う産業、消費者としての移動主体の相互作用により、ライフスタイルが生産、再生産されていくことを明らかにした（図7-1）。移動する主体が、自らの生き方を、ガイドブックや新聞記事、あるいはインターネットのブログやソーシャルメディアで語ることは、海外移住によって可能となった新たなライフスタイルの実践が事例化・物語化することを意味する。つまり、移動の主体が海外移住によって自らの追究するライフスタイルや生き方を達成す

る「自己実現」の物語は、海外移住によって可能となる新たなライフスタイルを提案すると同時に、移住産業による国際移動の商品化に加担し、移動を促進させるということを指摘した。グローバル化が進展する現代に生きる人々の生活が、国民国家を前提としつつも、国境を越えた移動と居住の連続が個々の日常生活を構成していることを解明することにより、移住を1つの出来事として捉えるのではなく、その後の移動を含めた人生の文脈のなかで捉えることにより、日常生活（暮らし）を移動態として捉える視座が必要なのである。さらに、できるだけ長くキャメロンハイランドで生活したいと希望し、ビザを取得し数年間「定住」した後、別の生活拠点を求めて転居・流出していく人々の事例からは、日本人高齢者の国際退職移住は1つの場所に留まるとはかぎらず、別の地域への再移住を含む、流動性の高い暮らし方であることを指摘した。

「ロングステイ」という言葉は老後の海外移住を売るための商標であり、国際経済の影響によって市場が動く国際観光商品としては「不安定」な一面もある。しかしながら、本章で行った分析は、今まで観光をめぐるまなざしがホスト社会とゲストの二項対立や本物か擬似イベントかという問いで分析されてきたことをふまえ、移住者自身がイメージの創出に積極的に関与する、あるいは、滞在国の観光行政と競合し、共犯関係のなかでイメージの刷新や更新が行われ、連鎖していくなかで老後の海外移住が人の移動マーケットのなかで商品化されることを明らかにした。移動が発生している過程に、ゲストであり動く主体である高齢者が移住産業に組み込まれ、物語の発話者、すなわち移動をつくるエージェントとして関与することが、ロングステイツーリズムが従来の海外観光とは一線を画す、新たな国際移動の形式なのである。

7-3　存住論的移動のエスノグラフィーに向けて

　従来、トランスナショナリズム論に関する先行研究は、移住先と出身地社会の連続性を捉えることにより、グローバルに移動する人々が生きる世界が、国民国家の域内に完結しないことを越境の民族誌の記述によって明らかにしてきた。国境に縛られず、人々が「自由」に国境を越えるさまは、しかし、国境を越えて移動する人々を、出身国との関係が断たれた人々として描いてきたことが批判点として指摘された。本書は、受け入れ国が定める一定基準を満たした

日本人高齢者が、マレーシアにおいて「トランスナショナルな」日常生活を送る様子を取り上げた。しかしながら、筆者が行った民族誌的調査から明らかになったのは、日本人高齢者の国際退職移住によるトランスナショナルな移動が、じつは、ナショナルな側面、すなわち国境の管理による滞在者受け入れの選別化や、移動する人々が出身国によって保障　された年金制度や社会保障制度といった国民の権利をもとに成り立っていることであった。つまり、本書は、高齢者の国際移動を対象とすることにより、トランスナショナリズム論が扱ってこなかった人の国際移動のナショナルな側面を明らかにしたのだ。トランスナショナルな人の移動は、国境の利用と矛盾しないのである。

　クアラルンプール日本人会を拠点としたセカンドホーマーの互助組織とそのMM2H促進活動が、マレーシア政府に対しある種の「政治力」を発揮することによって、退職移住のライフスタイルを生み出していった。移住者たちは、旅行会社のロングステイ下見ツアーのパンフレット、雑誌や書籍、テレビ番組のつくるロングステイのイメージを超えたところに展開していくロングステイの「その後」のシナリオを、クアラルンプールのセカンドホーマーの日常生活のなかにみていたのだ。マレーシア政府や産業に働きかけることにより住環境を整備する移住者たちは、老後の生き方のシナリオを更新しつづける。クアラルンプールに続々と集まってくる新規退職移住者たちは、ロングステイから定住へとライフスタイル移住の展開を描いていくクアラルンプールのセカンドホーマーの動態的日常のなかに、自己の新しい生き方の可能性を見いだしているのである。

　クアラルンプールに集まってくる退職移住者の事例からは、日本に帰国する以外の暮らし方を考慮し、思考錯誤する姿がみてとれた。クアラルンプールの移住者たちがマレーシア人内科医と手づくりでつくった日本人専用介護施設が閉鎖された後も、在宅介護や現地介護施設を部分的に利用することによる在宅介護と施設介護の折衷型介護と新たな介護移住の方策を編み出していった。マレーシアに定住し、外国人と養子縁組をして養育してでも、自分の力で生き抜きたいという自律的生き方への意思をもつ高齢者は、日本に帰れば子や孫といった家族という受け皿があるうえ、暮らしに不自由しない資産をもつ人々でもあった。

　ケアを求めた国際移住が発生し、要介護状態の後期高齢者がマレーシアに移

住した事例は、ごく少数ではあるが観察された。移住した要介護者は、結果として、マレーシアで最期を迎えることとなった。旅行者でもなく移民でもない流動的な人の暮らし方の帰結は、死を迎える場所、あるいは埋葬される場所を必ずしも特定しない生き方である。その意味で、新しい生き方を創造することには、どのように人生を終えるか、という死に方という主題が内在化している。国際退職移住とは、したがって、生き方と死に方を高齢者自身が創造していく過程なのである。

　ライフスタイル移住の商品化の過程には、移住生活のイメージ形成が組み込まれているが、個々の移動する人は、移住の先駆者の生き方をみながら、既成の型にはまった生き方から新たな生き方を派生させていく。存在論的移動を問うことからみえたのは、移動する主体の生き方の物語であり、場所に規定されない生の在り方である。場所に規定されない生き方は、生きる場所や死を迎える場所をあらかじめ限定しない。死を迎える場所は、ある意味「日本でなくてもいい」のである。あるいは「日本ではないどこか」であるかもしれない。さらには、日本でなければどこでもいいが、そのどこでもいいなかでも、今のところいちばんいいのがマレーシアということなのだろう。日本で死ぬことにこだわりがないということは、「今ここ」の延長線上に死を布置しているということなのではないだろうか。今ここがマレーシアであるということは、暗黙のうちにマレーシアで死を迎えることを、ある程度受け入れざるをえない。

　本書は、日本人高齢者の国際退職移住の3つの類型、すなわち

1) 「渡り鳥」型として、定住する日本から余暇のために滞在国を往来する長期滞在者
2) 長期居住が可能なビザを取得し、国外を生活の拠点とする「定住」志向の移住者
3) 「ケア移住」型である日本から国外に生活の拠点を移しケアを受ける要介護の高齢者

を指摘し、その移動発生のプロセスを民族誌的に解明した。以上をふまえて、本書の意義は、以下の3点にまとめられる。1点目は、少数の例外を除いて先行研究がなく、これまで日本の人類学のなかで扱われなかった国際退職移住を取り上げ、長期間のフィールドワークをもとに民族誌的研究を行ったことである。2点目は、日本人高齢者のダイナミックな生と日常生活の移動態を記述す

ることにより、個から国際移動を捉える視座を示し、旅行者でも移民でもない人の国際移動の重複領域を捉える分析の枠組みを提供したことである。最後に、3点目は、国境を越えた人の存在論的移動が新しい移動の形態をつくり出していく過程における市場性を明らかにしたことである。人々が国際移動によって新しい生き方をしようとするさい、市場経済が人々のニーズを取り込み、新たな「生き方」を手に入れるためのサービスを提供し、国際移住を商品化する。移動する人々はたんなる消費者ではなく、自らが追求する生き方を支えるサービスをつくり出していく主体そのものなのである。

日本人高齢者のマレーシアへの国際退職移住の事例研究から明らかになったのは、日本人高齢者にとって国際退職移住が、自らの追求する生き方を支えるサービスをつくり出し、ライフスタイルを創造していく運動であるということであった。この運動によって、個々の移動の物語が生まれ、新たな移動の物語が再生産されるのである。

おわりに

　本書は、2012年12月に東京大学大学院総合文化研究科に提出した博士論文「日本人高齢者の国際退職移住に関する文化人類学的研究――マレーシアの事例から」をもとに、加筆と修正を重ねて完成したものである。また、本書の内容は、以下の論文として発表している。

"Long-stay Tourism and International Retirement Migration: Japanese Retirees in Malaysia," *Senri Ethnological Reports* 77: 151-162, 2008.

"Japanese Lifestyle Migration/Tourism in Southeast Asia," *Japanese Review of Cultural Anthropology* 10: 43-52, 2009.

"Long-stay tourism: Japanese elderly tourists in the Cameron Highlands, Malaysia," *Senri Ethnological Studies* 76: 95-110, 2010.

"Building a temporary second home: Japanese long-stay retirees in Penang," in Francis Hutchinson and Johan Saravanamuttu (eds.), *Catching the Wind: Penang in a Rising Asia*, 2012, pp.167-185, Singapore: The Institute of South East Asian Studies..

「日本人高齢者のケアを求めた国際移動：マレーシアにおける国際退職移住とメディカルツーリズムの動向から」『アジア太平洋討究』18：253-267、2012年。

「ツーリズムとしての海外ロングステイ―マレーシアの事例から」『季刊 家計経済研究』第99号：43-51、公益財団家計経済研究所、2013年。

"Fleeing from Constraints: Japanese Retirement Migrants in Malaysia," *Pan-Japan: The International Journal of Japanese Diaspora* 9 (1&2): 57-90, 2013.

"Commoditization of Lifestyle Migration: Japanese Retirees in Malaysia," *Mobilities* 10 (4): 609-627, 2015.

"Creating a reciprocal network for care: Japanese retirement communities in Malaysia," in John Ertl, John Mock, John McCreery, and Gregory Poole (eds.), *Reframing Diversity in the Anthropology of Japan in Japan*, 2015, pp. 55-74. Kanazawa University Press.

"Digital Storytelling and the Transnational Retirement Networks of Older Japanese," in David Prendergast and Chiara Garattini (eds.), *Ageing and the Digital Life-Course*, 2015, pp. 220-235, New York and Oxford: Berghahn Books.

"Fleeing from Constraints: Japanese Retirement Migrants in Malaysia" in Blai Guarne and Paul Hansen (eds.), *Escaping Japan: Reflections on Estrangement and Exile in the Twenty-First Century*, 2017, pp.

199-218, Oxford and New York: Routledge.

　博士論文の提出から書籍化するまでには、6年半の時間が経過しており、出版計画を立て、本格的に書き直しに取りかかることのできたのは2019年に入ってからであった。「はじめに」ですでに述べたとおり、マレーシアで暮らす日本人高齢者の国際退職移住とロングステイツーリズムの現場では、現在進行形のフィールドとして、日々さまざまな変化が生じている。また、2012年以降、文化人類学に限らず、社会学や地理学、観光研究などの分野において、ライフスタイル移住や国際退職移住に関する多くの研究成果が出されている。私の力量不足により、学術とフィールドにおける最新動向を本書の分析の対象として反映させることができなかったが、今後の研究の課題として引き続き取り組んでいきたい。

●

　本書の刊行にさいしては、平成30年度東京大学学術成果刊行助成を受けた。また、本書の研究の過程では、平成21年度東京大学大学院博士課程遂行制度学術研究業務委嘱、平成21年度東京大学学術研究活動等支援事業（国外）学術奨励費助成、公益信託澁澤民族学振興基金平成21年度国際研究集会参加旅費助成、2011年度早稲田大学特定課題新任者研究助成「ケアを求めた国際移動」、2012年度早稲田大学特定課題B研究助成「越境化するケアと日本人高齢者の国際移動：マレーシア、タイ、フィリピンの事例から」、科学研究費補助金若手研究（B）「ケアの越境化と日本人高齢者の国際移動：マレーシア、タイ、フィリピンの事例から」、科学研究費補助金研究活動スタート支援「東南アジアにおける介護リゾートの生成と日本式介護の越境化に関する研究」、平成29年度岡山大学男女共同参画室復職支援助成金を受けた。また、本書のテーマに関心を持つきっかけとなったハワイ大学への留学のさいは、ロータリー財団国際親善大使奨学金（2001〜2002年）をいただいたことを付記しておく。

●

　本書を完成させるまでには、数えきれない多くの方々からご指導とご協力を賜った。まずは、私の博士論文の指導をしてくださった、東京大学名誉教授の

山下晋司先生に感謝し、心より御礼申し上げたい。山下先生には、博士論文を完成させるまでの長年にわたる研究生活において、いつもあたたかいご指導と激励をいただいた。マレーシアでの共同調査を行うさいに教わったフィールドワーカーの心得や、国際学会での研究発表のために各地を訪問したさいに世界のさまざまな国や地域の研究者との議論を交わす姿からは、文化人類学者として国際的な研究交流に取り組むことの意義を教えていただいた。東京大学文化人類学研究室の同期、先輩、後輩の皆さんには、学業と研究のあらゆる面でお世話になった。「文人」で過ごした時間に先生方や院生の皆さんから教わったことは、これからも自分自身で大切にしていくと同時に、教育の現場という返礼の場を与えられるかぎり、できるだけ多くの人々と共有していきたい。

立教大学の豊田三佳先生には、シンガポール国立大学で研究に従事されていた頃より、研究交流を通じて多くの貴重なご助言をいただいた。また、東京大学大学院の永田淳嗣先生、関谷雄一先生、津田浩司には、博士論文の審査をしていただいた。シンガポール国立大学アジア研究所が主催した会議に参加する機会をいただき、東南アジアの人の移動やケア労働に関する研究者の方々との議論に参加したことにより、博士論文の執筆を進めるうえで重要な視点を得ることができた。また、グローバルな人の移動を研究する女性研究者として、お手本とすべき先輩としてさまざまなアドバイスをいただいていることに心から感謝している。

東京外国語大学名誉教授の宮崎恒二先生には、科学研究費補助金研究「高齢化社会と国際移住に関する文化人類学的研究：東南アジア・オセアニア地域を中心に」の共同研究に研究協力者として参加するという貴重な機会をいただき、文化人類学的な視点と地域研究の視点からご教示いただいた。また、マレーシア国民大学名誉教授のシャムスル・アムリ・バハルディーン（Shamsul Armi Baharuddin）先生には、マレーシアでの長期フィールドワークを実施するにあたり、訪問学生として受け入れていただいた。京都大学の山本博之先生と北九州市立大学の篠崎香織先生には、初めてマレーシアに予備調査に行ったときにクアラルンプールの街を案内していただいたり、長期フィールドワークを開始するさいの手続きについて丁寧に教えていただいたり、大変お世話になった。

中央大学の真野俊樹先生と川端隆史さんには、科学研究費補助金研究「医療観光に関する医学および社会科学・地域研究の視点からの学際研究」、「国際医

療・介護交流に関する医学および社会科学・地域研究の視点からの学際研究」の共同研究を通じて、それぞれのご専門から有益なご助言をいただいた。グローバル化する医療の現場と産業の動向へ地域研究から注目するという視座は、今後の研究活動のうえでもますます重要になると思われる。

スペイン国立研究所のヴィセンテ・ロドリゲス（Vicente Rodriguez）先生、リーズ大学のマイケル・ジャノスカ（Michael Janoschka）さん、ハイコ・ハース（Heiko Haas）さんには、スペイン国立研究所で開催されたライフスタイル移住のワークショップでの研究発表の機会をいただいて以来、たびたび論文に関する示唆に富んだコメントをいただいた。ワークショップでは、特に、ヨーロッパとアメリカのライフスタイル移住の研究に従事する方々との議論に参加する貴重な機会となり、研究の方向性を見いだす契機となった。なかでも、ラフバラー大学のカレン・オライリー（Karen O'Reilly）先生、ロンドン大学ゴールドスミス校のミケーラ・ベンソン（Michaela Benson）先生には、その後も論文に関する貴重な助言をいただき大変感謝している。さらに、サリー大学のアラン・ウィリアムズ（Allan Williams）先生には、ロンドンでお会いしたさいには、研究に関する貴重な助言をいただいた。

北海道大学のポール・ハンセン（Paul Hansen）さん、バルセロナ自治大学のブライ・グアルネ・カベヨ（Blai Guarne）さん、慶應義塾大学のジョン・アートル（John Ertl）さん、メイヌース大学のディビッド・プレンダーガスト（David Prendergast）さん、キアラ・ガラッテイーニ（Chiara Garattini）さんには、長期フィールドワークを終え、論文執筆を進めるうえで、アメリカ人類学会や国際人類学民族学科学連合（IUAES）の会議での研究発表やその後の成果論文の執筆の過程では、丁寧に原稿を読んでいただき、貴重なコメントをいただいた。また、ヴァーヘニンゲン大学のメーガン・オーモンド（Megahnn Ormond）さんとは、お互い大学院生として同時期にマレーシアでフィールドワークを行った頃から、同世代の女性研究者としてあたたかい励ましをいただいている。

早稲田大学アジア太平洋研究科およびアジア太平洋研究センター、千葉大学国際教育センター、岡山大学グローバルパートナーズ（旧国際センター）、さらに、現在の職場であるノートルダム清心女子大学の教職員の方々にも大変感謝している。特に、早稲田大学のグレンダ・ロバーツ（Glenda S. Roberts）先生には、ご指導いただいた大学院修士課程の頃より長いあいだ貴重な助言をいただいた。

おわりに

大学院を修了し、「生活をシンプルにする」という先生の言葉の意味がますます重要になっていると感じている。

●

　本書の調査地であるマレーシアと日本では、非常に多くの方々に研究に関してご協力いただいたことを深く感謝している。お世話になったすべての方々のお名前を挙げることはできないが、調査者である私を受け入れてくださった皆様のご理解とご協力がなければ、本書を完成させることは不可能であったことは言うまでもない。直接お礼を申し上げることが叶わない方々もおられるが、できるかぎり感謝の気持ちをお伝えする機会を作りたい。クアラルンプール日本人会、お助けマンクラブおよびセカンドホームクラブ、キャメロン会、キャメロンハイランドクラブ、NPO 南国暮らしの会の方々には、長年にわたり日本とマレーシアでのフィールドワークに協力していただいたことに心から感謝の意を表したい。特に、セカンドホームクラブの阪本恭彦さんと洋子さんには大変お世話になった。外務省の元在マレーシア日本国大使館公使片山和之氏には、マレーシアでの長期フィールドワークのさいに研究へのご理解とご配慮をいただいたことに大変感謝している。また、元マレーシア観光省事務総長のヴィクター・ウィー氏には、長期フィールドワークを実施するさいに、便宜を図っていただいた。マレーシア政府観光局の徳永誠さん、ロングステイ財団事務局およびマレーシア政府観光局山田美鈴さん、淑徳大学の千葉千枝子先生には、博士課程に進学した頃から、長年にわたりさまざまな協力と力強い励ましをいただいた。観光産業の現場に関わる方々の熱意に触れることは、いつも私の研究活動への意欲を沸き立たせてくれた。

　明石書店の兼子千亜紀さんには、本書の出版にあたり、終始あたたかいご助言と励ましの言葉をいただいた。また、本書の編集を担当していただいた田島俊之さんには、出版までの時間が限られるなか、私の要望に柔軟に対応してくださり、丁寧に原稿を読んでいただいたことを大変感謝している。

　最後に、長年にわたり私の学業をあたたかく見守り、研究生活を支えてくれた家族に心からの感謝を捧げたい。これまで海外留学や長期フィールドワークでいろいろと心配をかけた両親には、これから恩返しをしていきたい。また、博士論文の執筆から本書の完成まで、実に変化に富んだ道のりをともに駆け抜

けてくれた夫にも、心から感謝している。この本の執筆を終える今日、3歳の誕生日を迎えた息子と、1歳5か月の娘も、特にこの半年間は本当によく頑張ってくれた。本当にありがとう。この子たちがもう少し大きくなったら、「一緒にフィールドワークに行ってみない？」と誘ってみようと思っている。きっと、私には見えていない世界の描き方を教えてくれるはずだと期待している。

 2019年6月

小野真由美

参照文献

■ 日本語

赤木攻（2003）「『天使の都』に浮遊する日本人——日タイ関係と日本人社会の変容」『アジア遊学』57: 117-125、勉誠出版。

朝日新聞（2007）「滞在型の旅　団塊スタイル」5月19日夕刊。

朝日新聞（2011）「男女産み分け目指しタイへ　日本人急増、年に約30組」9月25日朝刊。

朝日新聞（編）（2004）「大人のための海外留学ガイド」『朝日新聞ウィークリーアエラ（Weekly AERA）』2004年10月15日号、pp.76-78。

蘭信三（1994）「都市移住者の人口還流——帰村と人口Uターン」『都市移住の社会学』松本通晴、丸木恵祐（編）、pp. 165-198、世界思想社。

アーリ、ジョン（2003）『場所を消費する』吉原直樹、大澤善信監訳、法政大学出版局。

有山輝雄（2001）『海外旅行の誕生』吉川弘文館。

安里和晃（2007）「日比経済連携協定と外国人看護師・介護労働者の受け入れ」『介護・家事労働者の国際移動——エスニシティ・ジェンダー・ケア労働の交差』久場嬉子（編）、pp. 27-50、日本評論社。

安里和晃（2008）「ケアの確保をめぐって引き起こされる人の移動——移動する人々は多様性の一部か」『現代思想』37 (2): 91-105、青土社。

安里和晃（2009）「タイにおける医療をめぐる人の国際移動」『経済学論集（民際学特集）』49 (1): 319-331。

アンダーソン、R（1993）「〈遠隔地ナショナリズム〉の出現」関根政美訳、『世界』9: 179-190。

飯笹佐代子（2007）『シティズンシップと多文化国家——オーストラリアから読み解く』日本経済評論社。

飯田光孝（2009）『タイあたりターミナルケア』文芸社。

生田正人（2011）『東南アジアの大都市圏——拡大する地域統合』古今書院。

石井由香（1999）『エスニック関係と人の国際移動』国際書院。

石井由香（2005）「経済発展とエスニック関係——『脱・発展途上国』マレーシアの事例」『新・国際社会学』梶田孝道（編）、pp. 276-297、名古屋大学出版会。

石井由香（2009）「国際労働力移動と政治・社会的空間の形成——想像される東南アジア？」『朝倉世界地理講座—大地と人間の物語— 3　東南アジア』春山成子、藤巻正己、野間晴雄、pp. 346-354、朝倉書店。

石川義孝（編）（2001）『人口移動転換の研究』京都大学学術出版会。

石戸光（2006）「『小国』マレーシアと国際環境への対応——外資の役割を軸として」、『マハティー

ル政権下のマレーシア――「イスラム先進国」を目指した 22 年』鳥居高（編）、pp. 179-223、アジア経済研究所。
石森秀三（1996）『観光の二〇世紀――二〇世紀における諸民族文化の伝統と変容』ドメス出版。
市川哲（2009）「新たな移民母村の誕生――パプアニューギニア華人のトランスナショナルな社会空間」『国立民族学博物館研究報告』33（4）：551-598。
出井康博（2008）『年金夫婦の海外移住』小学館。
犬飼裕一（2011）『方法論的個人主義の行方――自己言及社会』勁草書房。
井上幸孝（2011）「メシーカ人の旅物語――アステカ移住譚の形成と歴史」『移動と定住の文化誌――人はなぜ移動するのか』専修大学人文科学研究所（編）、pp. 16-42、彩流社。
伊豫谷登士翁（編）（2007）『移動から場所を問う――現代移民研究の課題』有信堂高文社。
上田達（2010）「居座る集落、腰かける人々――マレーシアの都市集落の事例より」『文化人類学』75（2）：216-237。
上野千鶴子（1994）『近代家族の成立と終焉』岩波書店。
上野千鶴子（2007）『おひとりさまの老後』法研。
上野千鶴子（2009）『男おひとりさま道』法研。
上杉富之（2004）「人類学から見たトランスナショナリズム研究――研究の成立と展開及び転換」『日本常民文化紀要』24: 1-41。
ウッドマン、ジョセフ（2008）『メディカルツーリズム――国境を超える患者たち』斉尾武郎監訳、医薬経済社。
江口信清（2009）「地球規模で進む観光」『グローバル化とアジアの観光――他者理解の旅へ』藤巻正己、江口信清（編）、pp. 1-16、ナカニシヤ出版。
大谷裕文（編）（2008）『文化のグローカリゼーションを読み解く』弦書房。
大橋健一（2007）「文化装置としてのホテル」『観光文化学』山下晋司（編）、pp. 98-102、新曜社。
大橋照枝（1993）『非婚化の社会学』日本放送出版協会。
大村しげ（1999）『京都・バリ島――車椅子往来』中央公論新社。
小川玲子（2009）「外国人介護職と異文化間ケア――フィリピンの日本人高齢者施設の経験から」『九州大学アジア総合政策センター紀要』3: 113-126。
奥島美夏（2009）「インドネシア人の国際移動と渡日の背景・現状」『日本のインドネシア人社会――国際移動と共生の課題』奥島美夏（編）、pp. 11-45、明石書店。
小倉康嗣（2006）『高齢化社会と日本人の生き方――岐路に立つ現代中年のライフストーリー』慶應義塾大学出版会。
オジェ、マルク（2002）『同時代世界の人類学』森山工訳、藤原書店。
落合恵美子（1989）『近代家族とフェミニズム』勁草書房。
落合恵美子（2006）「『再生産』を担う外国人女性（台湾・シンガポール）」『21 世紀アジア家族』落合恵美子、上野加代子（編）、pp. 152-154、明石書店。
小野真由美（2007a）「ラングナム通りの若者たち」『日本を降りる若者たち』下川裕治、pp.191-216、講談社現代新書。
小野真由美（2007b）「ロングステイツーリズム――第二の人生はマレーシアで」『観光文化学』山下晋司（編）、pp. 145-150、新曜社。
小野真由美（2010）「私の研究：マレーシア・マイセカンドホーム」『マレーシアに定住でご褒美人生』阪本恭彦・洋子、pp.84-85、カナリヤ出版。

参照文献

小野真由美（2011a）「ロングステイ：暮らすように旅すること」『人の移動事典——日本とアジア』吉原和男、蘭信三、伊豫谷登士翁、関根政美、吉原直樹、山下晋司（編）、pp. 392-393、丸善出版。

小野真由美（2011b）「外こもり：日本を降りる若者たち」『人の移動事典——日本とアジア』吉原和男、蘭信三、伊豫谷登士翁、関根政美、吉原直樹、山下晋司（編）、pp. 394-395、丸善出版。

小野真由美（2012）「日本人高齢者のケアを求めた国際移動——マレーシアにおける国際退職移住とメディカルツーリズムの動向から」『アジア太平洋討究』18: 253-267。

小野真由美（2013）ツーリズムとしての海外ロングステイ——マレーシアの事例から」『季刊家計経済研究』第 99 号、pp.43-51、公益財団家計経済研究所。

小野真由美（2014）「ライフスタイル移住」『世界民族百科事典』国立民族学博物館（編）、pp.364-365、丸善出版。

小野真由美（2017a）「マレーシアの医療ツーリズム」『マレーシア研究』第 6 号、pp.172、日本マレーシア学会。

小野真由美（2017b）「ライフスタイルツーリズム」『観光の事典』白坂蕃、山下晋司、稲垣勉、小沢健市、古賀学（編）、pp.416-417、朝倉書店。

小野真由美（2019a）「メディカルツーリズム」『東南アジア事典』信田敏宏、綾部真雄、岩井美佐紀、加藤剛、土佐桂子（編）pp.608-609、丸善出版（in press）。

小野真由美（2019b）「ロングステイ」『東南アジア事典』信田敏宏、綾部真雄、岩井美佐紀、加藤剛、土佐桂子（編）、pp.722-723、丸善出版（in press）。

外務省領事局政策課（編）（2012）『海外在留邦人数調査統計（平成 23 年度版）』外務省領事局。

梶田孝道（1996）「『多文化主義』をめぐる論争点」『エスニシティと多文化主義』初瀬龍平（編）、pp.67-101、同文舘。

春日井典子（2004）『介護ライフスタイルの社会学』世界思想社。

加藤恵津子（2009）『「自分探し」の移民たち——カナダ・バンクーバー、さまよう日本の若者』彩流社。

河原雅子（2010）「タイ・チェンマイにおける日本人ロングステイヤーの適応戦略と現地社会の対応」『年報タイ研究』10: 35-55。

河邉宏（編）（1991）『発展途上国の人口移動』アジア経済研究所研究双書 404。

神田孝治（2009）『観光の空間——視点とアプローチ』ナカニシヤ出版。

キャメロン会（2003）『キャメロン会会報 No.4』平成 15 年 11 月発行。

工藤正子（2008）『越境の人類学——在日パキスタン人ムスリム移民の妻たち』東京大学出版会。

久保田豊（2002）『月 15 万円年金で暮らせる海外リゾート——常春のマレーシア　キャメロンハイランド』アルク。

久保田豊（2008）『1 日 1000 円のゴルフライフ——マレーシアコタキナバルなら実現できる』イカロス出版。

久保智祥、石川義孝（2004）「『楽園』を求めて——日本人の国際引退移動」『人文地理』56（3）: 74-87。

クリフォード、ジェームス（2002）『ルーツ——20 世紀後期の旅と翻訳』毛利嘉孝訳、月曜社。

小井土彰宏（2005a）「国際移民の社会学」『国際社会学（第 3 版）』梶田孝道（編）、pp. 2-23、名古屋大学出版会。

小井土彰宏（2005b）「グローバル化と越境的社会空間の編成：移民研究におけるトランスナショナル視角の諸問題」『社会学評論』56（2）：381-399。

公益財団法人日本生産性本部（2006）『レジャー白書2006——団塊世代・2007年問題と余暇の将来』公益財団法人日本生産性本部。

厚東洋輔（1977）「ヴェーバーと『意味』の社会学的把握」『大阪大学人間科学部紀要』3: 245-284。

国土交通省（編）（2012）『国土交通白書』（平成24年度版）、ぎょうせい。

国土交通省観光庁（編）（2012）『観光白書』（平成24年度版）、日経印刷。

国立社会保障・人口問題研究所（2010）『日本の将来推計人口　平成24年1月推計』厚生労働統計協会。

小林英夫、柴田善雅、吉田千之輔（編）（2008）『戦後アジアにおける日本人団体——引揚げから企業進出まで』ゆまに書房。

五反田正宏（2007）「不良老年のゆくえ」『アジア遊学（特集　現代日本をめぐる国際移動）』104: 122-125、勉誠出版。

財団法人シニアプラン開発機構（2005）『海外長期滞在者の生活と生きがいに関する調査』財団法人シニアプラン開発機構。

財団法人ロングステイ財団（2002）『ロングステイ白書』財団法人ロングステイ財団。

財団法人ロングステイ財団（2006）『ロングステイ調査統計2006』財団法人ロングステイ財団。

財団法人ロングステイ財団（2007）『プロが薦めるロングステイガイドブック決定版』トラベルビジョン企画。

財団法人ロングステイ財団（2008）『ロングステイ調査統計2008』財団法人ロングステイ財団。

財団法人ロングステイ財団（2009）『ロングステイ調査統計2009』財団法人ロングステイ財団。

財団法人ロングステイ財団（2010a）『ロングステイ調査統計2010』財団法人ロングステイ財団。

財団法人ロングステイ財団（2010b）『LONGSTAY 2010年夏号』No.58 夏号、財団法人ロングステイ財団。

財団法人ロングステイ財団（2011）『ロングステイ調査統計2011』財団法人ロングステイ財団。

財団法人ロングステイ財団（2012）『ロングステイ調査統計2012』財団法人ロングステイ財団。

財団法人余暇開発センター（1990a）『平成2年度大型（複合型）ニュービジネス開発等調査研究（経済協力型ロングステイ）』財団用人余暇開発センター。

財団法人余暇開発センター（1990b）『「心豊かな社会」論』創知社。

財団法人余暇開発センター（1999）『時間とは幸せとは——自由時間政策ビジョン』財団法人通商産業調査会出版部。

酒井千絵（2007）「中国へ向かう日本人——ブームに終わらないアジア就職の現在」『アジア遊学（特集　現代日本をめぐる国際移動）』104: 82-91、勉誠出版。

嵯峨座晴夫（1993）『エイジングの人間科学』学文社。

阪本恭彦（2006）『ご褒美人生マレーシア』イカロス出版。

阪本恭彦（2011）『ご褒美人生マレーシア——全面改定・増補版』イカロス出版。

阪本恭彦、阪本洋子（2010）『マレーシア定住でご褒美人生——体験者150人の証言』カナリア書房。

佐々木明（1987）「近代日本の同族形成」『現代の社会人類学1 親族と社会の構造』伊藤亜人、関本輝夫、船曳建夫（編）、pp. 133-159、東京大学出版会。

サッセン、サスキア（1992）『労働と資本の国際移動——世界都市と移民労働者』森田桐郎ほか訳、岩波書店。
サッセン、サスキア（1999）『グローバリゼーションの時代——国家主権のゆくえ』伊豫谷登士翁訳、平凡社。
佐藤真知子（1993）『新・海外定住時代——オーストラリアの日本人』新潮社。
ジェスダーソン、ジェームス V.（2003）『エスニシティと経済——マレーシアにおける国家・華人資本・多国籍企業』朴一監訳、クレイン。
重松伸司（1999）『国際移動の歴史社会学』名古屋大学出版会。
篠崎美鶴（2009）「国際移動する日本人引退者——ニュージーランドの事例」『移動する境界人——「移民」という生き方』森本豊富（編）、pp.89-119、東出版。
島村麻里（2007）『ロマンチックウィルス——ときめき感染症の女たち』集英社新書。
下茂英輔（2010）「ポストリドレス期の『日系コミュニティ』と日本人移住者：西部カナダにおける移住者の文化的帰属感を中心に」『移民研究』6: 1-22。
下川裕治（2007）『日本を降りる若者たち』講談社新書。
下川裕治（2011）『「行き場」を探す日本人』平凡社新書。
社団法人日本観光協会（2006）『観光の実態と志向——国民の観光に関する動向調査』（平成22年度版）日本観光協会。
ジャヤソーリア、デニソン（2004）『マレーシアにおける障害者——市民権とソーシャルワーク』神波康夫・幸子訳、日本文学館。
杉本良夫（1993）『日本人をやめる方法』筑摩書房。
鈴木涼太郎（2005）「観光研究としての『観光人類学』の展望」『観光研究』17(1): 19-28。
鈴木涼太郎（2010）『観光という＜商品＞の生産——日本〜ベトナム——旅行会社のエスノグラフィー』勉誠出版。
須藤廣（2008）『観光化する社会——観光社会学の理論と応用』ナカニシヤ出版。
武川正吾（2012）「グローバル化と個人化——福祉国家と公共性」『公共社会学2——少子高齢化の公共性』盛山和夫、上野千鶴子、武川正吾（編）、pp. 15-32、東京大学出版会。
立道和子（2000）『年金・月21万円の海外2人暮らし——ハワイ・バンコク・ペナン』文春ネスコ。
立道和子（2001）『年金・月21万円の海外2人暮らし (2)——オーストラリア・ポルトガル・チェンマイ』文春ネスコ。
立道和子（2005a）『年金月21万円の海外暮らし実現ガイド』文藝春秋。
立道和子（2005b）『年金・月21万円の海外暮らし (1)——ハワイ・バンコク・ペナン』文藝春秋。
立道和子（2005c）『年金・月21万円の海外暮らし (2)——チェンマイ・ゴールドコースト』文藝春秋。
立道和子（2007）『とりあえず1ヶ月海外リタイヤ暮らし——16万円おすすめアジア』河出書房新社。
田原裕子、岩垂雅子（1999）「高齢者はどこへ移動するか——高齢者の移住地移動研究の動向と移動流」『東京大学人文地理学研究』13: 1-53。
ダン、グラハム M.S.（Graham M.S. Dann）(1995)「'国籍'および'居住国'という変数の適用限界」『観光研究の批判的挑戦』ダグラス・ピアス、リチャード・バトラー（編）、pp. 101-128、安村克己監訳、青山社。
地球の歩き方編集室（2003）『地球の暮らし方 11 ロングステイ』ダイヤモンド社。

千葉千枝子（2004）『ハワイ暮らしはハウマッチ』イカロス出版。
千葉千枝子（2006）「ハッピー・ロングステイをするために」『ラシン』13: 32-33。
千葉千枝子（2011）『観光ビジネスの新潮流——急成長する市場を狙え』学芸出版社。
陳天璽（2005）『無国籍』新潮社。
陳天璽、近藤敦、小森宏美、佐々木てる（編）（2012）『越境とアイデンティフィケーション——国籍・パスポート・IDカード』新曜社。
通商産業省（1986）『シルバーコロンビア計画'92——豊かな第二の人生を海外で過ごす為の「海外居住支援事業」』通商産業省。
通商産業省産業政策局（編）（1988）『海外滞在型余暇——国境を超える余暇の将来展望』財団法人通商産業調査会。
佃陽子（2007）「二十一世紀日本人のアメリカン・ドリーム——移民と非移民の間」『アジア遊学（特集 現代日本をめぐる国際移動）』104: 72-80、勉誠出版。
辻正二、船津衛（2003）『エイジングの社会心理学』北樹出版。
槌谷史子（2006）「海を越える日本人高齢者——老後をフィリピンで暮らす」『国際人権ひろば』68、ヒューライツ大阪。
坪内良博（2009）『東南アジア多民族社会の形成』京都大学学術出版会。
寺本一伸（2008）『アイ！　サラマッポ』（上下）ブイツーソリューション。
床呂郁哉（1996）「越境の民族誌——スールー海域世界から」『岩波講座　文化人類学』（第7巻　移動の民族誌）青木保ほか（編）、pp. 159-186、岩波書店。
床呂郁哉（1999）『越境——スールー海域世界から』岩波書店。
戸田智弘（2001）『海外リタイヤ生活術——豊かな「第二の人生」を楽しむ』平凡社新書。
トーピー、ジョン（2008）『パスポートの発明——監視・シチズンシップ・国家』藤川隆男監訳、法政大学出版局。
鳥居高（編）（2006）『マハティール政権下のマレーシア——「イスラーム先進国」を目指した22年』アジア経済研究所。
豊田三佳（2007）「メディカル・ツーリズム——シンガポールとタイの事例から」『観光文化学』山下晋司（編）、pp. 155-160、新曜社。
豊田三佳（2010）「高齢化とトランスナショナルな世帯形成——東南アジアに長期滞在する日本人退職者」『社会人類学年報』36: 79-101、弘文堂。
豊田三佳（2011）「シンガポールにおけるメディカルツーリズム」『自治体国際化フォーラム3月号』257: 33-35、財団法人自治体国際化協会。
内閣府（編）（2012a）『高齢社会白書』（平成24年度版）、大蔵省印刷局。
内閣府（編）（2012b）『子ども・子育て白書』（平成24年度版）、佐伯印刷。
中西佐緒莉（2003）『海外でさっさと暮らせるようになろう——これからの退職後プランと年金ライフをより豊かに実行する』自由国民社。
中西眞知子（2007）『再帰的近代社会——リフレクシィブに変化するアイデンティティや完成、市場と公共性』ナカニシヤ出版。
中村孚美（編）（1984）『都市人類学』至文堂。
長坂格（2009）『国境を越えるフィリピン村人の民族誌——トランスナショナリズムの人類学』明石書店。
永田貴聖（2011）『トランスナショナル・フィリピン人の民族誌』ナカニシヤ出版。

参照文献

長友淳（2007）「90年代日本社会における社会変動とオーストラリアへの日本人移民——ライフスタイル価値観の変化と移住のつながり」『オーストラリア研究紀要』33: 177-200.
長友淳（2008a）「脱領土化されたコミュニティ——オーストラリアクィーンズランド州南東部における日本人コミュニティとネットワーク」『文化のグローカリゼーションを読み解く』大谷裕文（編）、pp. 185-204、弦書房。
長友淳（2008b）「移住する日本人・観光する日本人——観光と移住の地としてのオーストラリア」『アジアから観る、考える——文化人類学入門』片山隆裕（編）、pp. 169-184、ナカニシヤ出版。
長友淳（2013）『日本社会を「逃れる」——オーストラリアへのライフスタイル移住』彩流社。
西岡香織（1997）『シンガポールの日本人社会史』芙蓉書房出版。
日本経済新聞（1987）「シルバー・コロンビア計画見直し、"老人の輸出"など批判受け——通産省」（1987年5月20日朝刊30面）、日本経済新聞社。
ハーヴェイ、デヴィッド（1999）『ポストモダニティの条件』吉原直樹監訳、青木書店。
ハージ、ガッサン（2007）「存在論的移動のエスノグラフィ——想像（イマジンド）でもなく複数（マルチ）調査地的（サイティッド）でもないディアスポラ研究について」（塩原良和訳）『移動から場所を問う——現代移民研究の課題』伊豫谷登士翁（編）、pp.27-49、有信堂高文社。
長谷川華（2007）『趣味と生きがいのための海外ステイのすすめ——海外長期滞在入門』秀和システム。
橋本雄一（2005）『マレーシアの経済発展とアジア通貨危機』古今書院。
原芳生（2002）「マレーシア、キャメロンハイランドの気候」『東南アジアの環境変化』（比較経済研究所研究シリーズ17）田淵洋、松波淳也（編）、pp. 3-18、法政大学出版局。
パットナム、ロバート（2006）『孤独なボーリング——米国コミュニティの崩壊と再生』柏書房。
服部勝人（2004）『ホスピタリティ学原論』内外出版。
浜田眞美子、山下みどり（2005）『マンガ 夫婦でゆうゆうマレーシア暮らし』宙出版。
原田ひとみ（1984）「"アンアン""ノンノ"の旅情報——マスメディアによるイメージ操作」『地理』29（12）: 50-57。
ピアス、ダグラス（2002）『現代観光地理学』内藤嘉昭訳、明石書店。
樋口恵子（2008）「家族のケア 家族へのケア」『家族のケア 家族へのケア——ケア その思想と実践4』上野千鶴子、大熊由紀子、大沢真理、神野直彦、副田義也（編）、pp. 1-36、岩波書店。
ブーアスティン、ダニエル（1964）『幻影の時代——マスコミが製造する事実』星野郁美、後藤和彦訳、東京創元社。
フォックス, R. W、リアーズ, T. T. J（1985）『消費の文化』小池和子訳、勁草書房。
藤岡伸明（2008）「オーストラリアの日本人コミュニティにおけるワーキングホリデー渡航者の役割」『オーストラリア研究紀要』34: 181-204。
藤田国幸（2008）「マレーシアの日本人団体」『戦後アジアにおける日本人団体——引き揚げから企業進出まで』小林英夫、柴田善雅、吉田千之輔（編）、pp. 369-428、ゆまに書房。
藤田結子（2008）『文化移民——越境する日本の若者とメディア』新曜社。
藤巻正己（2008）「マレーシアにおけるツーリズムの展開とオランアスリ社会——キャメロンハイランド中間調査報告」『立命館大学人文科学研究所紀要』91: 171-200。
藤巻正己（2009）「キャメロンハイランドのオランアスリ・ツーリズムの可能性——貧困克服のための半島部マレーシア先住民少数民族観光をめぐって」『グローバル化とアジアの観光——他者理解の旅へ』藤巻正己、江口信清（編）、pp. 147-163、ナカニシヤ出版。

藤巻正己（2010）「ツーリズム［in］マレーシアの心象地理――ツーリズムスケープの政治社会地理学的考察」『立命館大学人文科学研究所紀要』95: 31-71。
藤巻正己、江口信清（2009）『グローバル化とアジアの観光――他者理解への旅へ』ナカニシヤ出版。
ブルーナー、エドワード（2007）『観光と文化――旅の民族誌』安村克己、遠藤英樹他訳、学文社。
ベック、ウルリッヒ、鈴木宗徳、伊藤美登里（編）（2011）『リスク化する日本社会――ウルリッヒ・ベックとの対話』岩波書店。
ベンハビブ、セイラ（2006）『他者の権利――外国人・居留民・市民』向山恭一訳、法政大学出版局。
ボードリヤール、ジャン（1979）『消費社会の神話と構造』今村仁司、塚原史訳、紀伊國屋書店。
堀内弘司（2012）「中国に越境する和僑起業家のエスノグラフィー――日本人のトランスナショナル化に関する事例研究」『アジア太平洋研究科論集』24: 139-159。
マーシャル、T. H.、ボットモア、トム（1993）『シティズンシップと社会的階級――近現代を総括するマニフェスト』岩崎信彦、中村健吾訳、法律文化社。
町村敬志（1999）『越境者たちのロスアンジェルス』平凡社。
真野俊樹（2009）『グローバル化する医療――メディカル・ツーリズムとは何か』岩波書店。
真野俊樹（2012）「マレーシアの医療と外国人誘致政策」『共済総合研究』64: 6-22。
マリノフスキ、ブロニスワフ（2010）『西太平洋の遠洋航海者』増田義郎訳、講談社。
マレーシア政府観光局（2011）『マレーシア「プチ暮らし」』マレーシア政府観光局東京支局。
マレーシア日本人商工会議所（2007）『会報』第 102 号、マレーシア日本人商工会議所。
水口朋子、岩崎信彦(2007)「カナダにおける『新移住者』向け日本語マガジンの登場――『ビッツ』『ビンゴ』『マンマ』に関する一考察」『越境する移動とコミュニティ再構築』佐々木衛（編）、pp. 251-269、平河工業社。
箕曲在弘（2007）「消費の人類学の可能性――消費を通じたモダニティの理解」『文化人類学研究』8:105-118。
村串仁三郎、安江孝司（編）（1999）『レジャーと現代社会――意識・行動・産業』法政大学出版局。
元田州彦（1995）「『生活態度』から『ライフスタイル』へ――その 1: ライフスタイルの集団特性について」『東海大学文明研究所紀要』15: 228-246。
森正人（2009）「リゾートと自宅のアジア的なるもの」『観光の空間――視点とアプローチ』神田孝治（編）、pp. 176-187、ナカニシヤ出版。
ラシン編集部（2004a）『タイでロングステイ（大人の海外暮らし国別シリーズ）』イカロス出版。
ラシン編集部（2004b）『マレーシアでロングステイ（大人の海外暮らし国別シリーズ）』イカロス出版。
ラシン編集部（2005a）『フィリピンでロングステイ（大人の海外暮らし国別シリーズ）』イカロス出版。
ラシン編集部（2005b）『rasin（ラシン）』vol.08（2005 春号）、イカロス出版。
ラシン編集部（2006）『羅針』vol.13、イカロス出版。
山下晋司（1999）『バリ、観光人類学のレッスン』東京大学出版会。
山下晋司（編）（2007）『観光文化学』新曜社。
山下晋司（2009）『観光人類学の挑戦――「新しい地球」の生き方』講談社。
山上徹、堀野正人（編）（2001）『ホスピタリティ・観光事典』白桃書房。
山口誠（2010）『ニッポンの海外旅行――若者と観光メディアの 50 年史』筑摩書房。

山田信行（1995）『世界システムの新世紀——グローバル化とマレーシア』東信堂。
吉見俊哉（1996）「観光の誕生——疑似イベント論を超えて」『観光人類学』山下晋司（編）、pp.24-33、新曜社。
米山裕、河原典史（編）（2007）『日系人の経験と国際移動——在外日本人・移民の近現代史』人文書院。
渡辺明彦（2000）『中長期滞在者のためのペナン生活ガイド 2000 ～ 2001 年度版』A. P. PRESS (M) SDN.BHD。

■ 欧文

Ackers, Louise, and Dwyer, Peter (2002) *Senior Citizenship?: Retirement, Migration and Welfare in the European Union*. UK: The Policy Press.

Ackers, Louise, and Dwyer, Peter (2004) Fixed Laws, Fluid Lives: The Citizenship Status of Post-retirement Migrants in the European Union. *Ageing and Society* 24: 451-475.

Amit, Vered (2007) Structures and Dispositions of Travel and Movement. In Amit, Vered (ed.), *Going First Class? New Approaches to Privileged Travel and Movement*, pp.1-14. Oxford: Berghahn Books.

Anderson, Benedict (1983) *Imagined Communities: Reflections on the Origin and Spread of Nationalism*. London: Verso Press.

Appadurai, Arjun (1996) *Modernity at Large: Cultural Dimension of Globalization*. Minneapolis: University of Minnesota Press.

Barth, Fredric (1969) *Ethnic Groups and Boundaries*. Boston: Little, Brown and Company.

Basch, Linda, Nina Glick-Schiller, and Cristina Szanton Blanc (1994) *Nations Unbounded: Transnational Projects, Post-Colonial Predicaments and Deterritorialized Nation-States*. New York: Gordon and Breach.

Bauman, Zygmunt (2000) *Liquid Modernity*. Cambridge: Polity Press.

Beck, Ulrich (1992) *Risk Society: Towards a New Modernity*. Translated by Mark Pitter. London, Thousand Oaks, and New Delhi: Sage Publications.

Befu, Harumi (2001) The global context of Japan outside Japan. In B. Harumi and S. Guichard-Anguis (eds.), *Globalizing Japan: Ethnography of the Japanese presence in Asia, Europe, and America*, pp. 3-22. London and New York: Routledge.

Befu, Harumi (2002) Globalization as Human Dispersal: Nikkei in the World. In L.R. irabayashi, A. Kimura-Yano, and J.A. Hirabayashi (eds.), *New Worlds, New Lives: Globalization and People of Japanese Descent in the Americas and from Latin America in Japan*, pp.5-18. Stanford, CA: Stanford University Press.

Befu, Harumi, and Sylvie Guichard-Anguis (eds.) (2001) *Globalizing Japan: Ethnography of the Japanese presence in Asia, Europe, and America*. London and New York: Routledge.

Bell, Martin, and Ward, Gary (2000) Comparing Temporary Mobility with Permanent Migration. Tourism Geographies: An International Journal of Tourism Space, *Place and Environment* 2 (1): 87-107.

Ben-Ari, E., and Young, Y.F.V. (2000) Twice Marginalised: Single Japanese Female Expatriates in Singapore. In Clammer, J. and Ben-Ari, E. (eds), *Japan in Singapore, Cultural Presences*, pp. 82-111.

London: Curson.

Benson, Michaela (2010) The Context and Trajectory of Lifestyle Migration. *European Societies* 12(1): 45-64.

Benson, Michaela (2011) *The British in Rural France: Lifestyle Migration and the Ongoing Quest for a Better Way of Life*. Manchester and New York: Manchester University Press.

Benson, Michaela and O'Reilly, Karen (eds.) (2009a) Migration and the Search for a Better Way of Life: a Critical Exploration of Lifestyle Migration. *The Sociological Review* 57 (4): 608-625.

Benson, Michaela and O'Reilly, Karen (eds.) (2009b) *Lifestyle Migration: Expectations, Aspirations, and Experiences*. Surrey and Burlington: Ashgate.

Borocz, Jozsef (1996) *Leisure Migration: A Sociological Study on Tourism*. Pergamon: Academic Press.

Bourdieu, Pierre (1979) *La Distinction: Critique sociale du jugement*. Paris: Les Éditions de Minuit ［石井洋二郎訳『ディスタンクシオン——社会的判断力批判』藤原書店（1990）］.

Brettell, Caroline B. (2000) Theorizing Migration in Anthropology: The Social Construction of Network, Identities, Communities, and Globalscapes, In Brettell, Caroline B., James F. Hollifield (eds.), *Migration Theory: Talking across Disciplines*. New York and London: Routledge.

Brettell, Caroline B. (2003) *Anthropology and Migration: Essays on Transnationalism, Ethnicity, and Identity*. Walnut Greek; Lanham; New York; Oxford: Altamira Press.

Buller, Henry, and Hoggart, Keith (1994) *International Counterurbanization: British Migrants in Rural France*. Aldershot: Avebury.

Bunnell, Tim, and Nah, Alice N. (2004) Counter-global Cases for Place: Contesting Displacement in Globalising Kuala Lumpur Metropolitan Area. *Urban Studies* 41(12): 2447-2467.

Casado-Diaz, Maria Angeles (2009) Social Capital in the Sun: Bonding and Bridging Social Capital among British Retirees. In Michaela Benson and Karen O'reilly (eds.), *Lifestyle Migration: Expectations, Aspirations and Experiences*, pp.87-102, Surrey and Burlington: Ashgate.

Casado-Diaz, Maria Angeles (2012) Exploring the geographies of lifestyle mobility: Current and future fields of enquiry. In Willson, J. (ed.) *The Routledge Handbook of Tourism Geographies*, pp.120-125, Routledge.

Castles, Stephen, and Miller, Mark J. (1993) *The Age of Migration: International Population Movements in the Modern Word*. New York: Guilford Press ［関根政美、関根薫監訳『国際移民の時代』名古屋大学出版会（1996）］.

Castles, Stephen and Miller, Mark J. (2009) *The Age of Migration: International Population Movements in the Modern Word* (4th Edition). New York: Palgrave Macmillan ［関根政美、関根薫監訳『国際移民の時代　第4版』名古屋大学出版会（2011）］.

Chee, Heng Leng (2007) Medical Tourism in Malaysia: International Movement of Healthcare Consumers and the Commodification of Healthcare. Working Paper in *National University of Singapore's Asia Research Institute Working Paper Series* 83.

Clifford, James (1997) *Routes: Travel and Translation in the Late Twentieth Century*. Cambridge: Harvard University Press.

Cohen, Eric (1979) A Phenomenology of Tourist Experiences. *Sociology* 13: 179-201.

Eades, Jeremy (1987) Anthropologists and Migrants: Changing Models and Realities. In Jeremy Eades (ed.), *Migrants, Workers, and the Social Order*, pp. 1-16, London and New York: avistock Publications.

Furnivall, J. S. (1939) *Netherlands India: A Study of Plural Economy,* London, Cambridge University Press.

Giddens, Anthony (1991) *Modernity and Self-identity: Self and Society in the Late Modern Age.* Cambridge: Polity Press［秋吉美都、安藤太郎、筒井淳也訳『モダニティと自己アイデンティティ——後期近代における自己と社会』ハーベスト社（2005）］.

Goodman, Roger, Ceri Peach, Ayumi Takenaka, and Paul White (eds.) (2003) *Global Japan: The Experience of Japan's New Immigrant and Overseas Communities.* New York:Routledge Curzon.

Gössling, Stefan and Ute Schulz (2005) Tourism-Related Migration in Zanzibar, Tanzania. *Tourism Geographies* 7(1): 43-62.

Graburn, H. H. Nelson (1989) Tourism: The Sacred Journey. In Smith, L.Valene (ed.), *Hosts and Guests: The Anthropology of Tourism* (Second Edition), Philadelphia: University of Pennsylvania Press［三村浩史監訳「観光活動——聖なる旅行」『観光・リゾート開発の人類学——ホスト＆ゲスト論でみる地域文化の対応』pp. 27-49、勁草書房（1991）］.

Guarnizo, Luis Eduardo and Michael Peter Smith (1998) The Locations of Transnationalism. In Michael Peter Smith and Luis Eduardo Guarnizo (eds.), *Transnationalism from Below.* pp. 3-34. New Brunswick and New Jersey: Transaction Publishers.

Gupta, Akhil and Ferguson, James (eds.) (1997) *Anthropological Locations: Boundaries and Grounds of a Field Science.* Berkley, Los Angeles, London: University of California Press.

Gustafson, Per (2006) Place Attachment and Mobility. In Norman McIntyre, Daniel R. Williams, Kevin E. McHugh (eds.), *Multiple Dwelling and Tourism: Negotiating Place, Home and Identity,* pp. 17-31. MA: CABI.

Gustafson, Per (2009) Your Home in Spain: Residential Strategies in International Retirement Migration. In Michaela Benson and Karen O'Reilly (eds.) (2009b) *Lifestyle Migration: Expectations, Aspirations, and Experiences.* Surrey and Burlington: Ashgate.

Hage, Ghassan (2005) A Not So Multi-sited Ethnography of a Not So Imagined Community. *Anthropological Theory* 5(4): 463-475.

Hannerz, Ulf (1996) *Transnational Connections: Culture, People, Places.* London and New York: Routledge.

Harris, Nigel (1995) *The New Untouchables: Immigration and the New World Worker*, London: Tauris.

Harvey, David (1996) *A Brief History of Neoliberalism.* Oxford and New York: Oxford University Press［渡辺治監訳『新自由主義——その歴史的展開と現在』作品社（2007）］.

Hochschild, Arlie Russel (2000) Global Care Chains and Emotional Surplus Value. In Will Hutton and Anthony Giddens (eds.), *On the Edge: Living with Global Capitalism*, pp. 130-146, London: Jonathan Cape.

Hodgson, Geoffrey (2007) Meanings of Methodological Individualism. *Journal of Economic Methodology* 14 (2): 211-226.

Hull, Diana (1979) Migration, Adaptation and Illness: a Review. *Social Science and Medicine* 13A: 25-36.

Jackiewicz, Edward L. (2010) Introduction. In Edward L. Jackiewicz (ed.), A Special Issue on Lifestyle Migration Recreation and Society in *Africa, Asia & Latin America*. 1 (1): 1-4.

Jackiewicz, Edward L., Jim Craine (2010) Destination Panama: An Examination of the Migration-Tourism-Foreign Investment Nexus. In Edward L. Jackiewicz (ed.), A Special Issue on Lifestyle

Migration, Recreation and Society in *Africa, Asia & Latin America*. 1 (1): 5-29.

Janoschka, Michael (2009) The Contested Space of Lifestyle Mobilities: Regime Analysis as a Tool to Study Political Claims in Latin American Retirement Migration Destinations, Special Focus "Amenity Migration". *Die Erde* 140 (3): 251-274.

Janoschka, Michael and Haas, Heiko (eds.) (2014) *Contested Spatialities, Life Style Migration and Residential Tourism*, Oxon and New York: Routledge.

Jomo, K.S. (1995) Introduction. In Jomo K.S. (ed.), *Privatizing Malaysia: Rents, Rhetoric, Realities*, Colorado and Oxford: Westview Press.

Karn, Valerie A. (1977) *Retiring to the seaside*, London; Boston: Routledge & K.Paul.

Kearney, Michael (1986) From the Invisible Hand to Visible Feet: Anthropological Studies of Migration and Development. *Annual Review of Anthropology* 15: 331-361.

Kearney, Michael (1995) The Local and the Global: The Anthropology of Globalization and Transnationalism. *Annual Review of Anthropology* 24: 547-565.

King, Russell (2002) Towards a New Map of European Migration. *International Journal of Population Geography* 8: 89-106.

King, Russell, Tony Warnes and Allan Williams (eds.) (2000) *Sunset Lives? : British Retirement Migration to the Mediterranean*, Oxford and New York: Berg.

Kobayash, Audrey (2002) Migration as a Negotiation of Gender: Recent Japanese Immigrant Women in Canada. In Hirabayashi, L.R., A. Kikumura-Yano. and J.A. Hirabayashi (eds.), *New Worlds, New Lives: Globalization and People of Japanese Decent in the Americas and from Lain America in Japan*. pp. 205-220. Stanford: Stanford University Press.

Korpela, Mari (2010) Me, Myself and I: Western Lifestyle Migrants in Search for Themselves in Varanasi, Indi. In Edward L. Jackiewicz (ed.), A Special Issue on Lifestyle Migration, Recreation and Society in *Africa, Asia & Latin America* 1 (1): 53-73.

Leach, Edmund (1961) *Rethinking Anthropology*, London: Anthlone Press, University of London.

Levitt, Peggy (2001) *The Transnational Villagers*. Berkley, Los Angeles, London: University of California Press.

Levitt, Peggy and Nina Glick Schiller (2004) Conceptualizing Simultaneity: A Transnational Field Perspective on Society. *International Migration Review* 38(3): 1002-1039.

Linger, Daniel Touro (2001) *No One Home: Brazilian Selves Remade in Japan*. Stanford: Stanford University Press.

Longino, Charles F. (1982) American Retirement Communities and Residential Relocation. In A. M. Warnes (ed.) *Geographical Perspectives on the Elderly*, pp. 239-262. Chichester, New York, Brisbane, and Toronto: John Wiley and Sons.

Longino, Charles F. (1995) *Retirement Migration in America: An Analysis of the Size, Trends and Economic Impact of the Country's Newest Growth Industry*, Huston: Vacation Publications.

MacCannell, Dean (1976) *The Tourist: A New Theory of the Leisure Class*, New York: Schocken Books.

Marcus, George E. (1998) *Ethnography in /of the World System: The Emergence of Multi-Sited Ethnography. Ethnography through Thick and Thin*, pp. 79-104. Princeton and New Jersey: Princeton University Press.

Massey, J. Douglas S. and Edward Taylor (eds.) (2004) *International Migration: prospects and policies in a global market.* Oxford; New York: Oxford University Press.

Massey, Douglas S., Joaquin Arango, Graeme Hugo, Ali Kouauci, Adela Pelllegrino and J. Edward Taylor (eds.) (1998) *Worlds in Motion: Understanding International Migration at the End of the Millennium.* Oxford: Clarendon Press.

Mathews, Gordon (1996) *What Makes Life Worth Living? : How Japanese and Americans Make Sense of Their Worlds.* Berkeley and Los Angeles: University of California Press.

McIntyre, Norman (2009) Rethinking Amenity Migration: Integrating Mobility, Lifestyle and Socio-Ecological Systems Special Focus "Amenity Migration". *Die Erde* 140 (3): 229-250.

McWatters, Mason R. (2005) *Residential Tourism: (De) Constructing Paradise.* Bristol, Buffalo, and Toronto: Channel View Publications.

Miyazaki, Koji (2008) An Aging Society and Migration to Asia and Oceania. *Senri Ethnological Reports* 77: 139-149.

Moss, Laurence A. G. (ed.) (2006) *The Amenity Migrants: Seeking and Sustaining Mountains and Their Cultures.* Wallingford, UK: Cambridge, MA: CABI.

Mowforth, Martin and Munt, Ian (1998) *Tourism an Sustainability: New Tourism in the Third World.* London and New York: Routledge.

Nagatomo, Jun (2009a) Globalization, Tourism Development, and Japanese Lifestyle Migration to Australia. In Derrick M.Nault (ed.), *Development in Asia: Interdisciplinary, Post-Neoliberal and Transnational Perspectives,* pp. 215-236. Florida: Brown Walker Press.

Nagatomo, Jun (2009b) Migration as Transnational Leisure: The Japanese in South-East Queensland, Australia. Ph.D. Thesis submitted to the University of Queensland.

Oliver, Caroline (2008) *Retirement Migration: Paradoxes of Ageing.* Oxford and New York: Routledge.

Ong, Aihwa (1999) *Flexible citizenship: The Cultural Logic of Transnationality.* Durham: Duke University Press.

Ono, Mayumi (2005) Young Japanese Settlers in Thailand: the pursuit of comfort and an alternative lifestyle. *Waseda University's Institute of Contemporary Japanese Studies Working Paper Series,* #4.

Ono, Mayumi (2008) Long-stay Tourism and International Retirement Migration: Japanese Retirees in Malaysia. *Senri Ethnological Reports* 77:151-162.

Ono, Mayumi (2009) Japanese Lifestyle Migration/Tourism in Southeast Asia. *Japanese Review of Cultural Anthropology* 10: 43-52.

Ono, Mayumi (2010) Long-stay tourism: Japanese elderly tourists in the Cameron Highlands, Malaysia. *Senri Ethnological Studies* 76: 95-110.

Ono, Mayumi (2013a) Fleeing from Constraints: Japanese Retirement Migrants in Malaysia. *Pan-Japan: The International Journal of Japanese Diaspora* 9(1&2): 57-90.

Ono, Mayumi (2013b) Emerging 'Look Malaysia' in Japanese Tourism-Related Mobility. *JAMS Discussion Paper* 2: 31-36.

Ono, Mayumi (2015a) Creating a reciprocal network for care: Japanese retirement communities in Malaysia. In John Ertl, John Mock, John McCreery, and Gregory Poole (eds.), *Reframing Diversity in the Anthropology of Japan in Japan,* pp. 55-74. Kanazawa University Press.

Ono, Mayumi (2015b) Digital Storytelling and the Transnational Retirement Networks of Older Japanese. In David Prendergast and Chiara Garattini (eds.), *Ageing and the Digital Life-Course,* pp. 220-235. New

York and Oxford: Berghahn Books.

Ono, Mayumi (2015c) Commoditization of Lifestyle Migration: Japanese Retirees in Malaysia. *Mobilities* 10 (4): 609-627.

Ono, Mayumi (2016) Descending from Japan: Lifestyle Mobility of Japanese Male Youth to Thailand. *Asian Anthropology* 14 (3): 249-264.

Ono, Mayumi (2017) Fleeing from Constraints: Japanese Retirement Migrants in Malaysia. In Blai Guarne and Paul Hansen (eds.), *Escaping Japan: Reflections on Estrangement and Exile in the Twenty-First Century*, pp. 199-218. Oxford and New York: Routledge.

O'Reilly, Karen (2000) *The British on the Costa del Sol: Transnational identities and local communities*. London and New York: Routledge.

Ormond, Meghann (2010) Medical Tourism, medical exile: responding to the cross-border pursuit of healthcare in Malaysia. In Claudio Minca and Tim Oakes(eds.), *Real Tourism: Practice, care, and politics in contemporary travel culture*, pp.143- 161. London and NewYork: Routledge.

Ormond, Meghann (2013) *Neoliberal Governance and International Medical Travel in Malaysia*, NewYork: Routledge.

Otero, Lorena Melton Young (1997) U.S. Retired Persons in Mexico. *American Behavioral Scientist* 40 (7): 914-922.

Park, Robert E. (1928) Human Migration and the Marginal Man. *American Journal of Sociology* 33: 881-893.

Parreñas, Rhacel S. (2001) *Servants of Globalization: Women, Migration and Domestic Work,* New York: Stanford University Press.

Rebick, Marcus and Takenaka, Ayumi (ed.) (2009) *The Changing Japanese Family*. London and New York: Routledge.

Robertson, Roland (1992) Globalization: Social Theory and Global Culture. London: Sage Publications［阿部美哉訳『グローバリゼーション——地球文化の社会理論』東京大学出版会（1997）］

Rodriguez, Vicente, Gloria Femandes-Mayoralas and Femina Rojo (2004) International Retirement Migration: Retired Europeans on the Costa Del Sol, Spain. *Population Review* 43(1): 1-36.

Rouse, Roger (1991) Mexican Migration and the Social Space of Postmodernism. *Diaspora: A Journal of Transnational Studies* 1(1): 8-23.

Sakai, Chie (2003) The Japanese Community in HongKong in the 1990s: The Diversity of Strategies and Intentions. In Roger Goodman (eds.), *Globalizing Japan*. pp.131-146. London and New York: Routledge Curzon.

Sato, Machiko (2001) *Farewell to Nippon: Japanese Lifestyle Migrants in Australia*. Melbourne: Trans Pacific Press.

Schiller, Nina Glick, Linda Bach and Cristina Szanton Blanc (1995) From Immigrant to Transmigrant: Theorizing Transnational Migration. *Anthropological Quarterly* 68 (1): 48-63.

Sedgwick, W. Mitchell (2007) *Globalisation and Japanese Organisational Culture: An ethnography of a Japanese corporation in France*. London and New York: Routledge.

Shaw, Gareth and Allan M. Williams (2004) From Lifestyle Consumption to Lifestyle Production: Changing Patterns of Tourism Entrepreneurship. In Rhodri Thomas (ed.), *Small Firms in Tourism: International Perspectives*, pp. 99-113. Amsterdam; Boston; Tokyo: Elsevier.

Smith, Michael Peter Smith, Eduardo Luis Guarnizo (eds.) (1998) *Transnationalism from Below*. New Brunswick and New Jersey: Transaction Publishers.

Smith, Valene (ed.) (1989) *Hosts and Guests: The Anthropology of Tourism* (Second Edition), Philadelphia: University of Pennsylvania Press.

Sunil, T. S., Viviana Rojas and Don E. Bradley (2007) United States' International Retirement Migration: the reasons for retiring to the environs of Lake Chapala, Mexico. *Ageing and Society* 27 (4): 489-510.

Sweetman, Paul (2003) Twenty-first Century Dis-ease? Habitual Reflexivity or the Reflexive Habitus. *The Sociological Review*: 528-549.

Taylor, Edward (eds.) (1998) *Worlds in Motion: Understanding International Migration at the End of the Millennium*. Oxford: Clarendon Press.

The Economic Planning Unit (2010) "Tenth Malaysia Plan," The Economic Planning Unit, Prime Minister's Department, Putrajaya.

Toyota, Mika (2006) Ageing and transnational householding: Japanese retirees in Southeast Asia. *International Development Planning Review* 28(4): 515-531.

Toyota, Mika, Anita Böcker, and Elspeth Guild (2006) Pensioners on the move: social security and trans-border retirement migration in Asia and Europe. *IIAS Newsletter* 40 Spring, p.30.

Toyota, Mika and Biao Xiang (2012) The emerging transnational "retirement industry" in Southeast Asia. *International Journal of Sociological and Social policy* 32(11): 708-719.

Toyota, Mika and Ono Mayumi (2012) Building a temporary second home: Japanese long-stay retirees in Penang. In Francis Hutchinson and Johan Saravanamuttu (eds.), *Catching the Wind: Penang in a Rising Asia*, pp.167-185. Singapore: ISEAS.

Truly, David (2002) International Retirement Migration and Tourism along the Lake Chapala Riviera: Developing a Matrix of Retirement Migration Behaviour. *Tourism Geographies: An International Journal of Tourism Space, Place and Environment* 4 (3): 261-281.

Urry, John (2000) Sociology Beyond Societies. London: Routledge ［吉原直樹監訳『社会を超える社会学――移動・環境・シチズンシップ』法政大学出版局（2006）］.

Urry, John (2007) *Mobilities*. Malden, MA: Polity Press.

Vertovec, Steven (1999) Conceiving and Researching Transnationalism. *Ethnic and Racial Studies* 22 (2): 447-462.

Vertovec, Steven (2009) *Transnationalism*, U.S.A: Routledge.

Vertovec, Steven (2010) Introduction: New directions in the anthropology of migration and multiculturalism. In Steven Vertovec (ed.), *Anthropology of Migration and Multiculturalism*, pp. 1-17, London and newYork: Loutledge.

Waldren, Jacqueline (1997) We Are Not Tourists-We Live Here. In Simone Abram, Jacqueline Waldren, and Donald. V.L.Macleod (eds.), *Tourists and Tourism: Identifying with People and Places*, pp. 51-70. Oxford and New York: Berg.

Williams, Allan M. and Hall, Michael C. (2000) Tourism and Migration: New Relationships between Production and Consumption. *Tourism Geography* 2(1): 5-27.

Williams, Allan M., Russell King, and Anthony Warnes (1997) A place in the sun: international retirement migration from northern to southern Europe. *European Urban and Regional Studies* 4 (2): 115-134.

Williams, Allan M., Russell King, Anthony Warnes, and Guy Patterson (2000) Tourism and International Retirement Migration: New Forms of an Old Relationship in Southern Europe. *Tourism Geographies: An International Journal of Place, Space, and the Environment* 2(1): 28-49.

Wimmer, Andreas and Nina Glick Schiller (2002) Methodological nationalism and beyond: nation-state building, migration and the social sciences. *Global Networks* 2(4): 301-334.

Yamashita, Shinji (2009) Southeast Asian Tourism From a Japanese Perspective. In Michael Hitchcock, Victor T. King, and Michael Parnwell (eds.), *Tourism in Southeast Asia: Challenge and New Directions.* pp. 189-205. Copenhagen: NIAS Press.

Yamashita, Shinji (2012) Here, There, and In-between: Lifestyle Migrants from Japan. In David W. Haines, Keiko Yamanaka, and Shinji Yamashita (eds.), *Wind Over Water: Migration in an East Asian Context.* pp. 161-172. New York and Oxford: Berghahn Books.

● 著者紹介

小野真由美（おの・まゆみ）
1978年岡山県生まれ。
東京大学大学院総合文化研究科博士課程修了。博士（学術）。
早稲田大学アジア太平洋研究センター助手、千葉大学国際教育センター特任助教、岡山大学国際センター講師、岡山大学グローバルパートナーズ講師を経て、現在、ノートルダム清心女子大学文学部英語英文学科准教授。専攻は文化人類学。
主な著書に *Escaping Japan: Reflections on Estrangement and Exile in the Twenty-First Century* (Routledge, 2017)、*Reframing Diversity in the Anthropology of Japan in Japan* (Kanazawa University Press, 2015)、*Ageing and the Digital Life-Course* (Berghahn Books, 2015)、『観光文化学』（新曜社、2007）、『日本を降りる若者たち』（講談社現代新書、2007）（以上共著）、主な論文に Commoditization of Lifestyle Migration: Japanese Retirees in Malaysia. *Mobilities* 10 (4): 609-627, 2015 など。

国際退職移住とロングステイツーリズム
―― マレーシアで暮らす日本人高齢者の民族誌

2019年7月25日　初　版　第1刷発行

著　　者　　小 野 真 由 美
発 行 者　　大 江 道 雅
発 行 所　　株式会社 明石書店
〒101-0021 東京都千代田区外神田6-9-5
電話 03 (5818) 1171
FAX 03 (5818) 1174
振替 00100-7-24505
http://www.akashi.co.jp/
装丁　　　明石書店デザイン室
印刷／製本　モリモト印刷株式会社

（定価はカバーに表示してあります）　　ISBN978-4-7503-4873-5

JCOPY 〈出版者著作権管理機構　委託出版物〉
本書の無断複製は著作権上での例外を除き禁じられています。複製される場合は、そのつど事前に、出版者著作権管理機構（電話03-5244-5088、FAX 03-5244-5089、e-mail: info@jcopy.or.jp）の許諾を得てください。

日本人と海外移住――移民の歴史・現状・展望

日本移民学会 編

■A5判/並製/304頁 ◎2600円

戦前から戦後にかけて、多くの日本人が移民や植民として海外に渡り、日本の近代化を陰で支えてきた。海外移住・植民の歴史を地域別に概観するとともに、今の日本に在住しているオールドカマーやニューカマーの諸課題にもふれ、日本と海外とのつながりを移民研究という切り口から読み解く。

内容構成

- 序章　「移民」を研究すること、学ぶこと
- 第1章　近代日本の出移民史
- 第2章　ハワイ日系人の社会史――日本人移民が残したもの
- 第3章　アメリカ合衆国への移民
- 第4章　カナダへの移民
- 第5章　ブラジルの移民政策と日本移民
- 第6章　中南米への移民
- 第7章　満洲移民の生活世界――集団引揚げ、中国残留を中心に
- 第8章　東南アジアへの移民――日本優位から対等な関係へ
- 第9章　在日ブラジル人／デカセギ移民――日系人への帰国支援事業の受給者に着目して
- 第10章　在日コリアンの歴史的変遷と生存のための経済戦略
- 終章　移民研究の現状と展望

日本人女性の国際結婚と海外移住――多文化社会オーストラリアの変容する日系コミュニティ

濱野健 著

A5判/上製/288頁 ◎4600円

グローバル化に伴い増加傾向にある日本人の国際移動。主に女性の国際結婚と海外移住（婚姻移住）に焦点をあててオーストラリアのシドニーで行った調査結果をまとめた著作。現地の日系社会の変容と新たなエスニック・アイデンティティの形成を描く。

内容構成

- 第1章　日本人の海外移住の現在――消費志向型移住・結果的移住・結婚移住
- 第2章　日本人のオーストラリア移住――1880年代から2000年代にかけて
- 第3章　オーストラリアの在留邦人数の推移――ビザ申請者数の集計結果から
- 第4章　オーストラリアの日系ディアスポラ
- 第5章　全豪日本クラブ（JCA）の設立と散会
- 第6章　逗留から移住へ――結婚移住と「ホーム」の再構成
- 第7章　移住・郊外社会・ジェンダー――「ホーム」と自己アイデンティティの再構成
- 　　　　「エスニックな親密圏」の意義とその帰属をめぐって
- 　　　　中間領域（in-between）としてのエスニック・コミュニティ
- 終章　これまでの海外移住、これからの海外移住――まとめと今後の課題

〈価格は本体価格です〉

日本に暮らすロシア人女性の文化人類学
移住、国際結婚、人生作り
ゴロウィナ・クセーニヤ著 ◎7200円

インドネシア 創られゆく華人文化
民主化以降の表象をめぐって
北村由美著 ◎3800円

幸運を探すフィリピン村人の民族誌
冒険・犠牲・祝福の民族誌
細田尚美著 ◎5000円

国境を越えるフィリピン村人たち
トランスナショナリズムの人類学
長坂格著 ◎8000円

インド・パキスタン分離独立と難民
移動と再定住の民族誌
中谷哲弥著 ◎6800円

現代中国における「イスラーム復興」の民族誌
変貌するジャマーアの伝統秩序と民族自治
澤井充生著 ◎6800円

南インドの芸能的儀礼をめぐる民族誌
生成する神話と儀礼
古賀万由里著 ◎4800円

現代エチオピアの女たち
社会変化とジェンダーをめぐる民族誌
石原美奈子編著 ◎5400円

サバンナのジェンダー
西アフリカ農村経済の民族誌
友松夕香著 ◎5000円

越境する障害者
アフリカ熱帯林に暮らす障害者の民族誌
戸田美佳子著 ◎4000円

「社会的なもの」の人類学
フィリピンのグローバル化と開発にみるつながりの諸相
関恒樹著 ◎5200円

イランカラプテ アイヌ民族を知っていますか？
先住権・文化継承・差別の問題
秋辺日出男、阿部ユポほか著 アイヌ民族に関する人権教育の会監修 ◎2000円

イギリス都市の祝祭の人類学
アフロ・カリブ系の歴史・社会・文化
木村葉子著 ◎5800円

セネガル・漁民レブーの宗教民族誌
スーフィー教団ライエンの千年王国運動
盛恵子著 ◎8800円

開発援助と人類学
冷戦・蜜月・パートナーシップ
佐藤寛、藤掛洋子編著 ◎2800円

人類学の再構築
人間社会とはなにか
モーリス・ゴドリエ著 竹沢尚一郎、桑原知子訳 ◎3200円

〈価格は本体価格です〉

「ファット」の民族誌 現代アメリカにおける肥満問題と生の多様性
碇陽子著 ◎4000円

幸福の智恵 クタドゥグ・ビリグ テュルク民族の長編物語詩
ユースフ・ハーズ・ハージブ著 山田ゆかり訳 ◎9200円

医療人類学を学ぶための60冊 医療を通して「当たり前」を問い直そう
澤野美智子編著 ◎2800円

乳がんと共に生きる女性と家族の医療人類学 韓国の「オモニ」の民族誌
澤野美智子著 ◎2600円

水子供養 商品としての儀式 近代日本のジェンダー／セクシュアリティと宗教
ヘレン・ハーデカー著 塚原久美監訳 清水邦彦監修 猪瀬優理、前川健一訳 ◎4000円

性風俗世界を生きる「おんなのこ」のエスノグラフィ SM・関係性・「自己」がつむぐもの
熊田陽子著 ◎3000円

人身売買と貧困の女性化 カンボジアにおける構造的暴力
島﨑裕子著 ◎2500円

多文化共生と人権 諸外国の「移民」と日本の「外国人」
近藤敦著 ◎2500円

世界のチャイナタウンの形成と変容 フィールドワークから華人社会を探究する
山下清海著 ◎4600円

世界と日本の移民エスニック集団とホスト社会 日本社会の多文化化に向けたエスニック・コンフリクト研究
山下清海編著 ◎4600円

人口問題と移民 日本の人口階層構造はどう変わるのか 移民・ディアスポラ研究8
駒井洋監修 是川夕編著 ◎2800円

国際的な人の移動の経済学
佐伯康考著 ◎3600円

グローバル異文化交流史 大航海時代から現代までヒト・モノ・カネはどのように移動し伝播したのか
御手洗昭治編著 小笠原はるの著 ◎2000円

中国帰国者をめぐる包摂と排除の歴史社会学 境界文化の生成とそのポリティクス
南誠著 ◎5000円

移民政策のフロンティア 日本の歩みと課題を問い直す
移民政策学会設立10周年記念論集刊行委員会編 ◎2500円

新 移民時代 外国人労働者と共に生きる社会へ
西日本新聞社編 ◎1600円

〈価格は本体価格です〉